VALUE

图书在版编目（CIP）数据

做有价值的企业 / 翟江, 王维星编著. —北京：北京时代华文书局, 2022.4
ISBN 978-7-5699-4509-6

Ⅰ.①做⋯　Ⅱ.①翟⋯②王⋯　Ⅲ.①企业－价值论－研究　Ⅳ.①F270

中国版本图书馆CIP数据核字(2022)第 044353 号

拼音书名｜ZUO YOU JIAZHI DE QIYE

出 版 人｜陈　涛
责任编辑｜李　兵
责任校对｜凤宝莲
装帧设计｜程　慧
责任印制｜訾　敬

出版发行｜北京时代华文书局 http://www.bjsdsj.com.cn
　　　　　北京市东城区安定门外大街138号皇城国际大厦A座8层
　　　　　邮编：100011　电话：010-64263661　64261528

印　　刷｜北京盛通印刷股份有限公司　010-67887676
　　　　　（如发现印装质量问题，请与印刷厂联系调换）

开　　本｜710 mm × 1000 mm　1/16　　印　张｜21　　字　数｜308千字
版　　次｜2023年4月第1版　　　　　　　印　次｜2023年4月第1次印刷
成品尺寸｜170 mm × 240 mm
定　　价｜88.00元

版权所有，侵权必究

前言 preface

在我国经济步入新常态的形势下，保持经济持续稳定发展的动力和活力之源在哪里，一直是笔者近几年来关注、学习和思考的问题。在学习、理解中央有关政策及各级领导相关论述的同时，笔者认为，我国经济在经历相当长时间的高速发展之后，其增速放缓不仅是正常的，在某种程度上也是难以避免的。其一，随着我国经济的高速发展，其规模不断扩大，再保持两位数的增速，是难以做到的，甚至是不可能的；其二，随着短缺经济时代的结束，社会消费正在发生深刻变化，必然带来消费结构的升级，这对经济发展的质量和效率提出了更高的要求，需要我们转变发展方式，优化经济结构，用高质量的增长来降低经济增长速度放缓的影响；其三，资源、环境，尤其是人力成本的限制，必将对经济的增速产生一定的制约。

总之，面对新常态，人们应该转变思维方式，正确认识经济新常态，适应新常态的要求，深入研究有关经济增长的各种因素，创新发展理念，推进新旧动能转换，改变经济发展方式，实现企业的转型升级，走质量效益型的发展之路。

本书的主题是"做有价值的企业"。笔者对质量提升、品牌培育、企业创新、内生动力、管理模式与领导方式转变、提升管理质量和水平等有关问题做了一些思索和探讨，并就思维能力、企业文化、团队建设、匠人精神、网络经济等做了一些思考。目的在于适应新形势，摆脱传统惯性思维和陈旧模式的束缚，走出一条创建有价值企业的新道路。

笔者在写作本书过程中得到了许多企业的支持和帮助，在此一并表示感谢！

由于笔者的水平和认知能力有限，本书的不足之处在所难免，恳请广大读者批评指正，笔者不胜感激！

目录 contents

第一章 企业成长的力量 / 001

一、创造价值与传递价值 / 001

二、推动企业成长的力量 / 003

三、企业文化及其特征 / 008

四、企业弹性、企业控制力与企业生命力要素 / 011

五、优质企业的"三好"基因 / 012

六、树立企业家思维 / 013

七、企业应跟上时代的步伐 / 016

八、企业常见的经营失误及原因浅析 / 022

九、组织拖延症——企业成长的顽疾 / 025

十、加强企业家队伍建设 / 025

第二章 企业绩效是第一位的 / 029

一、企业的目的 / 030

二、企业的主要功能 / 031

三、有效利用资源 / 032

四、合理追求利润 / 033

五、我们的事业是什么？ / 033

六、企业的主要目标 / 034

七、如何设定目标 / 035

第三章 质量、品牌与绩效 / 040

一、质量 / 040

二、品牌 / 044

三、绩效 / 045

第四章 习惯的力量，重要的营销策略 / 047

一、好产品要占据人们的心智 / 047

二、为什么有的产品会让人上瘾，进而形成习惯 / 049

三、习惯对企业的作用 / 051

四、触发：提醒人们采取下一步行动 / 053

五、行动：人们期待酬赏时的直接反应 / 056

六、多变的酬赏：满足用户的需求，激发使用欲 / 058

七、通过用户对产品的投入培养回头客 / 059

八、上瘾模式与道德操控 / 061

第五章 定位与品牌 / 063

一、定位理论简述 / 063

二、定位的四步法 / 065

三、品牌必将成为时代的主体 / 066

四、定位的含义 / 067

五、进入心智的途径 / 068

六、建立品牌的领导地位 / 069

七、品牌塑造与培育 / 069

八、创新品牌 / 071

九、定位的原则与追求之路 / 072

第六章 隐形冠军——中小企业的成长之路 / 075

一、野心、专注和国际化三大驱动因素 / 075

二、隐形冠军成长的基本因素 / 078

三、建立工匠制度，培养工匠精神 / 078

第七章 企业管理是实践的科学 / 083

一、企业管理者的作用 / 083

二、企业管理的原则 / 085

三、生产原则 / 086

四、目标管理与自我控制 / 087

五、组织精神 / 089

六、企业经营的本质是创造顾客价值 / 090

七、打造适合企业自己的正确的价值观 / 091

八、实践而非说教 / 091

九、培养管理者 / 095

十、未来的管理者 / 098

十一、管理者或管理团队要有领导力 / 098

十二、做一个追求卓越的企业家 / 102

第八章　管理靠证据 / 107

一、循证管理势在必行 / 107

二、循证管理的原则 / 110

三、如何实践循证管理 / 111

四、人才是最稀缺的资源 / 114

五、经济奖励与绩效 / 116

六、战略的重要作用——做正确的事 / 119

七、变化和创新是企业成功之源 / 121

八、如何实施变革 / 122

九、放眼未来 / 124

十、从证据到行动，循证管理让你受益 / 126

第九章　有关管理模式的探讨与思考 / 130

一、共同的目标与贡献的愿望 / 130

二、管理者应善于把管理理论变为常识 / 130

三、关于我国管理模式的探讨 / 131

四、企业文化建设的主要抓手 / 132

五、最关键的是范式的较量 / 134

六、华为的管理模式 / 136

七、百年西尔斯十年衰亡之路 / 139

八、变革之路多险阻 / 140

第十章　有关商业模式的探讨与创新 / 142

一、商业模式的基本框架 / 142

二、商业模式的设计 / 146

三、为什么要讲故事 / 148

四、什么挡住了去路 / 149

五、商业模式的环境 / 149

六、商业模式在企业中的应用 / 150

第十一章　分享经济在改变什么 / 152

一、分享经济简述 / 152

二、一场巨大的变革已经到来 / 154

三、分享经济思想的产生与发展 / 156

四、GDP对分享经济的影响 / 158

五、监管与消费者保护情况的变化 / 159

六、监管的演变：信任、机构和品牌 / 162

七、未来的工作：挑战和争议 / 163

第十二章　经理人的必备素质 / 167

　　一、谦虚的个性与坚定的意志 / 167

　　二、坚定而明确的方向 / 168

　　三、重视团队建设 / 168

　　四、具备互联网思维 / 169

　　五、促进员工成长 / 170

　　六、正确认识使命 / 173

　　七、经理人应具备的八项能力 / 175

　　八、最大限度地减少办公室政治 / 178

　　九、安抚心情的良方 / 179

　　十、正确对待常识 / 180

　　十一、传承与发扬优秀文化 / 180

　　十二、非凡的领导才能是后天培养的 / 182

　　十三、教练式领导 / 182

　　十四、不懂带人，就自己干到底 / 183

　　十五、找回质朴的力量 / 189

第十三章　思维成就企业 / 191

　　一、企业家思维 / 191

　　二、互联网思维 / 192

　　三、中国制造 / 198

四、悟性培养与思维能力 / 204

第十四章　创新——企业发展的原动力 / 212

一、企业发展的困境 / 212

二、企业创新发展的几方面要求 / 213

三、企业创新发展的有效路径 / 216

第十五章　破坏性创新 / 220

一、两种不同的创新模式：延续性技术与破坏性技术 / 220

二、价值网与创新推动力 / 223

三、管理破坏性技术变革 / 225

四、如何使机构与市场规模相匹配 / 226

第十六章　机构能力 / 228

一、组织是否有能力实现破坏性增长 / 228

二、资源、流程和价值观 / 228

三、产品性能、市场需求和生命周期 / 235

四、高管在领导新成长业务中所扮演的角色 / 238

五、善于利用萧条期，使萧条期成为企业成长的最佳时期 / 240

第十七章　影响企业创新的力量 / 242

一、创新是只黑匣子 / 242

二、关于破坏性创新模型的探讨 / 243

三、客户希望购买什么样的产品是实施破坏性策略的首要问题 / 245

四、为什么管理者会错误地细分市场 / 247

五、渠道结构 / 248

六、想要获得新市场客户，需要经由破坏性创新渠道 / 250

七、选择正确的业务范围 / 251

八、如何避免货品化 / 253

第十八章　精益创业 / 256

一、精益创业的主要阶段 / 256

二、有关创业的认知 / 257

三、新创企业失败的原因 / 258

四、精益创业的愿景 / 258

五、谁才是创业企业家 / 260

六、驾驭 / 263

七、飞越 / 264

八、测试 / 265

九、衡量与评价 / 266

十、转型还是坚持 / 267

十一、适应 / 271

第十九章　谷歌是如何运营的——创新的典范 / 272

一、赋能：创意时代的组织原则 / 272

二、赋能的原则 / 273

三、谷歌的运营之道 / 273

四、文化：相信自己的理念和价值观 / 275

五、战略：你的计划正确吗 / 278

六、人才招聘和管理是最重要的工作 / 283

七、决策：共识的真正含义 / 286

八、接班人计划 / 287

九、沟通 / 287

十、创新 / 288

第一章
企业成长的力量

一、创造价值与传递价值

随着社会的进步和科学技术的迅速发展，未来可能只有两类企业能够获得生存和发展：一类是借助现代科技尤其是互联网技术进行产业整合的企业；另一类是在整合的平台上提供高附加值的企业。前者被称为平台企业，后者被称为价值企业。一般情况下，做平台是大公司的事情，而更多企业，尤其是中小企业所关注的焦点，是如何找到用户的痛点和需求，为用户解决问题、提供服务和帮助，最终成为一个为社会和用户提供价值的企业。但是我国的现实情况是，想做平台企业的愿望增多，做价值企业的意愿相对在减少。有些企业即使成了价值冠军，也还是怀揣一颗"平台心"。这是一种不正常的状态。其实，社会需要绝大多数企业做价值企业，做平台的只能是少数企业。

大家都怀揣一颗"平台心"，源于对用户和竞争环境的一种不安心理。一方面，各种颠覆式创新不断涌现，各种模仿、抄袭时有发生；另一方面，平台对自身界限的模糊，让参与者不敢放心地将自己与平台绑定。如果把自己建成平台，这种不安全感就减少了。但是，一个平台的成功是无数价值企业参与和推动的结果，如支持淘宝、天猫、京东、苏宁等生态的核心不是技术和系统，而是众多卖家、服务商、消费者的参与。可见，如果大家都想做平台，那么谁来为用户提供服务、产品、价值呢？

平台是未来，但不是每一个企业都能成为平台，在通往平台的路上无数个企业都倒下了。因此，做一个能够提供高附加值企业，是平台时代应予以高度重视的路径，更应该是众多企业，尤其是中小企业的正确选择。如今，我国的实体企业，尤其是中小实体企业生存困难，发展过程中的不确定性增多，究其原因，既有大环境的影响，也有企业自身的问题。但是，我们必须充分认识并相信，只有发展实体企业，才是一国经济发展的正确道路。如果没有强大的实体企业为基础、做后盾，那么极有可能造成经济的虚拟化和空心化。

除了平台企业，价值企业自身的平台化也是一种途径，或者说价值企业要先有自己的平台。海尔集团将自身的几万名员工分成若干个战略单元，形成内部市场，科层制被无数内部创业团队代替，组织内部的信息、资金流转变成了分布式和竞争性的，有力地提升了企业的生机和活力。因此，在互联网技术迅速发展的今天，众多价值企业通过自身的平台化实现了两者的融合，这不仅是企业生存与发展的需要，更是其加强管理的必然趋势。

随着经济的发展和社会的进步，企业从封闭走向开放是大趋势。在开放的过程中，平台既不是手段更不是终点，为用户创造价值才是企业应该遵循的正确方向。新贵以变化挑战传统，老兵于重塑中迎战进化。要让创新的颠覆之力驱动商业模式的平滑更迭，就需要一种新的视觉，以简驭繁，直击模式之核。

大家都熟悉的华特迪士尼公司（以下简称"迪士尼"）一直坚持带给千百万人快乐，并且以歌颂、培育、传播健康的美为理念。它的核心竞争力就是制造故事，并通过建造游乐园、推出影视作品，将快乐的文化传递给世界各地的广大消费者。可见，迪士尼将创造价值和传递价值做到了极致。

总之，产品和服务是价值的创造，渠道和营销是价值的传递，其最终目的都是满足客户需要、为客户解决问题。

（一）创造价值

企业价值创造的第一个层面就是通过提供产品或服务获取订单和利润，产品或服务是企业创造使用价值的核心载体；第二个层面是软实力，需要持续不断地注入人文理念和情怀，沉淀为企业所独有的核心竞争力。未来的时代将是品牌时代，这是经济发展的一大趋势。社会之所以把资源交付给企业和企业家，目的就是创造价值，实现价值的增值，最终让人们过上更加美好、幸福的生活。

（二）传递价值

价值传递犹如人体的血液系统，如果血管出现堵塞，机体便会出现问题。对于经济活动而言，仅创造价值是远远不够的，传递价值的环节同样至关重要。传递价值是价值实现的途径。首先，通过渠道建设传递产品，把产品输送到渠道，带给消费者，只有这样才能实现产品的使用价值，进而转化为企业的销售利润和成果；其次，通过多种形式的传播和企业的精心培育，品牌的认知度、美誉度、忠诚度将得到提升，并及时传递给受众群体，融入人们的心中；最后，活化品牌，畅通传递环节，实现品牌价值的放大。

综上，作为一个企业，要么创造价值，要么传递价值，或者是两者融合。

二、推动企业成长的力量

在研究企业创造价值和传递价值的过程中，首先要探讨推动企业成长的动力。管理就是实践，其目的是促进企业持续健康地成长，它以企业成长过程中的战略思考与经营问题为焦点，将企业发展中的价值判断与精神追求付诸实践，形成推动企业成长的力量。简要概括如下。

（一）价值的力量

一个企业能做多大，取决于企业家的胸怀、追求与境界。要将远大的目标追求转化为清晰的战略意图，坚守核心价值观，坚持客户价值导向，为客户创造价值；以品质为基础，以诚信和双赢为主线，这是一个企业可持续发展的根基。总而言之，企业和企业家的追求与实践，就是为社会创造价值；否则，企业终将失去存在的基础。在企业创造价值的过程中，人的因素是排在第一位的，是实现价值增值的关键因素。作为一个企业家，一定要多听来自各方面的声音，多与他人沟通，拥有海纳百川的胸怀。

（二）利益分配与员工成长的力量

利益分配机制是推动企业成长的动力之一，从某种意义上讲，企业管理的核心问题就是利益分配。舍得让利、科学的利益分享、把握相关者的利益平衡，是企业吸纳人才、激励人才创造价值的关键。企业要善于通过利益分配机制激励员工、弘扬正能量，从而推动企业持续成长，实现企业由合作共同体向利益共同体再向命运共同体的转变。在一个企业中，多少产出应该作为劳动者的工资，多少产出应该作为所有者的利润，即企业各方如何分配生产所得，一直是分配的核心问题。

财富分配一般包含两个维度：一是要素分配，这里把劳动力和资本当作生产要素；二是个体分配，这里要考虑个体层面和资本收入的不平等及社会各方的利益均衡。事实上，任何一家企业的成长都是其员工个人成长的总和。因此，一个不断向自己的员工提供学习和成长机会的组织，在提升公司实力的同时，也是在向未来投资。这是因为，一个组织拥有的唯一不可替代的资产就是其员工所具备的知识和能力。人力资本的生产效率取决于员工能否有效地将自己的能力与雇用他们的组织分享。因此，任何一个企业都应该让员工得到发展机会。好的领导必须让员工出类拔萃，让员工有施展才华的机会，使员工得到成长。企业必须遵循员工第一的原则，因为只有使员工感到满意并积极奉献，用户才可能得到好的产品和服务，企业才能持续成长。

（三）制度与企业文化的力量

信念使组织产生激情的力量，而制度使组织产生理性的力量。如何从情理法走向法理情，是我国企业持续发展的一个大坎。历史原因导致许多企业家激情有余、理性不足，对制度与规则缺乏发自内心的尊重和敬畏。企业管理者往往既是制度的制定者，又是制度的破坏者。当一个企业走过初期创业的冲动，经过激情燃烧的岁月后，其发展的核心动力就是制度安排与文化培育。通过打造系统管理平台，推进规范化管理，使企业得以在高起点和高平台上运行发展。当然，制度的刚性是一把双刃剑，过于理性会导致激情不足，管控过分而经营乏力会使企业活力不足。

从一般意义上讲，一个企业的管理有两个轮子：一个是制度，另一个是企业文化。制度就是那些明文写出来的，大家一定要执行，甚至要去稽核的项目；而企业文化是很难行之于文的。一般来说，所有的管理问题在找不到答案的时候，都会被归结为企业文化。而作为企业核心价值观的企业文化一旦被员工认同和共有，就会深深地影响他们的思维模式和行为方式，并融入他们的灵魂。

好管理靠的是理念而非权力。管理者要创造一种氛围，一种和谐、舒适、温馨的环境；必须让每个人意识到他人的重要性，使他人变得强大；必须善于用人，通过组织的力量使他人的长处得以发挥、短处得以规避，优势互补，在一个平凡的组织中培养一流人才，创造一流业绩。

（四）团队的力量

在一个企业中，个人的成功不等于成功，企业的成功才是真正的成功，这就需要发挥团队的力量。而要充分激发团队的力量就必须做好如下转变：将个体思维转化为组织思维；将个人能力转化为组织能力；将个体的理性与激情转化为组织的理性和激情；将个人创新转化为团队创新；将个人的冲劲转化为大家共同的冲劲；将个人利益变成大家共同的利益，进而实现共赢，共同推进企业发展，创造财富，践行企业的宗旨和使命。

一个企业在成长过程中，惰性必然滋生和蔓延，所以员工的工作激情是需要不断激励和强化的。激励，从管理角度讲，就是要赋予员工完成工作目标所需的动力。企业决策者应当正确、充分地运用激励机制和领导艺术，并以自己良好的语言修养和自律行为影响和引导这个激励过程，创造一种良好的工作环境和施展才华的有利条件，从而使被激励者在致力实现整体目标的过程中，达到个人期望。

一部《管理学》所论述的全部问题是人与人之间的关系。因为不处理好人与人之间的关系，就很难取得大的成就。使人们和谐共事、努力工作不是管理的一部分，而是管理的全部。无数企业的经营实践证明，如何打造一流团队是企业经营管理的首要问题，因为没有一流的团队就很难打造一流的公司和一流的产品，更难创造一流的业绩。

每个公司都有一个关注事情的等级次序,正确的顺序是员工、产品或服务、利润。公司把精力集中在员工身上,员工把精力集中在为客户提供服务上,而利润是一个结果。但很多公司崇尚利润导向,这可能会误导公司,尤其是在经济不景气的时候,其后果就更为严重。公司应该意识到,人才才是公司的支柱,员工愉快地工作是提供卓越服务的前提。

无数实践证明,努力留住员工比努力招聘更有价值。企业要极力避免破坏工作环境,因为让好的员工与那些奸恶的小人或者不努力工作的人在一起是不公平的,所以需要创建并保护好工作氛围。有三种人永远都不能进入公司,即奸诈小人、狂妄自大者以及吃白食的人。奸诈小人,通常觉得获得成功的最好办法就是以牺牲别人为代价,一个成功的组织与尔虞我诈是相排斥的;狂妄自大者,很少对事情有一个清楚的认识,他们之所以缺乏判断力是因为他们在任何情况下都只会为自己寻求好处;吃白食的人,总想不劳而获、坐享其成。

当今世界,获得成功的人往往是那些懂得如何与人相处的人。人际关系是十分重要的学问,一般只有心态健全的人,才能建立良好的人际关系,这是一切之源。在一个成功的企业中,客户处于第一的位置,但实际上企业是通过把精力集中在内部、集中在自己员工的身上,进而获得客户和市场的。从长期来看,不愉快的人提供的只能是不愉快的服务,创造的只能是不断下降的利润。员工的确是一个企业所能拥有的最优质的资产之一,没有员工,其他都没有意义。没有员工的忠诚、动力以及不懈的努力,最好的结果也就是平庸。但这并不是说要把员工凌驾于客户之上,而是说,正是为了客户利益才必须把注意力放在员工身上,这是一种多赢的方式。

(五) 机制与创新的力量

任何组织在其生命周期中均会出现老化与僵化现象,以及有效能量衰弱、耗散状况。企业只有通过有效的机制创新才能永葆活力,进而引导组织不断前行,使组织始终处于激活状态。一个企业机制的弱化和退化,对企业的危害比重大投资失误还要严重。企业就是在有效控制的基础上,持续激发内在的经营活力,并通过机制建设最终形成内在的竞争优势的。好的机制能够让企业有活力、经营有效益、管理有效率。

企业机制主要有基于专业化契约的治理机制、基于内部产业链协同的运营机制、高绩效导向的利益分配机制、不断变革创新的组织机制、开放包容的用人机制、玻璃箱式的控制分权机制等。在企业成长的过程中，管理者应善于通过机制的力量，不断实现产品创新、制度创新、模式创新，不断适应环境变化，永葆企业活力。

企业的持续成长与创新有赖于组织化的学习，因而需要建立和培养学习型组织。要想在变化的环境中持续调适与成长，就要进行组织化的学习，这是管理团队改变公司、市场与竞争者的共有心智模式的过程。如果有任何一种领导理念能一直在组织中鼓舞人心，那就是拥有一种能够凝聚并坚持实现共同愿景的能力。正如彼得·圣吉所言，"一个缺少全体衷心共有的目标、价值观与使命的组织，必定难成大器"。

学习是一个终身的过程，你永远不能说，我们已经是一个学习型组织。学得越多，越觉得自己无知。因而，一家公司不可能达到永恒的卓越，它必须不断学习，以求精进。也就是以一种新的方式使我们重新认知自己与所处的世界。这是一种心灵的转变，从将自己看作与世界分离转变为与世界连接，从将问题看作由外面某些人或事所引起的转变为认识到自己的行为如何导致问题。学习型组织促使人们不断发现自己如何造成目前的处境，以及寻求改变的方式和路径。通过学习型组织，人们可以吸收知识、获得信息。然而，这和真正的学习还有很长一段距离。真正的学习，涉及"人之所以为人"意义的核心。通过学习，人们重新创造自我；通过学习，人们能够做到从未做到的事情，重新认识这个世界及自己同它的关系，积聚创造未来的能量。

对于学习型组织而言，单有适应和生存是远远不够的。组织为适应与生存而学习，虽然是基本和必要的，但必须与开创性的学习结合起来，只有这样才能通过学习与工作活出生命的意义。只有通过个人学习，才能实现组织学习。虽然个人学习并不能保证整个组织的学习，但没有个人学习，组织的学习无从开始，也必将缺少根基。

稻盛和夫说："不论是研究发展、公司管理或企业的任何方面，活力的来源是'人'，而每个人有自己的意愿、心智和思考方式。如果员工本身未被充分激励去挑战成长目标，当然不会成就组织的成长、生产力的提升和产业技术的发展。"

自我超越是个人成长的学习修炼。具有高度自我超越感的人，能不断强化他们创造生命中真正心之所向的能力，能以个人追求为起点，形成学习型组织的精神。自我超越的意义在于，以创造而不是反应的观点来面对自己的生活与生命。一项融入人们生命的活动其包含两个要素。一是厘清到底什么对人们最重要。人们常花太多的时间应付沿路上的问题，而忘了为什么要走这条路，结果导致真正重要的反而模糊不清。未来获得成功的企业将会是"学习型组织"，因为未来持久的优势是具备比竞争对手学习得更快的能力。企业是唯一有机会从根本上改善这个世界不公平现象的团体。但是，首先必须去除妨碍人们持续创造和学习的障碍，其次要通过不断学习，看清目前的真实情况。二是关于队伍的培养与个人成长。一个人应该有一群老师，并善于发现和学习他人的优点。把他人的优点变成自己优点的人一定是非常优秀的。只要有优点就是老师，只要是有用的好东西，就马上亲近它，从而不断丰富、完善自己。亲近真理就应该像饿虎扑食、久旱逢甘霖一样。一个人补短的能力越强，进步就越快。

在一定意义上讲，奖励什么就会得到什么。不能搞平均主义，平均主义导致惩罚表现好的，鼓励表现差的，这样一来得到的只能是一支平庸的队伍。

三、企业文化及其特征

企业高层经营者必须确定企业未来的发展愿景，也就是企业前进的方向，同时要明确自己的定位。为此，要把企业文化与品牌形象融为一体，要让企业或品牌成为某种特色的代言人，融入人们的心中。同时，企业愿景必须是发自内心的，绝不能成为口号或其他徒有虚名的形式。愿景是企业未来要达到的图景，不是短期的期望，而是在一段时间内可以适时调整的长远目标。

使命是企业赖以生存的方式，是通过企业所经营的业务来体现的，可以从客户、产品、市场、价值、核心能力等方面来表述；同时，它是对企业未来需要经营业务的描述及员工努力的目标和方向。使命能够带来真正的幸福和快乐。为了推动社会不断进步，人们面临的挑战不仅是创造新的工作，还是创造一种新的更强大的使命感。

没有人在开始的时候就知道该怎么做，没有什么想法在刚出现时就是完美的，只有当你着手去做的时候目标或使命才会变得更清晰。你必须开始去做，必须勇于探索和实践，在做的过程中，要宽容失败，容忍失败。任何伟大的成功都来自拥有能够承受失败的勇气，都是经历无数次失败后再拼搏的结果。失败和挫折都是成长的阶梯，都是成功的过程。

价值观则是企业在追求目标时所遵循的准则，是企业面临选择时决定优先顺序的出发点。正确的价值观可以指导员工的日常行为，并提高对外部的适应力，使内部更协调。创新是推动企业持续发展的必由之路。员工是企业服务客户的第一梯队，服务好员工才能让消费者得到有效的、高质量的服务，这也是服务价值的延伸。员工第一，是企业的价值取向，也是企业文化的重要因素，更是企业制胜的法宝。

（一）国内外企业文化

企业文化是指一个企业的价值体系，包括企业共有的价值观念、价值准则、习惯、作风和道德规范等。企业文化最重要的法则就是让每个人都成为他能成为的人，成为企业需要的人，成为能为企业做出贡献的人。企业文化是一种无形的力量，是融入每一位员工灵魂的价值观。

1. 美国通用电气公司的文化建设

通用电气公司是世界上少有的多元化发展非常成功的跨国公司。前 CEO（首席执行官）韦尔奇在总结通用电气公司成功经验时说："我们与杂牌公司有着本质的不同，杂牌公司是一些没有核心理念，没有统一步调的企业组合，而通用电气的各个企业都有一套统一的价值理念。这种观念的形成和落实依靠一个专门的机构——克罗顿维尔，它向通用电气不同企业的高级领导人传授这些观念。"通用电气公司的业务是多样化的，但是文化非常统一，任何人都不能对价值观有所怀疑、有所违背。也就是说，用统一的文化引领统一的业务，用文化来统一整合企业，用文化的力量来推动企业发展。

2.海尔集团的文化体系

海尔集团的文化体系，遵循以观念创新为先导、以战略创新为方向、以组织创新为保障、以技术创新为手段、以市场创新为目标的理念。所谓文化管理，是从人的心理和行为特点入手，培养企业组织的共同情感、共同价值，形成组织的自身文化。他们认为，成功只存在于昨天的记忆中，或对明天的追求中。

（二）企业文化的特征

企业文化的一些特征主要包括以下几点。

一是员工的和谐一致性。员工应与作为整体的企业保持一致，优秀的企业应是一个和谐的命运共同体。

二是团队的重要性。工作与活动应围绕团队组织和整个企业，而不是围绕个人。员工应具有和谐的团队精神。

三是对人的关注。管理决策要考虑结果对企业中人的影响程度，把员工作为企业的第一资源，坚持"以人为本、员工第一"的宗旨。

四是单位的一体化。鼓励企业中各单位以协作或相互依存的方式运作。

五是控制。制定监督和规范员工行为的规章、制度及直接进行监督，建立既有严格纪律又能让员工充分施展才华的空间和良好氛围。

六是风险承受度。鼓励员工创新进取、承担风险和宽容失败。

七是报酬标准。同资历、偏爱或其他非绩效因素相比，以员工绩效决定工资增长与晋升等是相对公平的。

八是宽容度。鼓励员工自由争辩、发表意见。

九是结果的倾向性。管理更注意结果或成果，而不仅仅是这些成果的技术和过程。

十是系统的开放性。企业适应外界环境的变化并及时对这些变化做出反应。

四、企业弹性、企业控制力与企业生命力要素

（一）企业弹性与企业控制力

任何一个企业在成长的过程中，都会随着时间推移产生一些变化。其一般表现为企业的组织机构层次增多、产品线拓宽、企业的控制更加严密、企业适应变化的速度变慢、弹性也相应地越来越小。其实，任何事物在初始阶段都是最有爆发力和行动力的，但是随着事物日趋成熟和完善，求新、求变往往不再是企业的主题，它们会逐渐被求稳、求大、求全代替，大企业病和办公室政治等弊病也会随之而生，并日趋严重。

所谓大企业病是员工与部门之间的博弈，往往使企业发展的速度减慢、办事效率低，形成组织拖延症。一个企业的基本使命是如何让大家的目标集中到为用户创造价值上，怎样能够协同起来。没有永远成功的企业，只有时代的企业和不断创新成长的企业，创新是企业家的核心特征与使命。企业的生命力在于变化和弹性，只有随着环境的变化而不断调整经营策略的企业才有可能持续发展，永葆活力。

企业的控制力有一个变化的过程，初期可能弱些，随着企业的发展会逐渐增强，但发展到一定程度，控制力也可能会逐渐退化。

总之，企业弹性和企业的控制力是相辅相成且对立统一的。对此，需要掌握一个平衡度。

（二）企业的生命力要素

1. 行动力

如果一个企业的行动力很强，往往就有明确的目标，以及很强的贯彻落实能力。

2. 程序力

效率是企业的生命。任何企业都要重视规范、规则和程序，依照一定的步骤和程序做事，员工在工作时必须讲究科学方法、遵守规章制度和共同规范，以获取更高的工作效率。

3. 创新力

企业要具备学习和创新能力，开发新产品、开拓新市场、开创新事业、采用新的管理模式，以适应不断变化的环境，满足不断变化的客户需求。

4. 整合力

企业应善于整合内部力量和外部资源，以适应不断变化的环境，保持其创新活力。尤其在经济全球化发展的今天，整合力更为重要。

以上四点就是一个企业的生命力要素。任何一个企业都要协调、整合好这四个要素，以使企业健康持续地发展。从企业的生命周期角度来分析，企业成长可分为成长和衰退两个时期。成长期包括婴儿期、学步期、青春期、壮年期四个阶段；衰退期一般包括稳定期、贵族期、官僚期三个阶段。企业处于不同时期，存在的问题也会有所区别，应采取不同的管理措施，让企业始终充满活力。同时，在发展过程中，企业应分析了解行业现在的竞争状况、供应商的议价能力、客户的议价能力、替代产品或服务的威慑力、新进入者的威胁等因素，这些因素同样会影响企业的盈利能力，甚至危及企业的成长与生存。

五、优质企业的"三好"基因

（一）好人，定企业乾坤

第一，要有好的企业家，如果企业家不好，企业面对再大的机遇也不可能做大做强。企业家应具备三个基本要素：追求、胸怀和境界。企业家要有强烈的追求和把企业做好的强烈愿望；要有胸怀，能容纳比自己更能干的人，能集聚优秀的员工队伍；还要有境界，舍得让利，善于授权，能发挥团队的力量。第二，要有好的队伍。第三，要有好的客户，有忠诚稳定的客户群。

（二）好产品，源远流长

企业要实现持续发展，最终还是要靠产品和服务。有了好的产品和服务，企业才能源远流长。

（三）好管理，强企业基石

企业只有具备好的管理才能使资源得到有效利用，尤其是人力资源，从而把握机遇顺势而为。无数实践证明,企业获取资源的能力并无明显差别,关键在于管理。因此,一个成功的企业,往往是管理质量高的企业。管理得好与坏是企业成败的关键,一个企业如此,一个国家同样如此。

六、树立企业家思维

"价值观"这个词是一个众所周知,但鲜有人完全理解其真正内涵的词。价值观的强大体现在它主宰你的一切思维和一切行为。只有在价值观协调的氛围里,团队才能齐心协力,向着共同的目标努力。价值观决定人的思维方式。思维方式对于一个企业家来说至关重要,它不仅关系企业家的成长,还关系企业的生死存亡。众多成功企业的成长历程证明,企业家应具有以下思维。

(一)拒绝惰性、勇攀高峰的思维

优秀企业家必须具有不满足于现状、随时提高自己、把自己身上存在的懒惰和平庸等劣势除掉、时刻希望攀登人生高峰并愿意为此发挥自身全部潜能的良性思维。他们拒绝惰性思维,摒弃平庸和无所作为,因为平庸是企业家成长的最大顽敌。

(二)积极建立良好的心态、强烈进取的思维

人与人之间其实只存在很小的差异,即心态的积极与消极,但就是这种很小的差异往往造成人与人之间的巨大不同,有的人事业有成、生活幸福美满,而有的人终生不幸。这是因为机遇往往是在积极准备的过程中出现的。机遇垂青那些富有进取心和创造力的人,消极等待必将成为懒惰者。不能正确对待挫折和困难的人,不仅无法胜任许多正常的工作,也很难成为事业上的成功者。

(三)正确对待挫折、善抓机遇的思维

遭遇挫折,实际上是一种幸运,这会使我们振作起来,调整努力方向,向着正确或者更美好的方向前进。因此,只有挫折才能够激发一个人向自己挑战的勇气。任何人、任何企业的成功,往往都是经历了一连串的挫折和失败后继续努力奋斗的结果。

（四）战胜怯弱，充满热情、勇气和自信的思维

怯弱是一种消极的自我评价或自我意识，即个体因认为自己在某些方面不如他人而产生的消极情感。人的一生，要敢于向怯弱挑战，变怯弱为无畏；敢于向不幸挑战，变不幸为幸运；向问题挑战，因为问题已经包含了解决问题的办法；向贫困挑战，变贫穷为富有；向困难挑战，因为困难是对一个人能力和意志的考验；向一切不满意的事物挑战，在挑战中改变自己的内心，改变自己的命运，改变自己的世界。越是险恶的环境，越能使成大事者有所表现。为了有所成就，必须告别悲观消极的情绪，保持一种积极的态度。一个没有志气和主见的人，其人生肯定一直在走下坡路，直到不可收拾的地步。一个人要有从烦恼、痛苦、困难的境地转换到愉快、舒适、甜蜜的境地的能力，这种能力就是真正的无价之宝。

但凡成大事者，只要自己认准的事，就立即行动，一定要有个结果才会停止。这种果断思维和行事习惯，往往会使一个人有所成就。此外，勇气是取得成功的第一要素，因为人的一切行为都因勇气而生，而自信是勇气的底蕴与力量之源。

（五）激发潜能、勇于创新的思维

很多人思想上的最大障碍是缺乏创新意识，致使做事没有突破，只在原地徘徊，甚至止步不前。成大事者勤于思考，善于开动脑筋，不断创新。所有计划、目标和成就，都是思考的产物。积极思考是一种思维模式，它使我们处于劣势时仍能寻求最好的、最有力的结果。积极思考是一种深思熟虑的过程，是一种主观的选择，是推进企业持续发展的动力之源。创新思维要突破常规思维，既超越自己，更要超越对手。一个企业家只有通过创新，才能体会到人生的真正价值，才能不断满足客户的需要，满足人们对幸福生活的追求。

（六）丰富的想象和善于思考的思维

思考者是人类的先锋，是指引人类前进的引路人。他们毕生劳碌、不辞辛苦，替人类开辟出平坦的大道。我们现在的一切，是过去各个时代想象的总和，是过去各个时代想象的现实化。对世界最有贡献、最有价值的人，就是那些目

光远大且有先见之明的想象者，他们运用智力与知识为人类造福，把常人做不到的事情变为现实。各界的精英都是想象力丰富的人，不论是工业巨头，还是商业领袖，都是具有伟大的想象力，并持以坚定的信心为之努力奋斗的人。

企业家要有目标，目标不仅是行动的指南，还能使人生具有意义；同时，他们要不断地激励斗志，鼓舞士气，开发潜能。他们具有三方面的特质。

1. 用未来看现在，选择正确路径

常人思维都是用现在看未来，如一个人要去创业，基本动机都是赚钱。经理人更多地依靠资源来做事，而企业家更多的是创造条件做事。用未来看现在，是以全局的眼光、发展的观点看问题，是一个选择路径和契合时机做重要事情。

2. 从高处看格局，进行战略布局

企业破产的一个重要原因是被客户诱惑，客户会诱惑企业把价格降得越来越低，迫使企业做更多的品类，让企业提供更多的服务，最终超出了企业的能力。因此，很多企业通常不是被竞争对手打败，而是被客户诱惑而死。作为一个企业家，格局要大、站位要高，不能仅仅局限于某一个要素上，不能只顾短期的、眼前的利益，只有站得高，才能看得远，才会做出指导全局、引领企业持续发展的决策。

> 古罗马哲学家西留斯曾说："想要到达最高处，必须从最低处开始。"

3. 从外部看自己，坚持客户导向

在合作共事的过程中，要把对方看得比自己重要，即不要把自己看得过于尊贵，让对方有被尊重的感觉，而自己一定要谦虚做人。在交往和合作的过程中，如果一心想从别人那里得到什么回报的话，就不会给予别人一点快乐、一句真诚的赞扬。如果气度如此小，通常合作都会毫无意外地走向失败。

作为一个企业家，要善于从外部看自己，坚持客户导向。企业家最关键的是要有客户思维，从客户的角度看待企业应该解决的问题，多做离客户近的事情，并善于以客户为导向解决内部问题。客户的问题是企业的生死问题，内部的问题是有关工作效率的问题，最终企业的所有问题都是为客户服务的问题。

七、企业应跟上时代的步伐

一个企业的兴衰，70%的责任由企业家承担。——松下幸之助

一个企业只能在企业家的思维空间内成长，一个企业的成长被其经营者能达到的思维空间所限制。——德鲁克

（一）企业面临的机遇与挑战

概括来说，在新时代，企业发展面临以下机遇和挑战。

一是未来的市场将如何发展？自己的公司将面临什么样的机会或威胁？现在要做些什么准备？从市场规模和发展趋势看，在不久的将来，我国必将成为世界最大的市场。但是，在发展的过程中会有很多不确定因素，很多企业难以决定采取怎样的对策，尤其是面对互联网和新技术的冲击与挑战，企业应该如何抉择，成为当代企业不可忽视的问题。

二是持续成长的战略。应该选择哪些领域，如何适应环境、集中资源等都事关企业的持续发展和健康成长。

三是企业的重组与整合。

四是客户的发展与巩固。在激烈的市场竞争中如何争取客户、巩固稳定客户，都是令经营者头疼的问题。不易模仿的差异化竞争策略、品牌与客户忠诚度的提升等都是需要认真思考的课题。

五是企业经营的复杂化和难度增大，都需要企业研究内部的组织结构和业务模式，不断提升企业的发展能力，建立和巩固企业的成长机制。

六是面对经济全球化的冲击，在企业转型升级的进程中，如何引领质量、促进品牌发展，创造享誉国内外的知名品牌。

七是企业的监督和控制机制。

八是企业接班人的培养。

（二）企业应与时俱进

企业要健康成长，就必须跟上时代的步伐；要正确认识企业家的使命，不断转变思想观念，实现创新式发展。国力的较量一部分在于企业，企业的较量在于企业家。企业家要用智慧在静止处遇见潮流，在混乱处发现秩序，在变化中发现商机，在商业运营中升华人格，最终探索出中国新时代"产业强国、企业富民"的阳光大道，形成具有中国特色的企业管理模式。

企业的成长构成一国社会发展和经济繁荣的基础，但是经济学尤其是管理学研究的重点多是管理方面的职能，较少涉及企业的成长和创新，尤其是企业的持续健康发展问题。这必将成为今后经济学研究的重点。

管理的职能和职权，只能是为了促进企业健康持续发展而存在。管理者只有在工作时才有职权，并没有什么所谓的"权力"，而管理者能力不足、官僚作风、傲慢自大、规划不合理、投资失误等是许多企业失败的主要原因。

核心产品是企业最基本的核心零部件，而核心竞争力是蕴含在核心产品中的知识和技能。企业创新不仅是传统意义上的开发新产品或采用新技术，最重要的还是产生新概念，并将新概念转化为现实的企业核心竞争优势。

传统的销售战略更多强调"我的产品与竞争对手的不同"，而未来是与客户合作的时代，要合作就要和客户站在一起，为客户的利益生产、销售，共同分享回报。营销是连接社会需求和产品运作的纽带，是一种使消费者和公司共同受益的社会行为，其将合乎道德的行为同利润动机以及满足消费者需要结合起来。管理者是在对可获得信息进行仔细分析的基础上做出决定的理性人物，管理企业并不存在一成不变的正确方式，其必将随着时代的步伐不断创造出新的模式。

以上观念和认识充分说明，企业的成长过程是动态的。人类在进步、时代在发展，尤其是在科技和经济发展日新月异的今天，没有人会止步不前，我们必须要跟上时代的步伐。

例如，打火机一出现，火柴逐渐消失了；计算器一出现，算盘消失了；CD一出现，磁带消失了；手机一出现，BP机消失了；数码相机一出现，胶卷没有市场了；智能手机一出现，回家不用电脑了；微信一出现，短信很少有人发了……不是谁夺走了谁的生意，而是人们需要不断接受新事物，适应新的社会需求，跟上时代发展的步伐。必须记住，科技在发展，世界一直在变，你不主动改变，终将被时代淘汰。因此，随着经济和社会的发展进步，企业也必须跟上时代的步伐。企业家必须不断转变思维和观念，走创新发展之路。

(三) 民营企业要走出青春期

民营企业要走出青春期，就必须克服和放弃先天形成的一些思维惯性和行为习惯，走出人治、霸权的怪圈，建立企业规则，依托理性的力量治理企业，同时打破封闭结构，使企业文化更具包容性。

我国许多民营企业是借助历史机遇发展起来的。其经营方式灵活，既喜爱捕捉机会，也善于捕捉机会，在处理机会与能力的关系时往往将机会放在更重要的位置，对待机会与风险时常常向机会倾斜而忽略风险。由于成功来得太快且相对容易，具有一定的偶然性，其对自身驾驭机会的能力估计过高，对于化险为夷、转危为安也时常怀有侥幸心理。其行为主要具有以下特征。

一是出于急于致富和急于求成心理，其盲目扩展业务，以使业务多元化，但这种多元化大都是横向的而非纵向的，往往缺乏资源、能力和管理平台的支持。

二是"铺摊子""上规模"，盲目扩张，过度投资。

三是竞争能力先天不足，为数众多的企业是在特定的时代背景下成长起来的，其发育、成长过程缩短了，而这引发并催生了超常规、走捷径、一步到位等某些非常规理念。

四是善于从价值链后端及营销环节发力和起步，偏好从营销策略的角度应对企业面临的困境和危机。少数企业经营者经常以资金短缺来掩盖自身能力的不足和管理的薄弱，过多强调客观因素而忽视了自身原因。

五是现在很多企业都在进行品牌竞争，但每个企业都做品牌，这可能吗？这会浪费多少资源？"品"没有，只做"牌"，不在质量上下功夫，只是追求表面的东西，只喊口号和做宣传。

六是投机取巧。从计划经济向市场经济过渡的转型期，许多民营企业一夜暴富，这与国有企业改制、行政性土地出让以及不完全化的资本市场密切相关。因此，一些企业家热衷于和权力交往，把经营的重心放在寻找、发现、利用那些价值被人为低估的资源上。长此以往，投机取巧、走捷径和权力耦合成了一种思维惯性和行为习惯，这也为权力寻租、贪污腐败提供了更多的机会和可能。企业生产制造是一种创造行为，其目的不是发财，不是挣得房子、车子和票子，而是实现更合理、健康的生活方式。

总之，当前民营企业正处于历史的转折期，应该认真总结过去、审视未来、审慎地认识自我，尽快走出青春期，稳步前行，实现新形势下的创新发展。

（四）企业管理者应善于认识自己，勇于否定自己，不断提升自己

面对毫无成就的现状，有的人总是大惑不解：凭能力自己也算得上人才，凭经验也不算太差，理论水平也不低，怎么就不能取得自己想要的成就呢？周围的很多人，能力在他们之下，工作、生活却比他们要好许多，这是为什么呢？其中的原因是很复杂的，很难一一赘述。但是，最重要的原因之一是，这些拥有知识和能力的专才，忘记了一个简单的道理，即一个人成功与否不仅取决于他的优势，更取决于他的劣势。这完全符合著名的木桶理论：木桶中水的高度不是取决于围成木桶的最长的那块板，而是取决于最短的那块板。因此，一个人无论有怎样出众的能力都不一定能保证他成功，但是致命的弱点一定能让他失败。成功是众多因素共同作用的结果，而失败只要一个因素，这是成功学中的一个规律。我们可以看看周围的很多人，那些在商场上取得成就的人并不一定拥有超群的能力，但从他们身上很难找到明显的让人不能接受的缺点。当然，也有些优秀的人缺点与优点一样鲜明，他们充满了智慧且卓有成就，却又性情古怪得让人难以忍受。这样的人的确存在，但往往存在于可以依靠个人智慧而成功的领域，如学术研究、艺术创作等。

在商场这种最需要整合人际关系资源的地方，突出的缺陷、性格的怪僻显然是难以让人接受的，也是无法让人亲近的。因为无人亲近和接受，资源就难以向这些人集中，成功的机会自然少很多，这就是能力突出、缺陷也突出的人的命运。他们帮别人做是把好手，一旦自己做就举步维艰，因为他们身上的弱点和坏习惯使他们无法整合别人的优秀资源，而没有整合力的人，专业能力再强也做不了管理者，也难以成功。

如果一个人心态不好，或者对自身缺点的危害认识不清，或者缺乏较高的人生目标，一般是很难改掉恶习的。这种人也只能在愤愤不平中度过一生。因此，企业的管理人员应善于在工作实践中认识自己、管理自己、修正自己、提升自己，以适应环境变化和事业发展的需要。

（五）企业家应恪守道德与社会责任

> 凡是公民，谁都不能逃避责任。——马克·吐温

康德说，如果因为什么利益上的好处，或者是为了避免受到惩罚，甚至是为了满足自己的同情心而去做一件事，都不是真正的道德，也不是真正的自由。只有当你纯粹出于责任和义务去做这件事，你才是真正自由的，这才是真正的道德。还有另外一种成功的方式，那就是在做一件事时，凭借自己的智慧和胆量，冒别人不敢冒的风险，承担和付出别人不敢承担和付出的责任和代价。你敢做这件事并不是因为你精心计算过成功的概率，而是出于自己所信奉的某种原则和责任感，你认为这件事应该做。

康德还认为，只有出于任性，也就是根据自己的自由意志去做一件事，才是真正的自由选择。

责任是一个人成长的动力，对家人、朋友、社会的责任都可以成为人们奋斗的动力。同时，承担责任是一个人成熟的标志。当一个人的责任心在心底萌发时，就是他走向成熟的开始。人们都是在承担责任的过程中不断成长，走向成熟的。总之，凡是公民，都不能逃避责任。承担责任需要勇气，勇气会让自己多一次成功的机会。人们常常在不自觉中跟自己的勇气拔河，如一个很想打却不敢打的电话，一件早该去做却迟迟没有去做的事，一句想说却说不出口的话，一个想了好多年却似乎永远不可能完成的梦想等。人们总是习惯给自己找

太多的理由，看到别人成功，问自己：为什么我做不到？因为我家没有钱，因为我长得不够漂亮，因为我学历低等。说穿了就是一个"怕"字，怕思考、怕困难、怕冒险、怕被拒绝、怕被嘲笑……因为怕，很多人在迟疑和懊丧中失去机会。一个人在做任何事情时都需要勇气加持，都需要承担责任，勇气可以帮助其成就事业、成就幸福。

（六）搭建一个好的人脉平台

知识使人变得文雅，而交际能使人变得完美。——福勒

交友能够带来巨大效益，使彼此心心相印，这种力量是无法估计的，其激励作用、创造力甚至破坏力都是巨大的。社会交往能增强一个人的能力，一个人的接触面越广，他的知识就会越丰富。因此，我们应该不断地从他人身上学习长处，吸收正能量，使自己尽快成熟起来。

"观人观交"，如果你看不清一个人是什么样，你就看他交的朋友是什么样的。如果你想要增长某一方面的能力和本事，可以设法找一个相关的人文环境，或是人脉平台，跟这些人在一起，你就能进步。因此，选一个好的人脉平台，多听来自世界的声音，多与强人沟通，多做有益的实践，对人的成长至关重要。

拥有了交际本领就可以充分利用社会的无限能量，从而给人带来多重机会。专业本领一般只能给人带来一种机会，而交际本领可能给人带来多种机会。因此，一个人无论从事什么职业，处理好人际关系、储存好人脉，都有助于事业的成功。一个人真正的朋友就是他的另一个自我。我们在与人交往的过程中应坚持两个规律。一是禅宗规律。要想从水壶里往一个水杯里倒水，杯子的位置一定要比水壶低，这叫低姿态才有收获。二是经济学规律。在舞台上什么样的女生最不容易得到舞伴，答案是最漂亮的女生。社会上许多很漂亮的女生，一直保持单身的部分原因是她们太好了，这是一项经济学规律，即优势资源滞后配置。因此，有优势资源的人要保持适当的主动，这叫领先的要主动。

社交能力的高低是决定一个人优秀还是平庸的重要因素，建立并维持健康的人际关系是人生各方面和谐发展的必要条件。人生就是一份销售工作，成与败很大程度上取决于如何让和我们交往的人相信我们，以及我们能提供什么。在人际交往中，致命的错误莫过于不把别人当回事。也就是说，一个人没有采取积极的行动和付出不懈的努力，就想得到别人的喜欢和信任，是注定会失败的。一些人受社交能力的限制，无法将自己的全部潜能发挥出来，他们所成就的仅是其能力的一小部分，因为他们不知道如何与他人共赢。

总之，在人际交往和事业发展中，以金钱为重心、以享乐为重心、以名利为重心，或者以工作为重心、以家庭为重心，都不如以原则为重心，更能妥善处理好人际关系。

（七）事业的成败在于自己

所谓成功，不过是一个人的道德、学识、才能发展到一定的高度，能够有益于社会和人类的进步，并非一定要建立什么奇功伟业，或者一定要成为亿万富翁，也不一定要使自己的名字出现在报纸、杂志上，闻名世界。顺应自然的趋势、恪守自己的职责和安守本分的人，往往就是成功的人。无论你的职位和身份如何，做事的时候一定要实事求是，绝不要与良心背道而驰。人生的成败主要取决于自己，自己才是命运的主宰。

八、企业常见的经营失误及原因浅析

（一）企业常见的经营失误

一是管理者对高额利润的崇尚和过分追求，有时反而为竞争对手创造了市场。二是以市场最高承受度定价，这会给竞争对手带来没有风险的机会。三是用成本推动定价，采用这种定价方式的企业的论点是"我们必须收回成本，创造利润"，而定价是将所有成本加起来，然后加上一定的利润，从而形成产品的售价。这种观点的问题在于售价和消费者没有直接联系，消费者并不认为确保厂商的利润是他们的事情。这也恰恰是邯郸钢某公司曾经推出的模拟市场成本倒算模式的先进之处。四是沉湎于过去的成果和成功而阻碍新局面的开拓。

五是把精力放在老问题上，任凭某些新机会消失。

（二）企业经营失败的原因浅析

美国最伟大的广告大师克劳德·霍普金斯在他的《我的广告生涯·科学的广告》一书中写下这样一段话，"我所看到的很多经营危机大都源于以下几个方面：做事太过分；在潜在的机遇面前不够大胆；看不起保守作风而仓促行事；害怕竞争者可能比自己走得更远或爬得更高，所以自己不惜在一条未曾开辟的小路上贸然领跑"。

以上这段文字或许对每一位创业的企业家都会有所启迪。企业经营失败的原因可以归纳为以下几点。

1.人治导致战略失向

企业的集权和人治导致问题的出现：一是职业管理团队弱化；二是有关专业职能发育迟缓、支撑薄弱；三是组织运作、运行规则、制度和流程等不健全，从而导致战略失向。受封建集权的影响，我国一些企业在管理中存在人治、霸权、一言堂等现象。在经济发展全球化的今天，这必将成为经济和企业发展的桎梏。

2.感性化管理不合时宜

感性决策具有较大的随意性：在管理运作上，不受规则、制度、流程的制约；在目标的制定上，经常好高骛远，不时显现出"大跃进"或搞运动的倾向；在组织变革时，存在英雄主义情结，重视个人力量而忽视团队和组织的力量；在评价激励时，掺杂较多的个人情感或关系因素，有一些意气成分；在人际交往中，过于看重个人尊严和权力；等等。感性文化和经验主义是相通的，由权力高度集中所带来的个人崇拜、由情感因素造成的小圈子，是十分有害的。如果理性文化不能取代感性文化，那么企业衰败是必然的。

3.封闭结构扼杀成长力

很多企业的文化开放度和包容度不高，这是由封闭的权力结构和利益结构所决定的。民营企业的创业队伍往往有家人、同学、同乡、战友等，这样可以降低团队的内部沟通成本。但是，由此带来的权力和利益也往往限定在这样一个自成一体的圈子里，其他成员想要融入这个圈子则会十分艰难。

同时，许多管理者存在不愿意冒任何风险、思维僵化、把自己完全封闭起来，犯了错误拒不承认、目空一切，只求一时的发展、漠视道德，不善于思考、对愿意做的事情一知半解，自己不去把握事情、完全依赖专家，行政官僚作风盛行、团队臃肿，信息错位、沟通不畅，对未来心存恐惧、悲观思维盛行、丧失对工作的激情等弊端。

从员工角度看，企业文化的屏障限制职业发展；从企业角度看，企业文化的单一性和非兼容性影响着人力资源结构的优化和提升。随着互联网技术的发展和推广，经济必然要走向全球化，跨文化的容纳整合至关重要。而企业权力结构、利益结构的开放，是企业"容人"的关键标志，企业需要以宽阔的胸怀容纳不同的文化。同时，管理者应该以终为始，和下属讨论整体目标并树立相同的价值观，这样下属才能充分理解工作的意义，从而大大提高其创造力和工作效率。

（三）转变思想、更新观念、开拓创新，推进企业发展

随着我国市场经济的发展，市场秩序日益规范，网络经济和知识、技术、产品更新加快，中国企业界已经迎来了激情年代的终结，经济高速发展逐渐被经济发展新常态取代，一个以质量为中心，综合环境、生态、资源等因素的品牌时代已经到来。新一代企业家正面临着前所未有的巨大考验，为此，企业家要做到以下几点。

1. 要特别重视道德观念和诚信文化的建设

在推进企业发展的过程中，要摒弃那些对民众智商极度藐视、忽视顾客权益，以及在营销和交易行为中夸大其词，甚至蒙骗群众的行为；摒弃对市场游戏规则消极漠然，对待竞争对手冷酷无情，只注重经营业绩而不在乎其过程的行为。

2. 要特别注意培养职业精神和职业道德

彼得·杜拉克在他的《创新与企业家精神》一书中指出，美国经济已经从"管理的经济"转型为"企业家经济"。此外，他还指出，"这是战后美国经济和社会历史中出现的最有意义、最有希望的事情"。

那么，我国经济是否也到了塑造中国企业家的职业精神和建立中国企业家的职业道德的时候了呢？是否需要转型为"企业家经济"呢？企业家是稀缺资源，中国经济发展需要众多企业家，尤其需要具有职业精神和职业道德、追求卓越的企业家。

九、组织拖延症——企业成长的顽疾

当人们面临艰难的选择或需要立即做出决策时，拖延通常会被当作一种缓解焦虑的方法，这种做法通常会牺牲组织的利益，甚至使组织陷入困境和破产的泥潭。不拖到最后一刻，什么也不会去做，他们总会有各种拖延的理由："天还早，晚上再做吧！"一旦开始拖延，自我欺骗就会接踵而来。这种"待会儿再做""明天再完成"的心态，就像是一张借据，预支了你现在就做的特权，让以后为现在买单。等到借款到期时，你就会发现利息的高昂，迟迟不能推进工作造成的损失尤为严重，甚至会使企业失去商机，信誉下降，甚至以破产告终。如果你在工作中持续不断地拖延，就要思考这是否是自己一贯的工作模式。如果是，那么无论你在哪里工作，都要着手解决拖延问题。每一个容易拖延的事情都有其共性和个性，想要解决每一次拖延，需要进行改革创新。

十、加强企业家队伍建设

（一）创造有利于企业家成长的氛围和环境

企业家是经济活动的主体，是市场经济中的关键少数和特殊人才。虽然企业家的定义有多个维度，但开拓、创新是企业家群体的共同标签和本质特征。经济发展史表明，优秀企业家是改革创新、推动经济增长的重要元素，是推动经济发展的动力之源。

我国企业家的成长离不开各级政府的支持和关心，离不开其生存和创业的大环境。因此，各级管理部门要加快建立平等保护各种所有制经济产权的长效机制，对企业家合法经营中出现的失误给予更多理解、宽容和帮助；加大对企业家的培训力度，着力提升企业家的素质和能力；创造保护企业家合法权益的法治环境，保障企业家公平竞争、诚信经营的市场环境，营造激励企业家干事创业的社会氛围。

（二）弘扬企业家精神

所谓企业家精神，就是不断创新、开创与众不同的事业的精神。企业家要敢于并善于创新，引导企业走上新的道路，创造新的业绩。这样的企业家必须具有学习的本领，具有适应技术变化、市场变化、环境变化和组织机构变化的创新能力。真正具有生产力的企业家能集中他们的智慧、知识，努力在一个大的而且值得做的目标上，成为一个能创造新事物的人。

良好的企业家精神要求充分发扬人的优点。无论何时，只要发现优点，就应该承认它、鼓励它、发扬它，并且必须使它对企业其他成员产生积极的作用、弘扬正能量，不断提高企业的整体业绩。昨天的良好业绩必须成为今天最低限度的目标，昨天的良好行为必须成为今天的寻常事，成为多数人的日常行为。

总之，检验企业家精神的标准不是"人们和睦相处"，而是企业的业绩。没有什么东西比注重人的弱点而不是优点、依靠无能而不是能力，更能摧毁一个企业的精神了。经济规律告诉人们，任何企业能量的创造都不是通过机械的手段来实现的，只有让人的力量在道德领域发挥作用才可能取得大于投入的产出。因此，形成良好的企业家精神需要高尚的道德，要注重优点，强调诚实、正直和高尚的品格。但是，强调道德并不意味着说教，道德必须是行为的准则，而精神要具有道德的内涵，精神的基础是诚信和正直，是承担责任的勇气。

弘扬企业家精神，概括来说就是要弘扬两种精神。一是推进产品、技术、商业模式、管理、制度创新，增强创新自信，将创新作为终身追求。二是弘扬工匠精神。建立健全质量激励机制，强化企业家以质取胜的战略意识，鼓励企业家专注于专长领域，加强质量管理，立志于百年老店持久经营的传承，把产品和服务做精做细，做到极致；以工匠精神保证质量、效用和信誉，深入开展质量提升行动；着力培养技术精湛、技艺高超的高技术人才，培育具有一流质量标准和核心竞争力的企业品牌，创建拥有优秀品牌的企业。

（三）不断提升企业家的领导能力和水平

领导者如何激励他人自愿地在组织中做出贡献？如何通过实际行动，把理念化为行动、把愿景化为现实、把障碍化为奖赏？如何创造一种氛围，让人们在此氛围下抓住极富挑战性的机会，取得非凡成功？企业与员工更多需要的是能成为行动楷模，以及尊重不同文化背景的领导者。从事团队工作的人比不从事团队工作前更有价值，因为他们更注重团结、更看重人，把人放在第一位，把利润放在第二位。

一个领导者的基本能力就是让其他人行动起来。领导工作的一部分内容就是表扬人们的贡献，在组织中创造一种庆功的文化。只有当团队的成员因自己的努力而让事物变得不同时，他们才会觉得自己变强大了和自己有能力了。只有支持别人，别人才更有可能支持你，永远不要低估"承认和赞许他人"所产生的力量。

如果领导者想让人们付出自己的努力，就必须先制定清晰的标准。"标准"一词含有目标和价值观两方面的意义，两者都必须与期望相一致。目标比理念更具有某些短期的含义，后者意味着某种更加持久的东西。价值和原则是目标的基础，目标和标准不能超越理念和原则所界定的范围。

领导者要使大家成为胜利者，因为赢得胜利的人们更愿意奉献、超越标准和开发未知的领域。领导者应该认可和奖励那些对目标和理念有所贡献的人，公开承认别人的贡献有助于树立责任感，这将使受奖者的行为被同伴注意或效仿。庆祝仪式和典礼是构建一个健康集体的机会，它能够使组织中的成员彼此交流和互相关心，在工作中形成相互支持的氛围。对于一个组织而言，设立具有激励意义的奖项能够强化组织的价值观和培养极佳的团队奉献精神。

最优秀的领导者一定是最优秀的学生。下属盼望那些在肯定他人的能力方面表现得热烈而真诚、能够增强他人意志力、能为取得胜利提供方法措施、对未来充满乐观情绪的领导者。下属希望他们的领导者即便在遇到阻碍或挫折时也依然能够保持热情。在形势不确定的情况下，领导者对生活和事业表现出积极、自信和热心的态度是很有必要的，哪怕在最为艰难的时期，领导者也必须怀有希望。有信义的领导者会通过承担提高下属生活质量的责任的方法来展示自己的诚意和自信，即便在遭受失败时，领导者依然应该表明他始终如一、绝不动摇的态度。

企业和员工需要的是乐观、想象力丰富和热情的领导者。领导者必须激发众人必胜的决心和意志，要取得更大的成绩，希望是最不可缺少的。希望能够使人们战胜今日的困难并激活明日的潜在能量。即便在遭受压力、打击和极度消沉的情况下，希望也能让人重新振作起来，能够让人找回丢失的决心并释放超常的能量。

爱给予人们点燃他人心灵的火把，爱能让人看透他人的心扉，爱能够使人比其他人拥有更加巨大的渴望去成就事业。一个人如果没有爱的情感，他就不会真正感受到那种特别的兴奋。这种兴奋能够帮助他迈步向前、引领他人、取得成就。一个成功的领导者应该保有的最好秘诀就是爱：在处理领导事务时存有一颗爱心；在同那些正在努力工作的人相处时存有一颗爱心；对所在组织的生产经营存有一颗爱心；对那些用自身工作为组织增光添彩的人存有一颗爱心。总之，领导力的培养并不仅仅是发挥自己的聪明才智，而是需要人们全程奉献爱心的漫长旅途。

第二章
企业绩效是第一位的

在制定决策、采取行动时，企业管理层必须把经济效益放在首位，以所创造的经济效益来证明自己的存在价值和权威。企业在创造经济效益的同时，可能会产生大量的非经济效益，如为员工带来幸福感、对社区的文化有所贡献等。但是，企业如果未能创造经济效益，就是管理的失败；如果管理层不能以客户愿意支付的价格提供客户需要的产品和服务，也是管理的失败；如果管理层未能令交付于它的资源得以增值，或者至少保持其创造财富的能力，还是管理的失败。

对于任何企业，绩效都是第一位的，这是企业存在的目标和前提。但是，如果企业不能健全地运作，也就没有绩效可言。如果对员工或工作管理不善，情况也同样如此。未对管理者进行有效管理而取得的经济成效是不稳定的，有时甚至是在浪费资源。未对员工和工作进行有效管理而取得的经济成效同样是一种假象，它不仅会使成本增长到使企业失去竞争力的程度，还有可能制造矛盾和纷争，甚至使企业无法运作，进而使经济成效荡然无存。

企业是由人，而不是经济力量创造和管理的。人们常听到某些说法，如"管理就是设法让企业顺应市场的力量"，这是不全面的，甚至是无稽之谈。其实，管理者不仅要发现这些力量，还要靠自己的行动创造这股力量。不应当仅从利润的角度来定义或解释企业。利润是经济活动的客观条件，而不是经济活动的根本原因和企业的目的。利润并不能解释所有的企业活动与决策原因，它只是检验企业效能的指标。企业存在的目的不在于如何获得最大利润，而在于如何获得充分利润，以应对经济活动的风险、规避亏损，并保障企业持续发展。过分强调利润，可能会导致企业的短视行为，甚至产生一些背离道德、违背企业目的的行为。

一、企业的目的

企业的目的必须超越企业本身，必须在企业之外、社会之中。企业的目的只有一个——创造顾客，是顾客决定了企业是什么，因为只有当顾客愿意付钱购买商品或服务时，企业才能把经济资源转变为财富，把物品转变为商品。企业认为自己的产品是什么并不是最重要的；顾客认为他们购买的是什么、能为他们解决什么问题、在他们心中有多少价值，才是决定性的因素。顾客将决定这家企业是什么样的企业，它的产品是什么，以及会不会长久地发展下去。

市场不是由上帝或大自然创造的，而是由企业和企业家创造的。顾客是企业的基石，是企业存活的命脉，只有顾客才能创造机会。社会将创造财富的机会和资源托付给企业，也正是为了满足顾客的需要。而企业经营的是有限的资源，以创造尽可能大的附加价值来满足人们无限的需求。价值是由顾客和企业共同创造的，这是管理理论的一个新的重要的命题。而有些企业所做的很多努力，没能提升顾客的购买愿望，反而让顾客与企业的距离越来越远，根本原因是企业受自己思维模式的误导，过多地强调自身的价值追求，却忽略了顾客的价值需求和需求偏好，甚至有些企业的行为让顾客感到困惑，导致顾客无法选择。

企业的竞争能力不再由企业内部的资源决定，而是由顾客资源决定，因而需要企业转变对市场和顾客的认知，从内部视角转换到顾客视角。正是由于企业与消费者的不断互动，企业才会具有竞争优势，始终保持领先。实践证明，今天的企业需要从顾客资源中汲取竞争的能力。企业已不能独立地创造价值，而消费者正努力地在经营体系的每一个部分和环节发挥影响，从而影响企业的决策。总之，价值是由顾客和企业共同创造的，这是管理理论中的一个重要命题。

宝洁公司前CEO在一次主题为"顾客才是唯一的老板"的演讲活动上说："顾客才是唯一的老板，是我们心目中固定的老板。世界上每一个买我们宝洁产品的女性都是我们的老板，在宝洁这是绝对的。老板要的是什么？要的是解决之道！美丽的解决之道！她们变得越来越聪明，越来越有经验，越来越苛求，比以往任何时候都更有力量。她们需要那些有着美丽包装又能带来愉快购买经历及切实效果的产品。在宝洁的美容部门里，我们不遗余力地去追踪老板愉快的消费经验。那是一个倾听、观察并理解世上女性的过程，然后突破，找到方案。更好的服务及愉快的消费经历使我们的品牌在女性心中造就了信任。了解女性，是我们宝洁公司长期以来的主题，但了解你的老板真是一个容易使人畏缩的任务，在早期经常会造成失败。"

二、企业的主要功能

（一）营销和创新是企业独特的功能

由于企业的目的是创造顾客，为实现企业目的，任何企业都应具有两个基本功能——营销和创新。

企业的第一个功能是营销。企业之所以有别于其他组织，正是因为企业会营销其产品与服务。任何通过营销产品或服务来实现目的的组织都是企业。营销是涵盖整个企业的活动，是从最终成果的观点来看待整个企业的。换句话说，是从顾客的角度来看待企业的。因此，企业的所有部门都必须有营销的考量，担负起营销的责任，并对自己企业生产和销售的产品负责。

美国的通用电气公司从设计阶段就考虑产品对顾客和市场的吸引力，实际的销售动作只是最后一步。因此，营销是融入企业各个领域的活动，如通过市场来研究和分析顾客对产品有什么需求、他们愿意以什么价格来购买、何时需要这些产品等。因此，在企业的各个环节与领域，营销都占据主导地位，也是企业必须承担的责任。

企业的第二个功能是创新，也就是不断提供更多更好的产品和服务，以满足顾客发展变化的需要。企业不一定过分追求成长壮大，但必须不断进步、变得更好。创新可能表现在更低的价格上，也可能表现在更好更多的产品上，或创造新需求上。生产制造需要创新，销售及销售渠道的创新同样重要。企业的所有部门都担负着创新任务，都应确立明确的创新目标，还需要明确创新责任并对企业的产品和服务创新有所贡献。

（二）企业是实现经济增长的组织

企业是实现经济增长的组织，在静态的经济中不会有企业，也不会有企业家。只有在不断扩张的经济，至少是视变化为理所当然且乐于接受改变的经济中，企业才有可能生存，这是企业最基本的生存条件。

企业领导者必须时刻关注市场变化。消费者需要什么、喜欢什么、偏好什么，企业就必须研究什么、实验什么、生产什么。企业的目标就是，面向市场，满足消费者需要。企业和市场只有依靠产品才能统一起来，才能促进经济的增长。

三、有效利用资源

企业必须掌握创造财富的资源，以达到创造顾客的目的。因此，企业重要的管理功能之一就是，有效利用一切创造财富的资源，通过科学的管理和组织，产生经济成果，实现价值增值，从经济学角度来说，就是发展生产力。生产力意味着对所有生产要素的组织和平衡，并能以最小的努力获得最大的产出。企业可利用的资源有三种。首先是时间因素，这是人类最容易消耗和最稀缺的资源。其次是所谓的产品组合，即在多种资源中求取平衡，这种不同组合在市场价值上会产生很大的差异，一家企业采用了相同的材料和技术，生产同样数量的商品，耗费相同的直接或间接劳动力，可能成功，也可能失败，这完全由产品组合而定。最后是流程的组合，一家企业究竟是应该向别人采购零件，还是自给自足；是自己组装，还是外包；是应该通过自己的销售渠道打造自己的品牌；还是用别人的品牌销售，都会对生产力产生重要影响。善于经营稳定业务的人很难适应变化莫测和快速增长的业务，在这里管理人才是主要的，同时生产力深受组织结构的影响。管理企业必须是一项创造性而不是适应性的任务，企业只有通过创造性的工作改变经济条件和环境，才能把企业管理得越来越成功，进而不断推动企业发展。

在推动经济快速发展的过程中，还必须大力发展生产服务业。生产服务业是指为了保持生产过程的连续性，促进技术进步、产业升级和生产效率提升而提供服务保障的行业。生产服务业本身并不向消费者提供直接服务和独立的服务，它依附制造产业而存在，贯穿企业生产的全过程，以人力资本和知识资本为主要投入。要改变过去传统企业小而全、大而全、企业效率低的状况，就必须大力发展生产服务业，进而提升企业的效率。

企业也罢，人也罢，做到一定程度，重要的不仅仅是把握机会的能力，更重要的是拒绝机会的能力。"大道至简，极致思维"，就是把产品和服务做到最好，为用户完成需要完成的任务并超出用户预期。任何成功人士都善于利用机会并创造机会，他们勇于提出目标，并努力实现目标。

四、合理追求利润

利润不是原因，而是结果，是企业在营销、创新和生产力方面的绩效结果，是企业重要的绩效检验指标，也是企业通过产品生产和销售来自我调节的运行机制。对任何企业而言，其首要任务是求生存，其次才是生存得好。企业经济学最基本的指导原则不是追求最大利润，而是避免亏损。企业必须赚钱纳税，必须创造资本，以满足未来成长和发展的需要，同时要承担风险。

如果一味地强调利润，会使管理者采取最糟糕的经营方式，甚至会实施最危险的短视行为。这也是众多企业在短缺经济条件下，长期遵循的思维方式和经营原则。随着短缺经济的结束，企业思维方式和经营模式必将发生改变。

五、我们的事业是什么？

这个问题关乎企业成长和成功。"我们的事业是什么"并非由生产者来决定，而是由消费者来决定的。企业必须从顾客和市场的角度，来观察和考量经营的业务。

（一）谁是顾客？在顾客心目中，价值是什么？

我们的顾客是谁？谁是真正的顾客？谁是潜在的顾客？这些顾客在哪里？他们是如何购买的？如何才能接触这些顾客？在顾客心目中，价值是什么？顾客在购买时究竟在寻找什么？顾客需要解决什么问题？如何走进顾客的内心？

（二）我们的事业将是什么？

首先，市场潜力和市场趋势。预期的市场变化多大，哪些因素将会影响市场变化？其次，经济发展、流行趋势的变化，或竞争对手的动作是怎么样的？再次，哪些创新将改变顾客的需求、淘汰旧需求？创造满足顾客需求的新方式、改变顾客对价值的看法，是营销的关键。创新不仅是企业实现市场目标的手段，也是形成一种动态变化的力量，从而带给顾客更高的价值满足感。最后，至今还有哪些顾客的需求无法从现有产品和服务中获得充分满足？

（三）我们的事业应该是什么？

我们是否在从事正确的事业，还是应该改变我们的事业？管理层的责任就是设法获得企业必要的最低利润，这也是企业聘请管理人员的目的所在。如果管理人员无法在合理的时间内让企业获利，其就有必要让位。

企业必须通过目标来管理，在设定目标时，必须以对企业而言最正确且期望的方向为依据，不能为了权宜，消极地顺应经济潮流。在管理完善的企业中，利润不是意外的收获，而是刻意追求的结果，因为任何企业都必须获得利润，否则企业就无法生存。只有在设定目标后，企业才能朝着正确方向前进，而不是完全受天气、风向或意外状况的摆布。

六、企业的主要目标

任何一个绩效和结果对企业的生存和兴旺有着直接和举足轻重影响的领域都应该有目标。因此，企业目标应该是一系列指标的集合，是一个相互平衡、相互制约的目标体系。过分强调单一指标是不科学的，甚至是有害的。

制定这些关键领域的目标有如下要求：能用简洁易懂的语言说明所有企业的现象；在实践中接受检验；能预测行为；在决策的制订过程中，能加以评估；能让实际经营者分析自己的实践，并因此改善经营业绩。

企业原本就是一个社会组织，企业的经营绩效也就是人表现出来的成绩。由人组成的团队必须以共同的信念为基础，用共同的原则来凝聚大家的力量，否则组织就会无法运作，也就无法要求成员努力投入，从而获得应有的绩效。如果忽视了这些，不仅会危及企业的竞争力，也容易引起劳资问题，从而降低生产力。此外，企业不负责任的行为还会激起社会对企业的诸多不满。还有可能，企业会聘请一批毫无生气、庸庸碌碌、随波逐流的管理者，招录那些习惯考虑自己利益而不是考虑企业利益的管理者，甚至是刚愎自用、心胸狭窄、缺乏进取心、无领导才能和洞察力的鼠目寸光的管理者，这对企业造成的伤害无法想象。

七、如何设定目标

企业要确定目标，应先确定每个领域要衡量什么，应该采用什么样的衡量标准，从而决定把注意力放在哪些方面。

（一）市场地位

企业在衡量市场地位时，必须同时对照市场潜力及竞争对手的表现。销售额无法充分反映企业经营的绩效、成果和前途，或许虽然公司的销售额上升了，但实际上正快速迈向衰退；虽然公司的销售额下降了，但原因或许不在于他们不懂销售，而在于这个行业没落了，所以最好尽快改行。销售数字必须对照实绩和潜在的市场趋势才有意义，但市场地位本身具有实质意义。企业的市场占有率如果没有达到一定的程度，该企业就会变成不重要的供应商，只能根据其他大型供应商的定价来确定自己的价格，也可能因为一点小小的挫败就面临全面出局的危险。无论如何，被边缘化对小供应商都是很危险的，最好还是设法维持最低限度的市场地位。

而市场的垄断者，有时会过于安逸，他们通常因为自满而衰败，而不是败在公开的对抗上。换句话说，市场地位有其上限和下限，要确立市场地位，企业必须确定它的市场是什么、顾客是谁、顾客在哪里、购买哪些产品、顾客心中的价值何在、顾客还有哪些需求没有得到满足、决定每条生产线的市场何在、实际的规模和潜力如何、经济发展和创新趋势怎样。而定义市场时，必须以顾客为导向，同时考虑直接和间接的竞争对手。只有如此，才能真正设定好市场目标。企业一般需要设定如下市场目标。

一是现在产品在目前市场上的理想地位，以销售额和市场占有率来表示，同时与直接和间接的竞争对手相比较，并做出判断。

二是现在产品在新市场上的理想地位。

三是应该淘汰哪些旧产品，无论是出于技术原因、市场趋势、改善产品组合，还是出于管理层决定从事新事业的考虑。

四是目前市场需要的新产品，产品的数量、性能以及应该达到的销售额和市场占有率。

五是应该开发的新市场和新产品，以销售额和市场占有率来表示。

六是达到营销目标和确定适当的定价政策所需要的销售组织。

七是服务目标。服务是建立顾客忠诚度的最好办法，也是最容易的办法，必须定期对顾客进行公正客观的需求调查。

（二）创新目标

每家企业都有两种形态的创新：产品与服务的创新以及提供产品与服务所需各种技能和活动的创新。创新源自市场与顾客的需求，需求是创新之母，创新是企业的动力之源。设定创新目标的困难之处在于难以衡量不同创新的相关影响和重要性，因此创新目标可能永远不会像营销目标那么清楚和明确。为设定创新目标，首先，企业管理层必须根据产品线、既有市场、新市场和服务的要求，预测达到企业目标需要的创新；其次，必须评估技术上可能出现的新发展及变化。以下是一些典型企业设定的创新目标。

一是为了达到营销目标所需的新产品或新服务。

二是由于技术改革，现有产品落伍，需要创新或升级的产品与新服务。

三是为了达到市场目标，同时顺应技术改革，需要进行的产品改进。

四是达到市场目标需要的新流程，以及在旧流程上的改进。

五是在企业所有重要活动领域的创新和改善。

企业经营者千万不能忘记，创新是推动企业发展的永恒动力之源，但又是一个缓慢持续、充满风险的过程。

（三）生产力和贡献值

1. 生产力

生产力是唯一能够确切地体现管理能力，并且能够比较管理部门效能的标准。因为生产力涵盖了企业投入的一切努力，排除了企业无法掌控的任何东西。一家企业和另一家企业能够运用的资源都差不多，唯一的差别就在于管理质量，而衡量管理效能的唯一方法，就是通过生产力评估来显示资源的运用和产出状况。之所以需要这样的衡量标准，是因为管理者最重要的工作就是不断改善生产力。当然，这也是企业经营管理中最困难的工作。一个企业家一定是通过良好的产品和服务来改变人们生活的，人们的生活因这个产品或服务而变得更加丰富多彩、舒适安逸，世界也因这个产品或服务而变得更好。

2. 贡献值

贡献值是指营业毛利润和支出之间的差距。换句话说，贡献值包含了企业一切从努力中获得的报酬，说明了企业对最终产品所贡献的资源有多少，以及市场对企业的努力评价如何。生产力问题主要探讨各种资源的可能组合方式，并且找出能够以最小成本或努力获得最大产出和效益的组合。

（四）物资与财力资源

物资和财力资源非常重要，任何需要处理物资商品的企业都必须有办法获得所需物资，也必须确保资源供应无缺。企业需要物资设施如厂房、机器、办公室等，每家企业也都需要财力资源和适当的现金流。很多企业经营者经常等到企业财务拮据时才担心资本供应的问题，然而这时候开始规划为时已晚。许多企业都因为没有思考资本供应和设定资金目标的问题，而在成长路上碰到障碍，结果就是经营者虽然在营销、创新和提高生产力上有较好的表现，但由于资本或现金流问题，却徒劳无功。

实际上，优质低价才是实体店的出路。沃尔玛百货有限公司创立之初便想尽一切办法从进货渠道、分销方式、营销费用、行政开支等各方面节省成本和费用，提出"天天平价，始终如一，努力实现价格比其他商家更便宜"的承诺。可口可乐公司多年始终不涨价，其经营策略也是优质低价策略。

（五）利润

什么是利润？首先，利润可以衡量企业付出的努力获得多少净效益，这是企业绩效的最终表现。其次，利润可以弥补继续维持事业的成本。企业的任务是赚取足够的利润，继续维持事业发展并承担必要的风险。

（六）其余关键领域的指标

1. 为管理者设定目标

企业要想长期经营下去并持续获利，就必须为管理者设定目标，以便使管理者加强自我控制、界定工作职责、培育组织精神、健全组织结构、塑造培育企业文化，并且培养未来的管理者。

2. 目标的时间幅度

设定目标时应该把目标限制在多长的时间跨度内？不同的领域需要拟定不同的时间跨度。在这里要特别注意的是，只要改变折旧的计算基准，几乎可以把任何利润数字变为亏损。

3. 今天的决策，明天的成果

管理者必须始终预测未来，摆脱对经济周期的依赖，找出经济波动的范围，奠定经济的基石。通过趋势分析，把握未来管理趋势，才是企业真正的保障。

4. 摆脱对经济周期的依赖

任何企业都生存在大的经济环境之中，因此想要规划未来，就必须关注整体经营条件与经营环境的变化，因势利导，摆脱对经济周期的过分依赖。

5. 培养未来的管理者

无数的历史事实证明，任何一个成功的企业都是一个管理质量高的企业。从这一认识出发，企业的发展主要取决于它的管理质量。因此，那些发展迟缓的、在市场竞争中被淘汰的企业,无疑是在管理方面出了问题。换言之,企业在获取资源方面是大致相同的,其差别就在于管理质量。管理质量是通过管理者的素质和能力体现出来的,或者说有什么样的企业家就有什么样的企业,有什么样的企业家就有什么样的产品。从这点出发,是企业家决定了企业的成长和发展,决定了企业的命运。企业家是推动企业持续前进的动力和灵魂,是稀缺资源。我国经济发展需要一大批具有领导和管理才能的企业家,企业的发展需要他们,强国之梦更需要他们。

第三章
质量、品牌与绩效

在我国经济转型升级的关键时期,如何推动经济高质量发展,实现中国制造向中国创造、中国速度向中国质量、中国产品向中国品牌、制造大国向制造强国转变的深刻变革,必走之路就是创新发展理念,推进新旧动能转换,坚持质量第一、效益优先原则,全力推进质量变革、效率变革、动力变革,努力实现更高质量、更有效率、更加公平、更加持续的发展目标。

一、质量

质量是人类智慧的结晶,提升质量是全人类共同的追求。质量不仅表现在产品和服务的性能上,还是一种生活规范和处世哲学。质量对个人、企业、行业、国家未来的发展都有深刻影响。当今世界经济发展已经进入质量时代,提升质量已成为各国经济发展的重大战略。国因质而强、企因质而兴、民因质而富。

在20世纪60年代和70年代,市场份额是企业成长和获得利润的关键这一意识开始出现;20世纪80年代,质量作为驱动市场份额的重要因素已明确位于其他因素之上。只有当质量优势和较大市场份额同时出现时,才能获得利润,这就要求我们采用一种全新的整体观念,即从外部、消费者的角度来审视质量,而不仅仅是从内部、质量保证的角度来审视质量,这也是质量管理理念的重大转变,从而把质量管理推向了一个全新的时代。

(一) 认知质量与一致质量

企业一般通过两种方式获得质量优势：一种方式是通过开发比竞争对手更能有效满足顾客需要的一整套产品规格和服务标准，以实现优异的认知质量；另一种是通过比竞争对手更有效地遵从适当的产品规格和标准，以实现优异一致的质量。企业应该力争同时在认知质量和一致质量两个方面超过对手，以取得强大的竞争优势。

实现优异的认知质量可为企业业务提供三种选择：第一，企业可以对质量优异的产品制定较高的价格；第二，企业可以收取高价并将溢价投资于新产品，以确保未来的认知质量和市场份额；第三，企业可以收取与竞争对手相同的价格但向顾客提供更大的价值，由于企业所出售的产品和服务的质量更为优异，会逐渐获得更多市场份额，从而使销售量增加，使生产能力和利用率提高，最后实现生产规模的扩大。

实现一致质量可带来两个主要益处：第一，与竞争对手相比，它意味着一个较低的成本质量；第二，一致质量经常是购买决策的关键属性。因此，实现稳定的一致质量既可以产生较低成本又可以获得优异的认知质量，可使企业获得"双丰收"。

(二) 相对认知价值

质量不仅与利润相关，还会对认知价值产生影响。价值反映质量与价格之间的关系，以低价格获得优质产品或服务的顾客得到了优良价值，以高价格获得劣质产品或服务的顾客无疑得到了低劣的价值。但是，谁来确定质量的好坏与价格的高低呢？在竞争情形下，顾客的行为是决定性的。他们从哪里购买，以什么价格购买，决定了在竞争性市场上谁胜谁负。因此，正是这些整体产品和服务的相对认知价值影响了顾客的行为，进而影响了竞争的成功。在多数市场上，某项业务可以通过价格比较而获得质量比较来提供平均价值，也可以对优异质量收取高价，或对低劣质量进行降价。

（三）把握质量发展的机遇

1. 充分认识"大质量"的概念

我国经济已由高速增长阶段转向高质量发展阶段，这是经济发展的必然趋势，也为质量发展提供了难得的机遇。但是必须认识到，这里的质量是"大质量"的意思。"大质量"应该从以下几个方面来理解和认识：范畴、过程和结果、组织、系统及特性等。从范畴来看，任何事物都有质量，不仅限于产品、工程和服务，还包括经济增长的质量、环境质量和教育质量等；从过程和结果来看，过程决定结果，结果才是目的；从组织来看，质量渗透到组织的各个层级，包括国家、行业、企业等；从系统来看，"大质量"概念要求系统最优，接口可靠；从特性来看，包括固有特性和人们赋予的特性，如工业产品不仅要考虑性能、可靠性、维修性、安全性与环境适应性等固有的特性，也要考虑经济性和时间性等人们赋予的特性。只有全面构筑"大质量"的概念，才能充分理解和认识质量的内涵和外延，才能保持经济的可持续发展。

2. 构建具有中国特色的质量管理模式

我国目前重点推荐三种现代质量管理模式：一是全面质量管理模式；二是ISO 9000模式；三是卓越绩效模式。全面质量管理模式源于美国而发扬于日本，提出了满足用户的要求、全员参与、全过程控制、用数据说话、始于教育终于教育、PDCA［即计划（Plan）、实施（Do）、检查（Check）、行动（Action）的英文首字母的组合］循环等理念和方法。ISO 9000模式的重点在于建立一个组织完整的质量管理体系，其目的仅限于满足顾客的要求和适用法律法规的产品标准，没有涉及满足组织、员工、供方和社会的要求，也没有涉及企业可持续发展和发展的质量。卓越绩效模式是一种经营管理哲学，是世界级企业成功要素的高度概括。它不仅是一种评奖准则，更是一项衡量企业管理成熟度的工具，为企业诊断自身问题及指导企业如何从优秀到卓越提供了帮助。

（四）取得质量领导地位

相对认知质量是非常重要的，那么胜利者是如何获得其质量优势的呢？其实是许多质量领先者通过预测顾客需求并作为第一个向市场提供这种需求的供给者从而获得领先的质量地位的。相对认知质量包括所有影响购买决策的非价格属性，时常可以通过塑造比竞争者更好的形象或提供更好的服务来实现整体优异的质量定位。

总之，一些质量领先者通过利用产品专利来开拓并保护其领先地位，从而获得他们的优势，其他的则集中于形象或服务，并将其铺垫为成功之路。有的在诊断不同顾客细分需求方面做得较好，有的则专注于协调不同的技术及其附加值。总之，获得质量优势的途径是多样的。

（五）保持质量优势的重要性

取得质量领导地位是一回事，保持这种地位却是另一回事。质量优势减弱的诸多原因中的一个重要因素是，产品差异通常在市场成熟期便会消失，因为在这一段时间内模仿竞争者不断地消减着原有市场开拓者享有的独特性。所以，质量管理应从过多地关注内部质量控制向外部质量，即满足客户的需求和走进顾客的内心转变，这也是质量管理的一场深刻变革。关注外部还是内部，这之间的差异非常重要。企业不仅要使产品更便宜，还要使产品更优越。对结果的重视而不仅仅是对管理手段的重视，使人们更好地领会到什么是社会所需要的、什么是客户所重视的、人们如何生活、顾客需要什么、什么是顾客的痛点、如何走进顾客的内心等。

总之，质量是让顾客忠诚于企业的最好保证，是抵御外部竞争最有效的措施，是保证经济增长和获得利润的唯一途径。美国通用电气公司在其选择的市场上以排名第一或第二而闻名，但是许多人没有意识到其领导者韦尔奇信奉的认知质量是实现企业市场领导地位的重要途径。

（六）质量和差异化

市场差异化和市场细分是紧密相关的，市场细分的实质是将服务市场划分为不同的顾客群，同一顾客群的顾客属性大致相同，但不同顾客群强调不同的属性。如果一个企业选择的属性只在一个服务市场的一个细分市场中具有很高权重，那么它将赢得该细分市场并成为占据需要地位的品牌。如果一家企业所选择的属性在服务市场的大多数细分市场权重都很大，那么它将在服务市场认知质量中处于领先地位，成为市场领导者或强有力的品牌。当企业拥有竞争者所不具备的特色时，企业就在某个属性方面具有了独特性。如果一个市场上的几个竞争者各自都拥有自己的独特性，那么市场差异化得分就会很高，并且每个竞争者都能控制自己独特的细分市场。

（七）质量提高战略

当企业知晓顾客对所提供的产品是如何做出购买决策时，一个最自然的想法是追赶，以改善那些处于落后的属性。追赶行动能提高产品的质量得分并减少竞争劣势。追赶、领先和超越战略无疑是企业提升质量的重要途径。但是，先要"对表"，找到差距，确定前进的目标和方向，否则是不可能赶超的。所谓"对表"，就是借鉴先行者的科学、技术、生产方式、观念、文化，一些国家和地区，甚至还照搬其他国家和地区的意识形态和法律制度等，以此为目标实现赶超。与之相反，许多近代落伍的民族或地域闭关自守，都有过拒绝"对表"的教训。

拒绝"对表"意味着顽固地保持自己落后的时间价值观，拒绝改变自己的思维方式和行为习惯，拒绝改变自己固有的生活方式和经济稳态。我国自20世纪70年代末以来实行的解放思想、改革开放，建立经济特区等一系列政策，其目的就是与发达国家"对表"。21世纪伊始，我国加入WTO（世界贸易组织），进一步把自己的时间表置于国际法的框架内予以规范。西部大开发等一系列战略，推动企业的发展和赶超战略也是同样的道理，经济落后的地区或企业需要在经济的方方面面，乃至生活节奏上，赶上发达地区或企业。这里的一个明显道理就是，不"对表"是难以赶超的。

二、品牌

品牌建设事关高质量发展和供给侧结构性改革，事关人民群众的获得感、幸福感、安全感，事关我国的国际形象和国际竞争力，是一项战略性、全局性、系统性工程。抓好品牌建设，功在当代、利在千秋，既是经济任务，也是政治任务。抓好品牌建设，就要把"品牌兴企"化为行动自觉。品牌反映着市场的温度、消费者的态度，是企业基业长青、永续发展的命脉。品牌的生命力在于创新，品牌的培育和运营必须根植于创新。政府要鼓励企业加大创新研发投入，建设高水平的研发机构，增强自主创新能力。为此，一是提高"品牌强国"的认识站位，深化对品牌建设的认识、理解，营造培育品牌、争创品牌的价值取向和良好环境。二是增强"品牌兴企"的行动自觉。企业是品牌建设的主体，对企业来说，品牌代表着市场的认知度和美誉度，代表着价值链和客户群，代表着竞争力和利润率。对于企业家而言，品牌塑造体现的是创造价值的责任、资源配置的能力，是服务社会和广大消费者的贡献程度。必须大力倡导品质立牌、科技创牌、匠心育牌的企业精神，让品牌意识扎根企业的每一位员工心中、每一道工序上，渗透到每一个价值链条里。三是强化"品牌为民"的责任担当。经济活动的根本目的是创造美好生活，生产活动的根本目的是满足消费需求。品牌建设是改善人民福祉、创造美好生活的必然选择。

质量是品牌的核心要素，是品牌建设的基石。加快品牌建设，要从以下方面着手。第一，要实施国家层面的品牌战略，明确品牌建设的方向和工作中心；第二，建立相关法律法规体系和监督机制，为企业创造良好的市场环境和法治环境；第三，发挥媒体和网络平台的协调和监督作用；第四，发挥企业的主体作用，不断激发企业提质创牌的内生动力；第五，培育大众消费自主品牌的意识和良好习惯，营造品牌成长的社会氛围。品牌塑造的目标是凝聚人心，受众发自内心的高度认同，能够让消费者获得满足感和幸福感。品牌塑造的重点是坚守匠心，发扬工匠精神，传承工匠技艺，让对品牌的苛求成为共识。品牌的焦点是协力共心，没有协作就没有人类的高度文明，要崇本守道、恪守品质、严守品格。品牌背后是对高品质、高品格、高品位的追求，是企业的价值所在，更是企业的实力、魅力和活力的综合呈现。

三、绩效

从长期来看，影响一个企业绩效的最重要的因素，是产品质量和服务质量。质量优势可以从两个方面提升绩效：从短期看，优异的质量可以通过溢价来增加利润，顾客会不怕麻烦地特意购买优质产品，企业可以对此进行索价；从长期来看，优异的质量或不断提高的相对质量是一项业务获得增长的最有效方式，高质量促进市场的扩张和市场份额的提升。即便提高质量会带来短期的成本增加，但一段时间之后，这些成本会被规模经济消化。企业首先要通过产品或服务及设计创新来获得质量优势，然后通过增加产量来获得规模优势，从而实现规模经济和规模效益。可见，市场份额与获利能力高度相关，相对于对手的规模，质量优势是竞争强弱以及与供应商和顾客议价的能力的指示器。

一个成功的业务战略的起点是正确选择要参与的市场和行业，即选择盈利市场，有些竞争领域具有较高的内在利润潜力。通过分析，要了解是什么因素使一个竞争领域比另一个竞争领域有更大的获利性。但是随着市场的演进，利润增长速度放缓，其中的原因之一是，在一定时期内，产品和服务的差异化逐渐缩小。在市场演进的早期，进入者通常享有专利和专有技术的巨大质量优势，这些优势在竞争性模仿过程中逐渐被侵蚀。因此，竞争逐渐转移到价格方面，进而导致收益下降。

关于市场份额获取高收益率最明显的理论阐述是这些企业在采购、制造、营销及其他成本构成方面取得了规模效益。如果某企业占有较大的市场份额，风险厌恶型购买者就会喜欢他们的产品，因为购买者有时不愿意与所占市场份额较小的竞争者结为购买关系。消费者的偏好似乎是市场份额的直接结果。一个决定向最大的供应商订货的人会觉得这个决定是无懈可击的，企业规模使他们在讨价还价时更具有实力，能控制价格并最终使某种特定产品保持特别高的价格。

第四章
习惯的力量，重要的营销策略

行为心理学研究表明，21天以上的重复会形成习惯，90天以上的重复则会形成稳定的习惯。这无疑启示人们，时间的累积与行为的重复之间蕴藏着惯性的力量。人贵有恒。无数事实证明，但凡是成就一番事业的人，无不是有恒心、有毅力、执着追求的强者。他们聚焦主要目标，在坚持中积聚力量、成就作为。人世间的事物是相通的，成就事业如此，培养良好的消费习惯也是如此。

一、好产品要占据人们的心智

纵观近代工业发展史，100年前，产品销售比拼的是产能，所以发明了流水线、提高了生产效率的福特汽车公司成为时代的明星；50年前，产品销售比拼的是渠道和营销，所以铺货能力强、广告预算高的宝洁公司成为市场霸主；可是当今时代，产品销售比拼的是如何占领消费者的心智，产品本身就是最好的销售。例如，苹果公司产能不算疯狂，经常断货，还被称为饥饿营销。苹果公司的专卖店开得也不多，还因此出现了许多山寨店。那么是什么造就了这个市值第一的高科技公司呢？是撩动用户情感的产品，是唯美极致的产品本身占据了用户的心智。撩动了用户情感的产品，就能占据用户的心智。产能不够，用户可以等；铺货渠道不够多，网购就好了。互联网的全面崛起是这一切变化发生的根源。由于网络将渠道成本极大压缩，信息不对称性显著改善，销售成本急剧降低，最终产品的存亡与否都取决于产品本身。产品不仅要满足功能需求，还要反映人性。好的产品是一件作品，好的技术几近艺术。产品成为科技与人文交融的产物，所以好的产品一定要以较高的艺术品位与心理学原理为基础。

（一）购买是一种身份认同和意见表达

互联网的崛起带来的一个重大变化就是个人的崛起。消费者是鲜活的个体，他们有喜好、有态度、有品位，他们觉得自己的使用感受比花里胡哨的广告词和变化多样的促销手段更重要。消费者心态的变化和技术的成熟共同推动了商业模式的改变，降的是单价和成本，升的是服务和体验。付出相同的价格，消费者收获的消费体验越来越好，消费的品质越来越高。

消费降级目前还没有权威的定义，但消费升级在经济学中已有严谨的定义：消费升级一般指消费结构的升级，是各类消费支出在消费总支出中的结构升级和层次提升，它直接反映了消费水平和发展趋势。通俗地说，消费生态从有形物品转向无形服务，从注重量的满足朝着追求质的提升这一方向转变。而从理论层面上讲，所谓消费升级，就是个人愿意付出同等或更高的成本购买与自我价值相匹配的产品。购买既是一种身份认同，也是一种意见表达，而能代表自我价值、身份认同、意见表达的东西，只能是产品本身而非其他。用户感兴趣的是产品好不好，好就用得多、反复买，还会推荐给朋友；不好，就用得少、不再买，还要告诉朋友别买。是什么让产品脱颖而出？当产品进入了用户的"习惯区间"，产品就获得了持续的生命力。那么，产品如何才能进入用户的"习惯区间"，又如何使用户形成习惯呢？

第一步是引导用户去使用产品，这被称作触发。触发之后，第二步就是行动。行动要兼具动机和能力，有了动机，还需要用户有能力来完成行动。行动之后，第三步是给用户酬赏。所谓多变的酬赏，就是指酬赏要有不可预测性，是让用户在产品上进行越来越多的投入。用户与产品亲密接触得越多，就越离不开它。通过用户的不断投入，就可能产生下一次触发，从而形成了一个正向循环。

一个走红的产品必定有一个好的触发，也有一个易于操作的行动，还有一个丰富的酬赏。但是，如果没有后续引发长时间投入的能力，爆品也会随着时间的推移而失去吸引力。在工业时代，用户和产品的关系好像包办婚姻，买什么产品由厂家和渠道决定，由不得你爱不爱；在互联网时代，用户和产品的关系完全是"自由恋爱"，爱谁不爱谁，用户有极大的选择权和自主权。

（二）打车平台的启示

打车平台的崛起，源于其解决了大家打车困难的痛点。正如孤独、无聊这样的负面情绪可以触发你打开手机一样，打不到车就成了大家使用打车软件的触发点。通过地图自动定位你的位置，输入目的地，即可发出订单，而且周边有多少出租车都一目了然，接单的师傅开到哪里了也能随时掌握，这样的操作保证了行动的易发生性。利用腾讯控股有限公司（简称：腾讯）的补贴，打车软件给司机和乘客都发放红包，到后期成为随机金额补贴，保证了多变酬赏的激励作用；把红包分享到朋友圈，还可以给其他人带来优惠，也让人收获了社交酬赏。

由于打车是高频行为，人们可以通过不断打车累积积分，还可以输入自己的固定出行路线简化打车流程，或输入自己的信息从乘客成为快车或顺风车司机，进而获得额外的收入，这都促发了用户不断地使用，不断地投入，也让用户产生了路径依赖，想到出行第一件事就是打开打车软件。亿级用户对产品的爱，成为打车平台估值的保证。打车解决了人们出行的难题，给人们提供了许多方便。但是，作为一个新生事物，其安全性、监管机制等诸多问题也逐渐暴露出来，正在引起有关部门和社会的关注。

二、为什么有的产品会让人上瘾，进而形成习惯

所谓习惯，就是一种在情境暗示下产生的无意识行为，是人们几乎不假思索就能做出的举动。也就是说，让用户养成习惯，产生依赖性，是很多产品成功的、不可或缺的一个重要因素。由于吸引人们注意力的因素层出不穷，企业

会使出浑身解数来争取在用户心中占据一席之地。如今，越来越多的企业已经清醒地认识到，仅凭拥有庞大的客户群并不足以构成竞争优势，用户对产品的高度依赖性才是决定经济价值的关键。若想使用户成为其产品的拥趸，企业不仅要了解用户为什么选择它，还应该知道用户为什么对它爱不释手。

（一）捷足先登才能制胜

产品能够对用户的行为习惯产生深刻影响，这让一些企业在竞争中独占鳌头。他们在产品中安装了"内部触发"，因此大批用户会在没有外部诱因的情况下心甘情愿地投入其"怀抱"。培养用户习惯的企业并不依赖费用高昂的营销策划，他们将产品设计与用户的行为习惯和情感状态紧密相连。为什么产品能影响习惯？答案很简单，是产品造就了习惯。如今，初创设计团队通过为用户带来被称为"钓钩"的体验，极大地改变了用户的行为习惯。用户被"钩住"的次数越多，对产品形成行为习惯的可能性就越大。

（二）上瘾模型

企业开发习惯养成类产品模型包含四个阶段。通过这四个阶段，用户会不知不觉地依赖上产品，成为忠实的回头客。

第一个阶段是触发。触发是促使人们做出某种举动，分为外部触发和内部触发。让人们产生习惯性依赖的那些产品往往是外部触发最先发挥作用的产品，如电子邮件、网站链接或手机上的应用程序图标等。

第二个阶段是行动。触发之后就是行动，即在对某种回报心怀期待的情况下做出举动。为了提高人们某种行为的发生频率，产品设计者充分利用了人类行为的两个基本动因：一是该行为简便易行，二是行为主体有这个主观意愿。

第三个阶段是多变的酬赏。给产品设置多变的酬赏，是企业用来吸引用户的一个决胜法宝。科学研究表明，人们在期待奖励时，大脑中多巴胺的分泌量会急剧上升。奖励变数越大，大脑分泌的这种介质就越多，人会因此进入一种专注状态，人的大脑的兴奋度会因为意外的酬赏而不断提高。

第四个阶段是投入。用户有所投入的阶段，有助于提高用户以后再次进入上瘾循环的概率。当用户为某个产品提供给他们的个人数据和社会资本付出他们的时间、精力和金钱时，投入即发生。投入并不一定意味着让用户舍得花钱，而是指用户的行为能提升后续服务质量。添加关注、列入收藏等都是用户为提升产品体验而付出的投入。

总之，习惯是指人们下意识做出的举动。集网络链接、海量数据、超快网速于一身的技术会为人们培养健康的行为习惯提供前所未有的机遇。如能合理利用技术，培养能改善彼此关系、使人们更具有智慧和提高生产力的健康行为习惯，我们的生活质量会越来越好。

上瘾模式诠释了很多畅销产品所蕴含的设计理念，揭示了人们每天都在使用的产品和服务让人欲罢不能的秘诀。"钓钩"将用户面临的问题与企业的应对策略衔接在一起，两者频繁互动，最终形成稳定的用户使用习惯。习惯养成类产品正在深刻地改变着人们的行为，甚至改变着人们的思维。它们正在使这个世界上瘾成性。同时，习惯养成类产品还可以让商家稳占竞争高地。

以手机为例，说明上瘾模式对人们的影响。现在，几乎每个家庭都有这样的争论。一方是父母，另一方是孩子，他们中间横亘着愤怒之源——手机。原本是使日常生活变得便捷的工具，如今却成为持续不断的诱惑、高效的时间毁灭机器、大受欢迎的消遣方式，有时也是将主人变成奴仆的成瘾性事物。在现代社会，人们似乎不知道休息为何物，所做之事不断被众多电子产品带来的干扰打断，以致很难集中注意力去工作和实现真正的放松。这不仅影响了成年人，也波及儿童和青少年。很多人对手机的依赖程度非常高，可以说已经上瘾了。

研究证明，持续被外界信息打断思路会损害人们的大脑，影响人们的思考能力和专注力，甚至使人出现行为障碍。而控制冲动是人生成功的基本条件，学业、事业也会因此更加成功。冲动控制是完整人格的重要组成部分，必须如走路、说话一样习得。面对面的对话是人类极富人性的沟通途径，在谈话中，人们展现自己，认识他人，学会如何被理解，学会接受和拒绝。而总是盯着屏幕，沉湎于电子产品则对获得这样的经验毫无益处。

三、习惯对企业的作用

很多企业一直通过培养用户习惯这一途径来发掘有价值的商机，并作为其开发产品的一个基本原则。习惯养成类产品能够改变用户的行为，使他们无须外部诱因就开始从事某种活动，其目的就是让用户一而再、再而三地自觉亲近这个产品，而无须广告和促销这类外显的行动召唤。但是，这种习惯模式并不一定适用于所有类型的企业或产品。经营者首先应该评估各自具体的生产模式和经营目标，看其是否与用户习惯之间存在密切的联系。如果企业生产的产品无须用户频繁购买和使用，或者说，不是用户所必需的日常服务，那就另当别论了。

具体来说，习惯养成类产品给企业带来的竞争优势体现在四个方面。

（一）提升用户的终身价值

工商管理学中有这样一个概念：公司价值等于他日后获得的利益总额。让用户对产品形成依赖是提升公司价值的一个有效途径，因为这可以提升用户的终身价值。所谓用户终身价值，是指一个用户在其有生之年忠实使用某个产品的过程中为其付出的投资总额。当用户对某个产品产生依赖时，使用时间会延长，使用频率会增加，最终，用户的终身价值也会更高。

（二）提高价格的灵活性

巴菲特曾说过："要衡量一个企业是否强大，就要看看它在提价问题上经历过多少痛苦。"

当用户对某个产品形成使用习惯后，其对该产品的依赖性就会增强，对价格的敏感度则会降低。正是由于掌握了这一消费心理，巴菲特才会投资后来闻名于世的可口可乐公司。习惯让企业在提价问题上掌握了更多的主动权。

（三）加快增长速度

从产品中不断发现惊喜的那些用户往往乐于和朋友分享这份感受，产品的忠实粉丝最终成为品牌的推广者，他们会为公司做免费宣传，进而使公司吸引到新的客户，在竞争中以更快的速度超越对手。老用户越来越频繁地使用该产品，而老用户越多，吸引新用户做出反馈的可能性就越大。这个循环通过提高用户的参与度，进而加快了推广进程。

（四）提高竞争力

用户对产品的依赖是一种竞争优势。一旦某个产品让用户改变了生活习惯，那其他产品就几乎不具有任何威胁。许多创新之所以以失败告终，是因为用户总是过分看重原有产品，而商家总是高估新产品。新产品要想在市场中站稳脚跟、略胜一筹是远远不够的，必须有绝对优势。为什么？因为原有产品已经深入客户的骨髓和灵魂，要想撼动用户的使用习惯，新产品或服务就一定要有摧枯拉朽的能量。即便某个产品优势明显，但如果与用户业已形成的习惯冲突过于激烈，也有可能无法获得成功。

设计习惯养成类产品其实是在引导对方的行为。因此，生产企业在设计之前，最好先审慎思考，以确保自己的设计能够引导用户形成健康的习惯，而不会发展成使人病态成瘾的产品。在培养新习惯的过程中，最大的阻碍就是旧习惯。研究表明，旧习惯根深蒂固，这对于那些想推出新产品的设计者或企业来说无疑是一个很难对付的拦路虎。

开发习惯养成类产品要回答如下问题：企业模式要求用户形成什么样的习惯，用户利用产品能够解决什么样的问题；用户目前在以什么方式解决他们的问题，为什么必须要解决这个问题；你希望用户和产品之间发生何种程度的关联，你希望将哪种用户行为发展为习惯；等等。

四、触发：提醒人们采取下一步行动

习惯的培养就像珍珠的形成，需要外部触发。牡蛎中之所以能形成天然珍珠，是因为进入牡蛎的小沙粒被其中的珍珠质层层包裹起来，经长期磨砺之后，最终变成光滑的珍珠。是什么开启了这个过程？是微小异物的入侵。一颗沙粒，触发牡蛎的生理系统做出反应，用一层发亮的外膜将入侵者紧紧包裹起来。同样，习惯不会凭空养成，新习惯的养成也需要一个平台，而触发就是促使人做出行为改变的地基，促使人们付诸行动。

（一）外部触发

触发分两种：外部触发和内部触发。外部触发通过发出行动召唤来暗示用户，这是打造习惯养成类产品的第一步。外部触发通常都潜藏在信息中，这些信息会告诉用户接下来该干什么，会把下一个行动步骤清楚地传达给用户。外部触发包括以下几种。

1. 付费型触发

通过广告或搜索引擎做推广都属于常见的付费型触发。企业借助这种途径来吸引用户的眼球，并触发他们的下一步行动。付费型触发能够有效地拉拢用户，但是代价不菲。靠花钱来拉拢回头客不是长久之计，企业只有在争取新顾客时才经常使用这一招。

2. 回馈型触发

回馈型触发无须花钱，因为它靠的不是钱，而是在公关和媒体上所花费的时间和精力。正面的媒体报道、热门的网络短片以及应用商店的重点推介等都是让产品获取用户关注的有效手段。要想利用回馈型触发维持用户的兴趣，企业必须让自己的产品永远置于聚光灯下，这无疑是一项艰巨而又前景莫测的任务。

3. 人际型触发

熟人之间的相互推荐是一种极其有效的外部触发。遗憾的是，有些商家利用黑暗模式将人际型触发用在不道德的信息传播中。这些商家会设计一些程序，恶意引诱用户将朋友邀请至某个社交网站，这种做法一开始会带来一定的收益，但代价却是失去用户的信任和期望。利用人际型触发来促使用户积极地与他人分享产品的优势才是正确合理的做法。

4. 自主型触发

自主型触发在用户的生活中确实存在并占有一席之地。自主型触发只有在用户已经注册了账户、提交了邮件地址、安装了应用或选择了新闻简报等情况下才会生效，它意味着用户愿意继续与之保持联系。

综上所述，付费型触发、回馈型触发及人际型触发都是以争取用户为主要目的的，而自主型触发以驱动用户重复某种行为为重点，目的是让用户逐渐形成习惯。如若没有自主型触发，不能在用户默许的前提下获得他们的关注，产品就很难以足够高的频率渗透到用户的使用习惯里。使用外部触发仅仅是迈出了第一步。各种类型的外部触发都只有一个终极目标，那就是驱使用户进入上瘾模式并完成余下的循环步骤。当驱动他们经历一整套循环之后，外部触发将不再发挥作用，取而代之的是内部触发。

（二）内部触发

当某个产品与人们的思想、情感或原本已有的常规活动发生密切关联时，那一定是内部触发在起作用。外部触发会借助闹钟或大号的按钮这一类感官刺激来影响客户；内部触发则不同，内部触发看不见、摸不着、听不到，但会自动出现在人们的脑海中。因此，将内部触发嵌入产品是设计技术成功的关键。

情绪，尤其是负面情绪，是一种威力强大的内部触发，能给人们的日常生活带来极大的影响。诸如厌倦、孤独、沮丧、困惑等情绪，经常会让人们体验到痛苦或愤怒，并使人们不自觉地采取行动来打压这种情绪。正面情绪同样可以成为内部触发，甚至还会在人们想要摆脱某种不适感时被触发。说到底，产品是用来帮助人们解决问题的，人们渴望从产品中得到愉悦、消除烦恼，愿意将好消息与他人共享并建立和维系各种社交关系。当用户发现这个产品有助于缓解自己的烦恼时，就会渐渐与之建立稳定的和积极的联系。在使用一段时间后，两者间开始形成纽带并发展成习惯。用户只要受到触发，就会转向产品来寻求安慰。然而，内部触发与产品之间纽带的建立并不是一蹴而就的，有时候需要频繁使用，才能让内部触发发展成行动暗示。外部触发可以培养新习惯，而内部触发造就的情感纽带则可以让新用户变成铁杆粉丝。

习惯养成类产品能对特定情绪产生安抚作用。要做到这一点，产品设计者必须洞悉用户的内部触发，了解用户的烦恼所在，这就需要深入挖掘用户的情感体验。习惯养成类产品的终极目的就是获得用户的关注，消除用户烦恼，为用户解决问题，使他们将某类产品或服务默认为温暖心灵的良方。如果想让自己的产品和人们的生活挂钩，那就得站在他们的立场上考虑问题。因此，要花费大量的时间来创编用户情境体验。清醒地捕捉用户的想法和情感，了解他们使用某个产品时的情境，是开发新产品最重要的任务。总之，人们依赖某种产品，内部触发是核心原因。唯有当企业准确地把握用户的潜在需求时，才能从中获得有价值的启发。

综上所述，触发是上瘾模式的第一阶段，它可以促使客户采取行动。外部触发通过将信息渗透到用户生活的各个方面来引导他们采取下一步行动，内部触发则通过用户记忆存储中的各种关联来提醒他们采取下一步行动。负面情绪可以充当内部触发。企业要开发习惯养成类产品，就需要揣摩用户心理，了解用户情绪，并且知道如何利用触发促使用户采取行动。

五、行动：人们期待酬赏时的直接反应

通过体力和脑力获得酬赏是人的一种直接反应，这种行为的复杂程度越低，被人们重复的可能性就越大。综上所述，形成行为习惯的三个必备驱动要素是充分的动机、完成这一行动的能力、促使人们付诸行动的触发。找到了促使人们采取行动的触发，接下来应该关注的就是激发人们的动机和提高其能力，以此来促使其付诸行动。

（一）动机

触发提醒人们采取行动，而动机则决定人们是否愿意采取行动。动机即行动时拥有的热情，驱使人们采取行动的核心动机不外乎追求快乐，逃避痛苦；追求希望，逃避恐惧；追求认同，逃避排斥。也许没有哪个行业会像广告业那样把动机表述得如此直白。广告策划人常常会猜透用户的动机，并借此影响他们的习惯。能促使某些人产生行为动机的东西未必适用于另一些人，因此企业一定要知道自己的目标客户到底需要什么。

总之，弄清楚用户为什么需要某个产品或服务，是设计者必须掌握的关键信息。内部触发是人们生活中频繁出现的一种内心之痒，而适当的动机会鼓励人们来消除这种痒。但有时，就算触发生效、动机强烈，用户仍常常不按照设计者期望的轨迹前进，这往往是产品可行性不足，或者是用户没有能力轻松自如地使用这些产品而导致的。

（二）能力

创新产品或服务的基本过程是，了解人们使用某个产品或服务的原因；列举用户使用该产品的必经环节；简化无关环节直至极致。凡是能够让用户以最简便的方式拥有的产品或服务，一定是用户使用频率最高的。越简单的东西越受欢迎。企业应选取人性中的某种欲望，最好是让人们魂牵梦萦的某种欲望，然后利用现代科技来满足人们的这种欲望。推动网络创新的原动力，就是将行为简单化，这是因为简化了行为，才使烦琐的网络内容演变为如今这场全民参与的狂欢。网络发展的历史表明，任务的难易程度会直接影响人们完成这一任务的可能性。想要成功地简化某个产品，就必须为用户的使用过程扫清障碍。只有当用户具备能力时，他们才会付诸行动。

为了增加用户实施某项行动的可能性，在设计产品时应该关注用户最缺什么。也就是说，要关注是什么原因阻碍了用户完成这一活动，究竟是时间不够还是经济实力欠缺，是忙碌了一天不想再动脑筋还是产品太难操作，是这个产品与它所处的社会环境格格不入还是太逾越常规，让人难以接受。因此，设计者必须充分考虑自己的技术，在让用户惊喜的同时，能以简单的方式实施当前步骤。这个步骤越简单，用户实施并成功进入上瘾模式下一个阶段的可能性就越大。

（三）启发法

启发法有助于企业通过非常规的途径来刺激用户的动机，提升用户对产品的使用能力。所谓启发，是指人们的大脑利用过往的经验，在对事物做出判断过程中抄了近道。以谷歌为例，它的成功在于减少了人们搜索信息时需要花费的时间和精力。时至今日，它依然在不遗余力地开发新技术，以减少用户的使用障碍，提升服务质量。

1. 稀缺效应

物以稀为贵，稀缺性会改变人们的价值判断。

2. 环境效应

环境同样会影响人们的价值判断。在一次社会学实验中，世界级小提琴家约书亚·贝尔在华盛顿的一个地铁站进行了一场免费的音乐表演。要在平时，人们只有在高级音乐厅才能欣赏到贝尔的演出，票价高达上千美元。但是，当演出地点改在地铁站时，他的音乐简直是对牛弹琴，人们视而不见。可见，环境对人们价值判断的影响是非常明显的。

3. 锚定效应

人们在做决定时，往往只被某一方面的信息吸引，打折商品就是一例。有些人心里关注的，莫过于是否有折扣，折扣成了做决定时所考虑的唯一因素。

4. 目标渐进效应

目标渐进效应是指当人们认为距离目标越来越近时，完成任务的动机会更加强烈。

心理学家认为影响人类行为的认知偏差有上千种，以上只选择了四种。对于设计者而言，要想让用户对产品爱不释手，最好先对这些认知偏差有所了解，并加以利用，这可以有效强化用户的动机，提高用户对产品的使用能力。启发法是指人们借助认知经验对事物做出快速判断的方法。产品设计者可以从众多启发法中选择一些来获得灵感，提升产品的吸引力。

总之，行动是上瘾模式的第二阶段，是人们期待酬赏时最直接的反应。要促成某种行为，触发、动机和能力三者缺一不可。要增加有效行为的发生率，触发要显而易见，行为要易于实施，动机要合乎常理。

六、多变的酬赏：满足用户的需求，激发使用欲

人们使用某个产品，归根结底是因为这个产品能够满足他们的某种需求。如果产品的操作步骤简单易行，人们会更乐意一试。但是，要想让用户试过后还念念不忘，那就要看产品能不能满足用户的需求了。只有当用户开始依赖某个产品，并把这个产品当作满足某个需求的不二之选时，他们与产品之间才能形成紧密关联。

（一）酬赏的作用

上瘾模式的第三个阶段被称为"多变的酬赏"。在这一阶段，产品会因为

满足了用户的需求而激起他们更强烈的使用欲。这种带给人们满足感的酬赏为什么会有如此巨大的能量？实际上，驱使人们采取行动的并不是酬赏本身，而是渴望酬赏时产生的那份迫切需要。大脑因为渴望而形成的紧张感会促使人们重复某个动作。当人们看懂某种因果关系时，大脑会把这份领悟记录下来，在遭遇相同情境时，大脑会很快从记忆库中调取信息，寻找合理的应对方法，这就是人们说的习惯。

（二）酬赏的表现形式

人们可以在各种具有吸引力的产品和服务中找到"多变的酬赏"。在它们的召唤下，人们会采取行动。"多变的酬赏"主要表现为社交酬赏、猎物酬赏、自我酬赏等。那些让人们欲罢不能的习惯养成类产品或多或少都利用了这几类酬赏。所谓社交酬赏，是指人们在产品中通过与他人交往互动而获取的人际奖励；所谓猎物酬赏，是指从产品中获得的具体资源和信息；所谓自我酬赏，是指人们从产品中体验到的操纵感、成就感和终结感等。

社交酬赏，源自人们和他人之间的互动关系。为了让自己觉得自己被接纳、被认同、被重视、被喜爱，人们的大脑会自动调试以获得酬赏。社会之所以存在机构和组织，是因为人们能够借助它们来巩固自己的社交关系。这种需要会塑造人们的价值观，影响人们支配时间的方式。社交酬赏会让用户念念不忘，并期待更多。

人们之所以会在社会生活中效仿他人，是因为人们具备向他人学习的能力。当看到他人因某种行为得到酬赏时，人们跟风行事的可能性会更大。如果人们效仿的对象与自己很相似或经验更丰富时，就特别容易将对方视为行为典范。"多变的酬赏"是产品吸引用户的一个有力工具，洞悉人们为何对产品形成习惯性依赖，有助于设计者投其所好地设计产品。

七、通过用户对产品的投入培养回头客

新行为的发生频次是形成一种信息观的主导因素。一种行为要改变人们的日常习惯，就必须要有很高的发生频次和可感知的实用性。用户对某件产品或

某项服务投入的时间和精力越多，就表明其对该产品或服务越重视，两者是成正比的。在现实社会中，人们总是高估自己的劳动成果和能力。例如，宜家是全球知名的家具零售商，拥有销售价格合理的各式待组装家具。这家瑞典公司的主要创新之处在于产品的平板包装方式，该包装方式降低了劳动成本，提高了配送效率，节约了仓库的储存空间。宜家让客户自己动手组装家具，这样有一个看不见的好处：通过自己动手，客户对自己组装的家具会产生一种非理性的喜爱。很多企业会利用用户的投入给自己的产品赋予更高的价值，其原因仅仅是用户曾为产品付出过努力，对产品投入了自己的劳动。人们对事物的投入越多，就越有可能认为它有价值，也越有可能和自己过去的行为保持一致。

上瘾模式不只是改变过去行为的一套体系，还是一种旨在将用户的问题和设计者的解决方案联系在一起、让用户自发投入的设计模式。在投入阶段，用户被要求进行一些小小的投入，如一些有价值的东西，以增加他们使用产品的可能性。企业应该在用户享受过形式多样的酬赏之后再提出让其做一些小小的投入的要求，而不是在这之前。要求用户投入的时机至关重要，只有在用户享受过酬赏之后向其提出投入要求，企业才有机会利用人类行为的核心特征。

投入阶段背后的大思路是利用用户的认识，即使用越多服务越好。就像一段良好的友谊，付出的努力越多，双方收益越多。如果能让用户输入哪怕一点点信息，那么他们变成回头客的可能性就会更大，企业就能将用户牢牢"钓回"服务之中。作为一种储存价值，信誉可以增加用户使用某种服务的可能性，因为他们已投入大量精力以保持质量评分。投入时间和精力学习使用一项产品也是一种投资。一旦用户掌握了某种技能，那么他们使用服务会变得更轻松容易。因为越熟悉某一行业，用户继续该行为的可能性就越大。用户对产品的投入可以像钩子一样，将用户牢牢钩住。习惯养成类产品利用用户每一次经历上瘾循环的过程增加产品价值，进而使用户和产品的联系越来越密切，使用户越发依靠产品为自己解决问题，直到形成新的习惯和新的日常行为。这样该产品在其生活中的价值就会越来越大。用户的习惯是很难被打破的，习惯能赋予产品强大的竞争优势。

八、上瘾模式与道德操控

(一) 让用户上瘾的几个基本问题

上瘾模式的设计目的是将用户遇到的问题和设计者的解决方案频繁联系在一起,以帮助用户形成一种习惯。该模式是一个开发产品的框架,所开发的产品通过用户长期参与可满足用户需要。在设计该模式时,需要考虑以下几个问题。

一是用户真正需要什么?自己的产品可以缓解用户什么样的痛苦?(内部触发)

二是靠什么吸引用户使用自己的服务?(外部触发)

三是期待酬赏的时候,用户可采取的最简单的操作行为是什么?如何简化产品使该行为更轻松容易?

四是用户是满足于所得酬赏,还是想要更多酬赏?

五是用户对产品做出了哪些点滴投入?这些投入是否有助于加载下一个触发并储存价值,以使产品质量和用户满意度在使用过程中获得进一步提升?

(二) 道德操控

上瘾模式的作用是改变人们的行为模式,但是在用于开发有吸引力的产品时应该慎重。因为培养习惯既能成为推动美好生活的一种正向力量,也有可能被利用去达到某种邪恶的目的。在创造用户习惯的时候,产品制造商究竟应该承担什么责任呢?必须承认,所有人都身处劝导型商业之中。技术人员开发产品的目的是说服人们按照其意愿行事。操控是经过精心设计以改变他人行为为目的的一种体验。人们都知道被操纵的滋味,当人们感到有人正试图让自己做一些自己不愿做的事情时,就会感到不舒服,甚至产生逆反心理。

总之,随着技术的发展,这个世界正变得越来越容易让人上瘾,许多上瘾行为也许会产生有害的副作用。因此,首先要确定其性质,做一名健康习惯的推广者,这不仅富有意义,也会极大地改善人们的生活。这不仅是一种道义责任,还是一种良好的商业行为。最受人尊重的企业家,是被一种为更多人谋取福祉的远见所驱动的。企业家创业的历程极其艰难，只有非常幸运的创业者才能坚守到成功。如果创业只为名利，只为自己和极少数人的利益而背离道德底线，是不可能成功的。如果能为有意义的事业而创业，则成功的可能性极高。

在人类历史中，大量改变世界的创新都曾遭到摒弃，很长时间内，人们仅仅将其视作商业吸引力有限的新奇事物。胶卷的发明被当作一款儿童玩具；对于电话的发明，英国有人说，"美国人需要电话，但我们不需要，我们有足够的信差"；飞机刚出现时被认为是很有趣的玩具，但毫无军事价值。在很多情况下，新技术刚刚出现的时候，人们往往对其持怀疑态度。所谓积习难改，很少有人具备先见之明，很少有人能看到创新技术最终改变人们的日常生活并引起社会的深刻变革的远景。不过，通过创新，采用新技术的用户一旦形成了一种新生行为模式，就会逐渐将其发展为主流行为模式。

以上对上瘾模式的探讨和研究，对于企业开发习惯养成类产品，使产品进入人们的心中，进而成为用户的习惯极其重要。上瘾模式是企业创新研发、设计及营销的成功策略，对于企业的转型升级、创新发展、质量提升和品牌创建也具有极其重要的现实意义。

第五章
定位与品牌

很多企业经理人认为，胜负见于市场，但事实并非完全如此。胜负在于潜在客户的心智，这是定位理论中最基本的概念。如何赢得客户心智？需要通过定位将品牌引入客户的心智，最重要的是聚焦，即对企业和品牌的各个要素进行取舍并集中资源，否则定位往往会沦为一个传播概念，这是十分危险的。让品牌成为潜在客户心智中某一类代表，是赢得客户心智的关键。而大部分企业都不愿意聚焦，而是想要吸引每一个消费者，最终他们选择延伸产品线，过度进行多元化经营，进而导致盲目扩张。定位原则能为企业在市场中创造机会，一味模仿竞争对手并不能让企业获得胜利，只有大胆地去做不同的、贴近客户的事才是企业制胜之道。

一、定位理论简述

目前，我国经济发展正处在一个关键时期。过去通过低廉的劳动力和资源成本制造廉价的产品使经济有了很大的发展，人们生活有了显著的改善，但上升的劳动力成本、资源的逐渐匮乏、环境污染与自然生态的破坏、收入的不平等以及对创新的需求，尤其是消费升级等，都意味着未来的发展已不再是制造更廉价的产品，而是通过创新生产更加优质的、附加值更高的产品，在顾客心中建立品牌认知和良好的知名度，进而获得市场优势。

综观现代工业发展的历史，泰罗的科学管理催生了第一次生产力革命，进而大幅提升了体力工作者的生产效率。据考证，第二次世界大战（简称：二战）时期的美国正是全面运用了泰罗"更聪明的工作方法"，才使本国体力工作者的生产力远超其他国家。美国一国产出的战争物资比所有参战国的总和还要多，这也为他们取得二战胜利奠定了坚实的物质基础。

我国经济的崛起，尤其是改革开放以来所创造的经济奇迹，本质上都是将体力工作者，尤其是为数众多的农民工的生产力大幅提升的结果。2009年12月，美国《时代》周刊将我国农民工这个群体形象作为了封面人物，其标志意义正在于此。中国社会科学院近几年的研究报告显示，农民工对我国GDP（国内生产总值）的贡献率高达60%，甚至还可能更高。任何一个社会的发展和需求，都会导致一大群管理良好的企业展开竞争，不同需求之间还可以互相替代。人类一直处于"短缺经济"的生存状态。然而，在短短的几十年里，由于组织理论和管理的巨大成就，经济快速发展，人类开始置身于"过剩经济"的"富裕和幸福"状态中。琳琅满目的商品为人们的消费提供了众多的选择。

经济学家和企业家使出浑身解数，建议政府刺激人们消费，消费者在眼花缭乱的刺激下更显得无所适从。因而，如何在竞争中胜出就成了企业生存的前提。而过度依靠刺激需求的做法，不仅浪费资源，造成一系列不良生活方式，而且从长远看也是不可取的。这也是目前我国经济发展过程中尤其需要警惕的地方。

这种选择的暴力，只是展示了竞争残酷性的一面。此外，知识社会带来的信息爆炸，使本来极其有限的顾客心智更加拥挤。根据哈佛大学心理学博士米勒的研究，顾客心智中最多只能为每个品类留下七个空间。而品牌专家杰克·特劳特进一步发现，随着竞争的加剧，最终连七个品牌也容纳不下，只能给两个品牌留下心智空间。这恰恰是定位理论中著名的"二元法则"。美国通用电气公司的前首席执行官杰克·韦尔奇，就是运用了这一法则，将不属于"数一数二"的业务关停并转，此举使百年通用电气公司因充分获得顾客心智而再续传奇，也为韦尔奇赢得了"世界第一总裁"的美誉。实践证明，任何在顾客心中没有位置的品牌，终将从现实中消失。品牌的消失必将意味着品牌背后企业的消失。

选择太多而心智有限，给企业带来了空前的紧张和危机。根据德鲁克的理论，一个组织存在的目的，不在于组织本身，而在于组织之外的社会成果。当组织的成果因未被纳入顾客的选择而变得没有意义甚至消失时，组织也就失去了存在的理由和动力。

德鲁克晚年对此深表忧虑："我们已经进入了组织的社会，所有组织的共通点（这或许多多少少是第一次有共通处）就是组织的成果只限于外部……可是当你去看现今所有关于管理的著作和思想（包括我所写的一切）就会发现，其实我们只看得到内部，不管各位举出哪一本早期的作品，例如我写的《管理的实践》，或是哈佛商学院教授迈克尔·波特讨论战略的著作，都是一样。这些著作看起来是从外部观察，但实际上讨论的都是组织内部的事情。因此，如果你想了解管理是怎么回事，管理在做些什么，就必须从外在的成果入手……何为成果？这听起来好像是非常简单的主题，只是目前我已对它研究了好一阵子，问题却越来越糟糕，越来越复杂。所以我希望各位，在我语意不清时能够原谅我，因为我知道有些领域我说不出所以然，我也还没有研究透。"

当人们走进任何一家超市，都可以发现货架上 80% 以上的商品，因为定位不当，成为没有获得心智力量的平庸的、同质化的品牌。而这些品牌背后的企业及在这些企业工作的人们的生存状态也必将成为社会急剧动荡的根源。在顾客心智中针对竞争对手确定最具优势的位置，从而使品牌胜出，通过竞争赢得最优选择，是企业需要全力以赴为之奋斗的成果和目标，也是企业存在的理由。

二、定位的四步法

第一步，分析整个外部环境，确定竞争对手是谁，竞争对手的价值优势是什么。

第二步，避开竞争对手在顾客心智中的强势点，或是利用强势中蕴含的弱点，确立自己品牌的优势位置。

第三步，为这一定位寻找一个可靠的证明。

第四步，将这一定位整合进企业内部运营的方方面面，将这一定位植入顾客的心智。

今日各大商学院最大的缺点之一，就是以为成果很好辨别；另一个缺点是，迄今仅是由内而外看管理，尚未开始由外而内去看管理。可以预见，这将是未来很长一段时间的工作方向，当然也是企业管理今后需要进一步研究的主要课题。

三、品牌必将成为时代的主体

第一次生产力革命通过泰勒的《科学管理原理》，大幅提升了体力工作者的生产力；第二次生产力革命通过德鲁克开创的管理学，提升了组织的生产力；第三次生产力革命，初步设想：是否可以通过定位理论，提升品牌的生产力呢？未来30年，人类将迎来一个品牌的时代、品牌的社会。随着经济的发展和社会的进步，社会的价值观、财富观都将发生改变。最有价值的资源不再是土地和资本，甚至也不是人力资源、知识资源，这些资源并没有消失，仍将继续发挥重要作用，但其决定性地位将要让位于品牌所代表的心智资源。没有心智的牵引，其他所有资源都只是成本。衡量企业经营绩效的方式也将从传统的财务赢利与否，转为占有定位与否。这也解释了为什么互联网企业即使不赢利，也能获得大笔投资，因为心智资源本身就是成果。

首先，定位激发品牌生产力，定位提升运营绩效。其实定位是客观存在的，不存在要不要定位的问题，而是牵涉定位正确与否的问题，往往根据错误的定位配置资源，会造成资源浪费，甚至企业破产。

其次，定位理论是推进中国制造向中国品牌转变的关键。目前，我国无论是城市还是乡村，很多企业都因定位不当而造成经营困难，同质化现象严重，价格战导致低质量的恶性竞争，破坏文化价值的现象正在不断发生。

最后，营销竞争是一场关于心智的竞争，营销竞争的终极战场不是工厂也不是市场，而是顾客的心智。心智决定市场，也决定营销的成败和企业的存亡。

以我国家电行业为例。我国许多家电企业都采用了多元化的发展模式，最后却陷入低迷，海尔集团（简称：海尔）就是最好的例证。海尔以冰箱起家，在满足顾客需求的理念引导下，逐步进入电视等多个领域。据海尔公布的经营数据估算，海尔的利润率基本在1%左右，难怪海尔前总裁张瑞敏感叹"海尔的利润像刀片一样薄"。类似的还有李宁体育用品有限公司，也是因为定位不准，盲目多元化发展，从而陷入困境。而采用聚焦模式的珠海格力电器股份有限公司（简称：格力），专业生产空调，实现了5%～6%的利润率。类似的企业还有汽车行业的长城汽车股份有限公司（简称：长城）、白酒行业的贵州茅台酒股份有限公司（简称：茅台）等。

四、定位的含义

定位从产品开始，可以是一件商品、一项服务、一家公司、一个机构，甚至一个人，也许就是你自己。但是，定位不是围绕着产品进行的，而是围绕着顾客的心智进行的。也就是说，将产品定位于潜在顾客的心智，或者说，如何让产品在潜在客户的心智中与众不同，目的是在潜在的客户中占领一个有价值的位置。任何人都能运用定位在人生游戏中领先一步。如果有人不懂，不会使用这一原则，无疑会把机会让给竞争对手。

定位的基本方法不是去创造某种新的、不同的事物，而是去操控心智中已经存在的认知，去重组已存在的关联认知。在传播过度的社会中，获得成功的唯一希望就是要有选择性，集中火力于狭窄的目标和细分市场，总而言之就是定位。人的心智是海量传播的防御体，屏蔽、排斥了大部分的信息。一般而言，人的心智只接受与其以前的知识与经验相匹配或吻合的信息。因此，企业千万不要盲目地把千百万的投资，虚掷于通过广告改变人心智的企图上。

心智一旦形成，是难以改变的，力量微弱的广告当然更不可能，这就是大部分人的生活方式。一般人可以忍受别人对他说一些自己一无所知的事情，这也说明了新闻为什么是一种有效的广告方式。但是，一般人不能容忍别人说他的想法是错误的，力图改变心智是广告传播的灾难。不要试图轻易改变人们的心智，成了定位理论最重要的原则之一。这也是营销人员违背最多的一项原则。要抛弃意义含混、模棱两可的词语，如果想给人留下长久的印象，就要简化些，再简化些。

去中心化，减少领导层级，由以企业为中心转到以客户为中心，是未来发展的趋势。成为第一不是成功的战略，能够找到成为第一的路径才是成功的战略。一旦在顾客心智中留下一个印记，就要加以利用，否则就会失去它。必须把产品的本质找出来，不要在产品之中，甚至也不要在自己的心智中寻求解决之道。因为问题的解决之道存在于顾客的心智之中。企业的目的是满足顾客的需要。员工的薪酬到底是谁给的，从根本上讲当然是顾客。

五、进入心智的途径

成为第一，是进入心智的捷径。当第一胜过做得更好，这是最有效的定位观念。企业要想取得成功，必须在顾客的心智中占有一定的位置。这一位置不仅包括企业自身的强势与弱势，还包括竞争对手的强势与弱势。心智有一个针对现有信息的防御机制，它拒绝不能运算的信息，只接受与其状态相符合的新信息，把其他一切都过滤掉。任何广告的首要目标都是提高人们的期望值，造成一种假象，即该产品或服务会产生你期望看到的奇迹。对于每一类产品，潜在客户的心智中差不多都有一个梯子，市场领导者在最上层，各个梯子的层数不同，最常见的为三层，七层可能是最多的。

（一）抢占顾客心智的蹊径

缺乏内核的品牌并不能产生品牌竞争力，只有"牌"、没有"品"的所谓"品牌"同样没有持续的竞争力。只有真正从传播层面上升到企业战略层面，为消费者创造更多价值品牌，才能直击消费者内心，成功地从货架上成千上万的货品中脱颖而出。

随着商业竞争的加剧与大竞争时代的到来，顾客将面临巨大的选择压力。面对着货架上成千上万的商品，他们只会选择能够占据自己心智的品牌。对于企业而言，只有建立一个有效的定位，占据一个有效的品类，品牌形象的塑造与传播才能发挥应有的作用，否则再多的广告费用都可能打水漂。

（二）要定位先走心

有效定位的重要性是显而易见的，但要找准定位需要极强的洞察力和判断力。事实上，许多伪定位泛滥成灾的原因就在于未把握定位的内涵。顾客通常以品类来思考，以品牌来表达，而定位的本质就是以品牌占据顾客心智的某个品类。在品牌占据顾客心智的过程中，战略性定位与战术性定位缺一不可，战略性定位锁定特定品类，战术性定位通常依据品类生命周期的不同与竞争状态的灵活多变，表现在营销传播层面。

长期以来，传统营销都是市场的营销，而忽略了对顾客心智的认知，企业只关心市场份额与地位，而忽视了顾客心智的份额与地位。创造顾客只有一个有效途径——打造品牌，将品牌植入顾客心智，使之成为顾客心智中某一品类的第一选择，这才是更有效的途径。

六、建立品牌的领导地位

是什么造就了领导者？当然是追随者。领导者当然不能把竞争对手赶出市场，需要与追随者共同形成一个品类，否则有可能两败俱伤。差异化因素是品牌成功的保障。事实上，市场领导者一般都在人们心智里建立了新的品类阶梯，并且把自己的品牌固定在最上一层。这时，只要企业拥有第一的位置，就没有必要再去做广告高呼"我们是第一"。在宣传推广时，宣传品类的价值要好得多，千万不要用自己的标准来建立领导地位，必须用顾客或潜在客户的标准来建立领导地位。企业的实力来自产品的实力，来自产品实力在潜在客户心智中所占的地位。需要注意的是，使企业强大的不是规模，而是品牌在人们心智中的地位。心智地位决定市场份额，其可以使企业变得强大。成为第一是艰巨的，保持第一更难。在定位的过程中，企业所犯的最大错误就是试图满足所有人的需求，即陷入"人人都满意"的陷阱。如果企业自问"我要满足谁的需要"，还不如问"谁不用我的品牌"。如果一个企业的战略考虑的是所有人的需求，不尽快加以取舍的话，其失败就是注定的。

七、品牌塑造与培育

品牌是建立在消费者心中的，是产品与消费者之间的一种关系和纽带，成功的品牌能抓住消费者的心。总之，品牌力就是销售力，就是收益率。品牌策划的核心就是打造品牌力。那些忽视品牌力，浮于品牌表层策划的品牌策略是站不住脚的。在品牌培育过程中钟情于形式主义、钟情于虚无表象的做法，都是十分有害的。塑造和培育品牌需要注意以下几点。

第一，品质度。产品质量是品牌赖以建立的基础，是品牌价值的核心。不以质量为基础，品牌是站不住脚的，是缺少根基的，也是不能持久的。

第二，美丽度。美丽度指一个品牌形象被塑造后的美丽程度。美丽的东西通常会给人们留下深刻的印象，美好的印象会打动人们的心，更容易融入人们的心智。

第三，传播度。好的产品、好的形象必须通过传播才能有更大的市场。覆盖面广、影响力大是品牌传播的目标。

第四，注意度。传播能否引起媒体、公众、消费者的注意是关键。尤其在当今的注意力经济时代，传播不能引起关注，提升注意度就等于无的放矢，效果极其有限。

第五，认知度。随着消费者对品牌的注意力不断提高，消费者开始关注品牌并逐渐加深认知。

第六，知名度。品牌的知名度是品牌资产的重要组成因素之一，是塑造品牌形象、打造成功品牌的先决条件。品牌的知名度越高，消费者购买的可能性也就越高，抵御竞争对手的能力也会越强。

第七，畅销度。知名的产品不一定畅销，而拥有畅销度的知名品牌是更高段位的品牌。品牌畅销度是品牌生产力的反映，也是营销网络是否健全的评价指标。如果说知名度的建立更多是传播、广告、媒体炒作的功劳，畅销则更多地依靠产品质量、价值、通路、网络、方便性和服务等。

第八，满意度。很多品牌在畅销一时后便销声匿迹，其原因是没能让消费者满意。消费者对品牌的满意度是企业发展进步的重要保证。当消费者的满意度得以实现时，他们就会保持长时间的忠诚度，进而提升企业绩效。

第九，美誉度。有美誉度的品牌是消费者心目中最好的品牌，这源于消费者自身的感觉。消费者是品牌的最高评价者。品牌的美誉度不是通过广告吹捧出来的，而是经过认知度、知名度的层层阶梯逐步累积而成的。因此，品牌拥有了美誉度，则说明该品牌在消费者心中已经有了较好的口碑。

第十，忠诚度。消费者对品牌产生偏好且在长时间内重复购买，则说明消费者已经对该品牌建立了忠诚度。这也是品牌资产最重要的组成部分，是以上各"度"的最终体现。因此，应积极建立顺应消费者需求、满足消费者爱好的品牌，与消费者沟通交流，牢牢抓住消费者的心，进而培养消费者对品牌的忠诚度。

第十一，跟从度。有跟从度说明该品牌已经属于顶级品牌，处于市场的领导地位，成为给企业带来利益的源泉；还说明品牌的塑造工作达到极致，成为一种文化、一项事业。

品牌的培育是一个漫长的过程，需要企业集聚所有资源而为之。首先要做的就是起一个能启动定位程序、告诉潜在客户该产品主要特点的名字；想一个通用名称，而不是一个特定品牌的商标。起一个有分量、接近通用的描述性名字可以防止对手跟风进入你的领地。好名字是长期成功的有力保证。但没有一个品牌会长盛不衰，产品会过时，服务会过时，连名字也会过时。聪明的公司不会把钱浪费在维护旧事物上，而是用来推出新品牌，充分利用变化带来的机遇。

另外，品牌延伸也是一个好的选择。所谓品牌延伸，就是把一个知名产品的品牌用在一个新产品上。理解品牌延伸问题的关键之一是，把短期效应与长期效应分开来看。品牌延伸在短期内确实有一定的优势，其延伸的名字与原先的名字有联系，能让人们一下子弄明白，在短期内销量猛增，但人们的热情来得快，去得也快。品牌延伸容易被人忘记，因为它在人们心目中没有独立的位置，它是原有品牌的卫星，只会让原有品牌的地位变得模糊不清，而结果往往是灾难性的。大多数人认为唯一重要的是产品和服务的质量，这种观点无疑是正确的，但可能有失全面性。

八、创新品牌

随着我国经济的持续快速发展，人们的生活不断改善，消费水平逐步提升，质量与品牌必将成为时代的主旋律。这就需要广大企业和企业家以改革之美、改革之因、改革之心、改革之行为主线，转型升级推进企业变革；以积极的心态拥抱变化，适应经济发展趋势，妥善处理企业的困难和危机；充分利用机遇，不断提升品质、创新品牌，使企业通过改变而进步，拥有明天。

创新升级和变革需要人才。每一个承担责任和使命的人都要有敬畏之心，要把自己放空，敬畏所在的行业、敬畏同事、敬畏产品、敬畏顾客。当人敬畏这一切的时候，才可能真正知道自己的实力和责任是什么。商业都有自己的逻辑，但是自然的逻辑要大过商业的逻辑。

企业要拥有创新的自信。模仿别人能创造价值，但是价值的体现是不完美的。真正体现价值的，是做出独一无二的东西，改变别人，让别人跟着自己走。对技术的坚持源于对实体经济转型升级的坚持。企业要有好的风气，正义、公平的氛围和环境。如果企业风气不正，搬运工就会因为一瓶矿泉水而决定先给哪个客户送，那么企业的发展壮大就无从谈起了。

未来，人们将消费者定义为生活者。生活者是人们要什么，企业就提供什么；而消费者是企业做什么，就消费什么。企业应该把做有价值的产品、满足用户需要的产品作为第一要务，这也是产品创新的基点。推动中国制造向中国创造、中国速度向中国质量、中国产品向中国品牌转变，这是实现转型升级、向制造强国转变的必由之路。

九、定位的原则与追求之路

定位需要逆向思维，需要从潜在的顾客开始，而不是从自己开始。不要问自己是什么，要问自己潜在的客户的心智是什么。有时人们想得太多，确定的定位太宽泛，这样的定位很难占据客户心智。在一个人的职业生涯中，如果想满足所有人的所有要求，那么就会一事无成。最好聚焦于自己的专业优势和特长，让自己成为专家，而不是什么都知道一点的通才。

成功定位的一大障碍是想实现不可能的目标。

企业不应该随意改变它的定位战略，能改变的只有它为实施战略采取的战术和短期行动。

心智不正常的人企图让现实世界适应自己心智中的想法；而心智正常的人

则会不断分析现实世界，然后对变化持谨慎态度。世界虽然变化万千，但万变不离其宗。可是在现实中，变化好像一天比一天快。几年前，一个成功的产品或许能畅销50年甚至更久，之后逐渐退出市场。而如今，产品生命周期越来越短，有时以年计，有时以月计。

定位原则包括以下内容：

要有眼光。变化是时间大海上的波浪，从短期看，这些波浪会造成动荡和混乱。从长期看，那些潜流则重要得多。为了应付变化，必须用长远的眼光来确定基础业务并坚持到底，把自己定位在一种范围太窄的技术、一项行将过时的产品或一个有缺陷的名字上是不明智的。明天的太阳将照在那些今天做出正确决策的人身上。一家企业如果定位方向准确，就能顺应变化的潮流，及时利用天赐良机，抓住机遇迅速行动。

要有勇气。领导者通常在形势未定的时候就投入了资源。建立领导地位靠的不仅是运气和时机，还要靠别人驻足观望时奋力一搏的决心和勇气。

要客观。要想在定位时代获得成功，必须虚怀若谷，在决策过程中努力排除一切自我意识，因为它只能掩盖问题的实质。要能客观地评价产品，了解顾客或潜在客户如何评价产品，否则将失去客观性。

要简单化。如今，只有显而易见的想法才能行得通，传播的信息量太大、太复杂反而有害。其实，问题一旦得到解决就变得简单了。采用简单的语言，直截了当地表达简单的概念。科学的历史，就是为复杂的问题找到简单答案的历史。

要精明。定位，说它简单是对的，但说它容易则不对。它难就难在如何找到一个既无人占领又有效的定位。

要有耐心。要寻找使品牌获得成功的方式，然后再扩展到其他市场里。地域式推销是一种办法，产品在一个市场里站住脚后，再推销到下一个市场；分人群推销是另一种办法；分年龄推销是第三种办法。建立有效的分销渠道是一种技巧。

要有全球视野，不要忽略全球化思维的重要性。

要他人导向。营销人员分两种，一种是自我导向型，一种是他人导向型。

自我导向型的人员，深信有了合适的动力，就没有办不到的事情。他人导向型的营销人员通常对事物看得更清楚，他们把注意力放在竞争对手身上，找出对手的弱点并加以利用，避开对手的长处。

不要与地位稳固的领导者正面交锋。那些效仿别人的企业十有八九会向领导者发起进攻，结局必定是一场灾难。要想赢得心智争夺战，就不能同定位强大、稳固的企业正面交锋，可以从侧面、底下或头顶上迂回过去，但绝不能正面对抗。

定位理论能帮助企业家跳出企业看企业，透过现象看本质，从竞争导向、战略定位、顾客心智等方面解决企业发展过程中的问题，明确品牌定位理念，坚持定位规则，明确方向，进而找到可行的方法，实现定位的价值和意义。

定位是企业战略的核心、品牌的本质、企业成长的源泉。定位的关键是明确企业的竞争环境，认知自己的市场地位和机会，进而确定策略，以延长品牌的生命周期。在现实中，定位理论在许多企业中得到了成功的应用，例如，加多宝集团"怕上火"的定位概念、长城汽车的SUV（运动型多用途汽车）战略、东阿阿胶的"滋补三大宝"定位等，都是成功的战略定位。

第六章
隐形冠军——中小企业的成长之路

一、野心、专注和国际化三大驱动因素

在全球经济的版图中存在着众多中小企业，它们中的许多佼佼者被人们称为隐形冠军。它们虽然没有那些巨无霸显赫，但却是经济的基础和脊梁。

隐形冠军的三大驱动因素是野心、专注及国际化。领导隐形冠军的企业家是极富野心的，他们希望自己的企业在全球市场中占据支配地位，而这要靠专注、聚焦和国际化来实现。只有专注于某一领域才能成为世界级的企业，专注往往导致所在市场的容量很小，但是可以通过国际化来扩大市场。在全球层面上，即便是很小的市场也能支撑一定规模的企业。中小企业在各自的细分市场通过聚焦占领广大客户的心智，成为所属市场的领导力量和未来全球市场的先锋。同时，创新是隐形冠军的标志，也是它们走向成功的起点，没有创新，就没有隐形冠军。走近隐形冠军，将看到一个充满活力和竞争动能的标杆性灯塔。

（一）专注和聚焦是成为隐形冠军的先决条件

只有专注的企业才能成为某一领域的世界级企业。但在现实中，我国许多企业都在向多元化发展，以便抓住更多的市场机遇，专注意味着会错失许多市场机会。但专注也避免了企业资源的分散，这恰恰是其优势所在。可见，专注和聚焦是隐形冠军成功的重要驱动因素。

（二）不断研发创新，中小企业可以拥有美好的明天

中小企业要想更好地生存下去，就必须找准定位，开发出"人无我有，人有我优"的产品，并在产品上下功夫，不断提升产品质量。一些中小企业充分发挥自己灵活的特点，瞄准客户需求，在某一特定领域持续研发创新，把技术做精做强，在激烈的竞争中保持了优势。众多中小企业成功的历史证明，只要瞄准市场需求，找准市场定位，努力研发创新，中小企业就可以拥有更美好的明天。

（三）小而强，小而美，是隐形冠军的基本特点

纵观隐形冠军的成长之路，首先，一切从创新开始，如新的产品、新的商业模式。有时这些创新让已有的产品或服务更加简便、费用更低，从而极具价格竞争力，这就是破坏性创新。其次，隐形冠军要塑造具有凝聚力和创新精神的团队。企业家要把自己的信念灌输给团队，这一点非常重要，仅靠自己无法造就隐形冠军，团队才是必要条件，吸引并留住有能力、有才华的人才是首要的挑战。

首先，隐形冠军的管理者应从创始人的个人化领导转变为涵盖系统和信息等内容的专业化领导。企业家不再知晓并控制所有事物，而应采用一种更专业的管理类型。其次，国际化要求隐形冠军的管理者将自己的文化移植到全球层面。多元化可缓解单一业务风险，但也容易导致资源分散和财务过度扩张的风险。最后，隐形冠军的管理者还必须认识到，"一个在某一领域成功的企业家，也能够在另一个领域取得成功"，通常情况下这是一种错觉，也是打造隐形冠军的一大障碍。总之，集中优势资源，培育优秀团队，走小而强、小而美的成长之路，是成功打造隐形冠军的主要途径。

（四）小而美是时代的趋势

规模化的前提是标准化，而标准化与目前这个时代变化和移动的特性在一定程度上是相互矛盾的。顾客的需求是不断变化的，怎么能用一成不变的东西来应对呢？因此，随着消费者需求的变化，以前人们一直强调大小之争，而现在更多地强调差异之争、质量之争、品牌之争。企业的发展既需要规模化和标

准化，也需要差异化和专业化。正确处理两者的关系，需要依靠管理者的能力和领导艺术。

首先，企业要变成大家共同拥有的公司，并生产出不断迭代的新产品。这个共同的公司不一定很大，但必须有一个大平台，大平台上有很多个体，大家都按照自己的方式活动，且都离不开这个平台，组织的边界变得很模糊。

其次，仅有创新还不够，还要有网络，要线上线下相结合，虚实相结合，各方面融合发展。

最后，未来的公司一定是能利用平台和网络的、持续不断创新的、与顾客融为一体的公司。企业家一定要同时利用好商业模式、产品创新和网络这三者，不断迎合消费者需求，走出独具一格的商业模式，只有这样才能跟上时代潮流。

总而言之，在这个发展变化不断加快的年代，小而美必然成为时代发展的趋势。

（五）我国需要众多隐形冠军

在我国，许多成功的企业正面临着转型升级的挑战。它们在多年的成长过程中，主要是凭借着较低的成本和极具侵略性的价格成功的，产品创新并不多见，更多是引进模仿。现在形势正在发生变化，随着成本不断上涨，单纯依赖成本和价格竞争力的时代已经过去，顺应时代发展的唯一办法是创新产品及打造品牌效应。要做到以上两点，教育与培训的投资是当务之急。因此，创新发展、企业家及员工素质的提升是企业面对的最大挑战。我国许多中小企业的成长之路还很漫长，尤其需要改变固有的发展模式和思维方式，聚焦某一领域，走创新发展、提升质量、塑造品牌的道路，成为某一领域的佼佼者。这是我国众多企业的成长之路，更是我国经济发展之必需。我国需要更多在世界具有影响力的隐形冠军。

成为全球化运营企业或成为各自市场领域的翘楚和领导力量，是我国中小企业发展的方向和成长的目标，它们是中国制造业转型升级的探寻者、实践者、成功者。中国的经济发展需要众多中小企业的崛起，需要更多的隐形冠军，进而构建起庞大且稳固的经济基础。这既是我国经济现实发展的需要，更是持续发展之必须。

二、隐形冠军成长的基本因素

成长为隐形冠军的多数为中小型企业，生产的多为非主导产品，其品类比较单一，很少进行多元化发展，在全球市场的占有率多在70%以上。它们的共同特点是具有野心、保持专注与聚焦、全球营销、持续创新、顾客至上、高绩效的企业文化等。

第一，这些企业有野心、有信心，有志成为并坚持成为某一专业的世界第一，或处于领先地位。

第二，保持专注与聚焦，正确处理多元化与深度的关系。它们专注的细分市场非常明确，仅仅关注一到两个行业，产品非常可靠、质量非常高。

第三，全球营销。它们不仅是本地的冠军，在全球也多处于领先地位，这得益于其具有特色的营销策略和企业文化等。

第四，持续的创新能力。不停地创新，不停地改善产品是隐形冠军的特质。这也是中小企业在一个充满竞争的世界里活下来的重要因素。一家具有创新精神的企业，最大特征就是永远挑战自己。一个企业之所以成为创新企业，不仅是因为开发了新产品，更重要的是因为有一个优秀的人才队伍，有勇于挑战、敢于克服困难、追求极致的企业文化，这些都是企业持续成长的重要因素。

第五，坚守顾客是上帝的理念，努力将自己的产品融入顾客心智，成为顾客的最爱。

第六，高绩效的文化和优良的工匠精神。这个层面主要关注人，即员工和领导者。企业只聘用高素质的员工，对他们进行培训，提高其素质。企业的凝聚力很强、离职率很低，进而形成了高绩效的企业文化和优良的工匠精神，以及高素质的员工队伍。

三、建立工匠制度，培养工匠精神

对比我国GDP数据与发达国家数据可以看出，我国制造业在GDP中的占

第六章 隐形冠军——中小企业的成长之路

比正不断缩小,这是不可逆转的,同时我国正进一步做精、做细、做深、做强中国制造。德国制造的工匠精神,代表的是一种制度,一种科学制造的管理体系,而不仅仅是个人经验,否则就建立不起工匠制度,就没有工匠习惯,更不可能有工匠精神。今天我们真正要学习的是工匠制度,用制度养成工匠习惯,再把工匠习惯升华为工匠精神。

(一) 工匠精神、创业精神与互联网思维

无论处于什么时代,人类对于最基本物资产品消费的需求,简而言之就是所谓的吃、穿、住这些基本需求是不会改变的,互联网能改变的是满足需求的这些产品从生产、流通,最后到人们手里的过程。互联网不会改变一切,尤其不会把一个二流产品变成一流产品。互联网改变的是过程,不是产品本身。它将中间冗余环节删减,通过精简流程提升价值,将整个过程打通,将各个渠道梳理通。它的网状链接能让企业直达客户。企业直接通过客户了解他们对产品的需求,继而了解什么样的产品会为市场所需要,这个改变是巨大的。

互联网企业基本上把生产外包出去,不要生产,只要抓住客户,锁定客户的需求,就可以把业务做上去。这就是今天的轻资产、平台化。轻资产的好处显而易见,其投资非常少,并且能够很快进入一个行业;而平台化指企业既不作为供方,也不作为需方,而是把供需双方拉在一起,在中间赚一些钱。平台化的好处是可以迅速地不需要任何生产能力就能做大销售,这是今天人们比较热衷的。轻资产的性质决定了它很容易上手,自然竞争对手也很容易上手,其门槛一定低,所以互联网企业快速发展、快速没落是经常发生的。平台化的最大难点是,供需双方都不在它的完全掌握之下。如果这个平台没有像阿里巴巴集团控股有限公司(简称:阿里巴巴)一样,大到其他人无法替代,那么别人就很容易也建起一个平台,把你的供需双方都拉过去。因此,一个平台除非发展到成熟阶段,否则很容易被取代。不论是传统企业还是互联网企业,不要忘了商业的根本目的就是满足人们和社会的需要,进而给提供资源的人创造价值。而什么是价值,这个价值归谁,是企业管理者应考虑的根本问题。

总之,仅仅把产品放到互联网上去卖,还谈不上拥抱互联网,互联网真正

能做到的是精简流程、再造价值链。在未来的时代尤其需要工匠精神、创新精神和互联网思维的融合，这必将成为推动企业和经济发展的动力。三者都是经济和社会发展所必需的。三者结合才能产生更多的百年老店和更多耳熟能详的知名品牌，才能推动经济持续发展，实现强国富民之梦。

（二）我国需要对匠人精神的传承和发扬

两把菜刀摆在你面前——"张小泉"和"双立人"，你会选哪一把？

"张小泉"这一品牌创建于1663年，当年用龙泉之钢铸造，有66道工序，曾被列为贡品，1915年在巴拿马万国博览会上得过银奖，还是唯一被评为"中国驰名商标"的刀剪类商品，是我国名副其实的百年品牌。"双立人"品牌创建于1731年，它所在的索林根小镇地处德国西部，是欧洲不锈钢技术的发源地。也是1915年，"双立人"在旧金山世界博览会上独揽4项大奖，是如假包换的德国百年品牌。

如今的"张小泉"亦步亦趋地走在先人开拓的路上，材料不变、工序不变、款式不变，被视为"百年传承的工匠精神"。而"双立人"则百般求变，不断更新不锈钢锻造技术，生产工艺全面创新，款式、门类层出不穷。在商店里，"张小泉"菜刀价格是"双立人"菜刀的1/20，至于销量和销售地区，其差距可能更大。

中国不乏匠人，但缺乏新工匠。我国的老字号品牌曾超过1.2万个，可如今有的苟延残喘，有的则容光焕发。

例如，云南白药发明于1902年，被视为止血神药。早年的云南白药为粉末状，用小瓶封装，一姓单传，百年不变。也就是从十多年前开始，这家企业在王明辉的带领下大开大合，先后从散剂开发出胶囊、创可贴等新品类，甚至还进入牙膏、洗发水等快速消费品领域，成为老字号企业中第一家年销售额突破百亿元的公司。

因此，真正的工匠精神不是仅仅停留传统，一味地向前辈致敬，而应该从传统出发，在当代的审美和生活中重新寻找存在的理由，跟上时代的步伐。新工匠的第一个特质是有手艺人精神，专注于产品本身，既要传承历史的精髓，又要体现时代特色；第二个特质是时代性，与当代的新技术、新思维、新需求和新的生活方式紧密相连；第三个特质是创新能力，必须与众不同，能够在普通的商品中重构审美，力求极致。匠人精神在传承传统和历史的同时，一定要通过生产、制造和服务体现时代的生活品质和审美需求，体现时代精神。

（三）淬炼心性，做一流匠人

1. 苦干程度预示辉煌程度

匠人精神在工作中表现为做事认真、一丝不苟。一个拥有工匠精神的国家和民族，必然会少一些浮躁，多一点纯粹；少一些投机取巧，多一些脚踏实地；少一些急功近利，多一些专注持久；少一些粗制滥造，多一些优品精品。每个人在飞黄腾达之前，都会经历埋头苦干的岁月，而这段平凡的岁月，正是将一个人铸造成一流匠人的过程。

2. 心性铸就人才，一流匠人成就一流人生

一流匠人，几十年如一日坚守自己的岗位，不断探索、追求完美，在自己的工作领域不断提升自己，发挥并提升自己的优势，弥补自己的劣势。在成就事业的过程中，完善自己、成就人生。

3. 耐得住寂寞，终成大器

有的匠人精神表现为专注和坚守，有的表现为精雕细琢，有的表现为开拓创新。不管怎样，一个人、一家企业的成功都需要一个过程，需要长期坚守和默默付出。企业家要坚守大器晚成的信念，耐得住寂寞才能出得了风头。匠人精神引领爱岗敬业的道德风尚，充满正能量。中国企业需要匠人精神，个人的发展需要匠人精神，国家的未来需要匠人精神。

（四）看不见的含量

20世纪80年代，英国科学家提出一个名词：看不见的含量。正是"看不见的含量"的存在，使同一事物产生不同的结果。比如，外国人学京剧，学习绣花技术，外国企业学习组装日本、德国汽车，之所以付出努力却达不到相应的效果，就是因为不同的文化背景、人文素质，甚至是不同的世界观与潜意识起着决定性的作用。从事物的表层来看，这些因素是无法被洞察的，但其导致

的差距有可能是致命的。没有潜在的神韵意识，充其量是模仿，模仿得再像，也存在着巨大的差距。当今科学的发展让许多领域已经无秘密可言，然而同样的产品、同样的技术，仍然存在着很大的差别。这里有许多"看不见的含量"，有时这些才是决定事物成败的关键因素。这也是我们在培育匠人精神的过程中需要予以重视的。

（五）转型升级要始终坚持质量第一

我们必须清醒地看到，我国只是制造大国而非制造强国，与世界顶尖的美国制造、德国制造、日本制造相比，一个重要的瓶颈或者说差距是质量水平。因此，中国制造由大到强必须提质增效、转型升级。应该说，日本制造凭借对质量的不懈追求，不仅塑造了高品质的形象，也催生了一大批享誉世界的知名品牌和企业，还为全球贡献了诸多质量管理方法和工具。然而，近年来日本制造却屡现造假丑闻，这也充分说明，坚持质量提升和质量第一是多么不容易，这是一条持久漫长之路。

我国要坚持推动经济高质量发展，把重点放在产业结构转型升级上，全面提升供给侧质量，向设计、品牌、制造三位一体转型，靠质量、品牌、信誉赢得市场，走质量第一、设计引领、品牌提升的发展之路。总之，幸福是奋斗出来的，成果是实干出来的，要靠奋斗和实干实现强国之梦，光喊口号、表决心、说大话、说套话是无济于事的。

第七章
企业管理是实践的科学

一、企业管理者的作用

在每个企业中,管理者都是赋予企业生命、为企业注入活力的重要因素,是企业的核心和灵魂。如果没有管理者的领导和组织,生产资源始终只是资源,永远不会转化为产品。在激烈的经济竞争中,企业能否成功、能否长存,主要取决于管理者的素质与绩效,因为管理者的素质与绩效是企业唯一拥有的有效优势和动力之源。管理层是负责赋予资源生产力的社会机构,也是负责有组织地开发经济的机构,体现着现代社会的基本精神。

管理者是社会最基本且主要的组成部分。因为管理不仅是由现代经济体系的性质决定的,而且是由现代企业的需要决定的。现代经济体系将生产力资源和物质资源交付给企业,通过企业和企业家的组织和管理,实现资源的保值增值,进而造福于社会和人们。管理还体现了现代社会的基本信念,体现了通过系统地组织经济资源有可能控制和改变人们的生活及信念,体现了经济的变革能够成为争取人类进步和社会正义的强大推动力。企业存在的目的是,提供商品和服务,这是企业必须履行的经济责任。而企业经营的本质是经济绩效。

(一)企业管理者的职能

企业管理者的首要职能是管理企业。首先,企业管理的技巧、能力和经验是不能被照搬应用到其他机构的。一个人成功的企业管理生涯本身并不能保证他从政也成功。其次，管理绝不是一门精确的科学。换而言之，管理是一种实践而不是一种科学或一种专业。如果试图通过向管理者颁发"许可证"，或者把管理工作专业化，使没有特定学位的人不得从事管理工作，那么将会对经济和社会造成极大破坏。管理者是经济的开创者，只有当管理者能以有意识、有方向的行动主宰经济环境时，才能算是真正的管理。从这个意义讲，企业管理是一门实践的科学，其首要职能是管理企业，其中包括目标管理和自我控制。

企业管理者的第二种职能是利用人力和物质资源造就一家能创造价值的企业。企业必须能够生产出比这家企业所拥有的资源更多更好的产品。它必须是一个整体，大于或者等于它所有部分的总和，产出大于所有投入的总和。但是，能够增大的资源只能是人力资源，所有其他资源都受机械法则的制约。人们可以较好地利用这些资源，或较差地利用这些资源，但这些资源绝不会产生比投入总量更大的产出。相反，在将资源汇集在一起的过程中，始终存在着一个如何将由摩擦等造成的不可避免的产出消耗控制在最低限度的问题。面对所有能够运用的资源，只有通过人的努力，尤其是道德的力量，企业才能获得成长和发展。

（二）管理员工及工作

工作必须由员工完成且必须得到高效完成，因此员工往往具有激励、参与、满足、发展和成长等要求。只有通过管理才能满足员工的这些要求，而管理层则是给企业注入活力和生命的重要部分。管理者必须管理时间。如果为了眼前的利润而危害长期利益，甚至危及企业的生存，那么就不是在解决管理问题。如果管理决策为了宏伟的未来，而不惜给今天带来灾难，那么也是不负责任的管理决策。许多管理者在位时创造了伟大的经营绩效，但当其不在位后，公司就后继乏力、快速衰败，这是因为管理者没能很好地平衡现在和未来。

正如爱尔兰政论家乔纳森·斯威夫特早在 250 年前就夸张地强调，如果某人能使只长一根草的地方长出两根草，他就有理由成为比沉思默想的哲学家或形而上学体系的缔造者更有用的人。

企业不能没有管理者，管理者也不是通过"企业所有者"的授权代替他们执行管理工作的工具人，而是必须建立起有组织的整合性团队，即团队中的每一个成员都成为履行自己的管理职能的企业枢纽。企业需要完成的目标和任务决定着管理层的功能和责任，而不是由授权来决定的。企业必须具备治理结构，需要制定决策机制和评估机制。企业既需要首席执行官，也需要董事会。企业必须为自己的生存和成长做好准备。

总之，管理者要么方向正确，要么误入歧途，但他们总是将愿景和努力聚焦于一致的目标上。在企业中，管理者的职务安排可能适当，也可能不适当，但绝不能漫无章法、缺乏条理。每一家企业的组织结构也许有效，也可能缺乏效益，但必须有一个组织结构。组织必须有特有的组织精神，无论组织精神是扼杀活力，还是激发活力。企业要不断培养人才，否则将难以为继，难以保持长远的持续发展。

目前，我国的经济总量已位居世界第二，其走势正处于关键时期，向上比向下或保持现有地位要多花很多的努力。只有优秀的管理能力和持续改善的管理绩效才能使我国经济不断进步，进而实现由经济大国向经济强国的根本转变。

二、企业管理的原则

管理者最初确实源自小公司老板，在公司不断成长的过程中，他们将自己无法负责的工作授权给助手来完成。但是，当事业发展到一定规模，也就是量变到一定程度之后，管理就必须产生质变。企业一旦建立，就不能单从企业所有者授权的角度来定义管理的功能，而是由企业客观需要产生管理功能。否定或贬低管理的功能就是毁灭整个企业。

管理本身并非目的，管理只是企业的器官。管理层由个人组成，因此管理管理者的第一要求是，必须将个别管理者的愿景导向企业目标，令他们将意志和努力付诸实现目标，即目标管理与自我控制。管理管理者的第二个要求是，为管理者的职务设立适当的结构。虽然管理者都是独立的个体，但他们必须在团队中共同合作，而这类有组织的团体总会表现出自己的特质。虽然这种群体特质是经由个人以及他们的愿景、实践、态度和行为产生的，却成为大家共同的特质。即使创始人都不在了，这种群体特质仍然会持续存在，并塑造新进人员的行为和态度，进而决定谁在组织中脱颖而出。因此，对管理管理者的要求是创造正确的组织精神和企业文化。

管理的根本目的，在于通过对管理原则、责任和实践的研究，探索如何建立一个有效的管理机制和制度。而衡量一个管理机制和管理制度是否有效的标准就在于该制度能否将管理者个人特征的影响降到最低，这其实也是管理制度的核心和基石。任何一个有效组织既离不开良好制度，也离不开有效管理者，两者缺一不可，而管理的核心就是责任。

企业必须具备治理机构，需要能全面领导和制定决策的机制，也需要配备能全面检查和评估的机制。企业既需要首席执行官，也需要董事会，而且需要明确董事会、监事会、经理的职责和权限。企业必须为自己的生存与成长做好准备，为未来的管理者未雨绸缪。有组织的团体需要有结构，因此管理管理者最后一个必要条件是为管理组织建立健全的结构性原则。在每一家企业中，管理者若是方向不正确，就会误入歧途。他们总是将愿景和努力聚焦在一致的目标上。此外，管理者必须为企业的健康和持续发展培养未来的管理者。

概括言之，企业需要的管理原则是，能让个人充分发挥特长，凝聚共同的愿景和一致的努力方向，建立合作团队，使个人目标与共同福祉一致的原则。目标管理和自我控制能让追求共同福祉成为每一位管理者的目标。管理者的工作动机不再是别人命令他或说服他去做某件事，而是管理者的任务本身就是必须达到这些目标。由于目标管理和自我控制将企业的客观需求转变为个人目标，因此能确保经营绩效。目标管理和自我控制也代表了真正的、合法的自由，也充分体现了管理的哲学意义。

三、生产原则

生产能力永远是一个决定性和限制性的因素，生产不是将工具应用于原材料，而是将逻辑应用于工作。任何从事商品生产或销售的企业的管理层都应该认真思考生产的原则，因为能否完成绩效目标完全视企业能否依照市场需要的价格、质量和数量生产产品，并供应市场所需而定。制造业在设定目标时，必须考虑其生产能力。管理者的职责是利用现有的生产要素克服生产的限制,并努力把这些限制转化为机会,提供适应市场需要的产品或服务。

四、目标管理与自我控制

任何企业都必须建立起真正的团队,并且把每个人的努力融合为共同的力量。企业的每一个个体都应该有不同的贡献,所有贡献都必须为了共同的目标。他们的努力必须凝聚在共同的方向上,他们的贡献也必须结合为整体,并努力减少裂痕、摩擦和不必要的重复努力。

企业绩效要求的是,每一项工作必须以达到企业整体目标为目标,尤其是每一位管理者都必须把工作重心放在追求企业整体的成功上。高效能的企业管理层必须将企业所有管理者的愿景和努力导向一致的方向,确定每位管理者了解企业要求达到的目标,而且他的上司也应该预测下属能达到哪些目标。企业管理层必须激励每位管理者在正确的方向上投入最大的心力,鼓励他们发挥出最高的专业水平。

(一) 管理者的目标

每一位管理者都需要有明确目标,而且必须在目标中列出所辖部门应该达到的绩效,说明他和他的部门应该有何贡献。目标从一开始就应该强调团队合作和团队成果,管理者的工作是为整体绩效负责。

(二) 管理者的目标如何确定,由谁确定

管理者应该让自己所管辖的部门有所贡献,并且最后对整个企业有所贡献。他的绩效目标是对上负责,也就是说,每位管理者必须根据他对上级部门所做的贡献来决定目标。管理者的目标必须反映企业需要达到的目标,而不是只反映个别主管的需求。管理者必须以积极的态度认同企业目标,也必须了解企业的最终目标是什么,企业对他有什么期望,用什么来衡量他的绩效。

(三) 目标管理既管过程也管结果,是过程和结果的统一

我们经常说,管理者要对事情有热情,但一定不能对事情有感情;一定要对所做的事情有兴趣,但不要凭兴趣做事情。在管理上感情用事,迟早要出问

题。另外，管理者应该是对人有情、对事无情。管理中的情指的是积极、主动、建设性地做好事情的态度，而非随心所欲，仅凭感情做事。过程强调的是时空的转变，管理是否有效是通过观察结果来衡量的，但管理本身则强调过程。管理就是过程性地、确切地知道员工要做什么，让员工用最好的、最有效的方法把事情做好的艺术，这就是目标管理。很多人把目标管理理解为管理目标，所以经常听到管理者对员工说，不管怎么做，只要结果好就行了。其实目标管理是围绕目标对过程进行的控制和干预，既要管目标，也要管过程和结果，是过程和结果的统一。只强调结果的管理不是管理，而是命令，不是管，而是官，靠的是权力，管必然围绕目标，强调过程，靠的是责任。过程做得好也可能出错，这往往是偶然的；过程做得不好也可能成功，这同样是偶然的。一个优秀企业的成功必须建立在必然的基础上。

正如德鲁克所言："管理是一种器官，是赋予机构以生命的、能动的、动态的器官。没有机构（如工商企业）就不会有管理。但是，如果没有管理，那也就只会有一群乌合之众，而不会有机构。而机构本身又是社会的一个器官，它之所以存在，是为了给社会、经济和个人提供所需的成果。"

（四）管理者的工作与职权

管理者的工作应该以能够达成企业的目标和任务为基础，能对企业的成功产生明显且可以清楚衡量的贡献，这是实质性的工作。管理者的工作范围和职权应该尽可能地宽泛。管理者应该受绩效目标的指引和控制，而不是受上司指导和控制。每个人都应贡献自己的技能，并对整个工作负责。虽然领导者掌握较大的职权，但他总是采取引导的方式，而非监督和命令，他的权威根植于知识、智慧、品德而非权力。

一线管理者负责基层管理工作，其他管理工作都完全依赖基本管理工作的绩效。由此可见，高层管理工作是基层管理工作衍生的产物，目的是协助一线管理者做好他们的工作。如果从企业的结构和组织上看，一线管理者才是所有权责的中心，只有一线管理者无法亲自完成的工作才会上交高层管理者来完成。因此可以说，一线管理者是组织的基因，所有高层管理者都由基因预先设定，也从基因发展而成。因此，职权和责任应该以任务为导向，这个原则适用于任何管理者。

五、组织精神

著名的企业家、慈善家安德鲁·卡耐基的墓志铭上写着："这里长眠着一个人，他知道如何在其事业中起用比自己更好的人。"一则为残疾人找工作而设计的口号说："重要的是能力，不是残疾。"

目标管理告诉管理者应该做什么，通过工作的合理安排，管理者能顺利完成工作，但组织精神却决定了管理者是否有意愿完成工作。组织精神能唤醒员工内在的奉献精神，激励他们努力付出，决定他们究竟会全力以赴还是敷衍了事。组织的目的是"让平凡的人做不平凡的事"，没有任何组织可以完全依赖天才，天才总是罕见的，而且是不可预测的。但能否让普通人展现超凡的绩效，激发每个人的潜能，能否取长补短、协同发展是对组织的一大考验。

好的组织精神必须让个人的长处有充分发挥的空间，肯定和奖励卓越的表现，让个人的表现对组织和其他成员产生建设性的贡献。因此，好的组织精神应该强调个人的优点，即强调他能做什么，而不是不能做什么，必须不断改进团队的能力和绩效，把昨天的良好表现当作今天的最低要求，把昨天的卓越绩效视为今天的一般标准，在平凡的组织里创造一流的业绩。

总而言之，良好的组织精神真正的考验不在于"大家是否和睦相处"，强调的是绩效，而不是一致。"良好的人际关系"如果不是根植于良好的工作绩效所带来的满足感与和谐合理的工作关系，那么它也只是脆弱的人际关系，会导致组织精神不振，不能促进员工成长，只会令他们服从和退缩。

一位大学校长说过："我的职责是让一流的老师能够好好教书，至于他和我或其他同事相处得好不好（真正好的老师往往和同事相处得不好）完全是两码事。当然，我们学校有很多问题人物——但他们很会教书。"

与此相反，对组织最严重的控诉，莫过于把杰出人才当作威胁，认为卓越的绩效会造成别人的困惑和挫折感。对组织精神杀伤力最大的莫过于一味强调员工的缺点，而忽视他们的长处，不正视员工的能力，只怪罪他们无能。企业必须把焦点放在员工的长处和优势上，必须为员工创造成长的机会和环境，让他们为组织做出贡献，成为对组织和社会有贡献的人。

六、企业经营的本质是创造顾客价值

"经营"是企业在日常运营中反复提及的词语，但人们对经营的理解却千差万别。经济是用有限的资源去满足人们无限的需求，这是一个经济学本身根本无法完成的任务。而经营与经济最大的差异在于：经营是用有限资源创造一个尽可能大的附加价值，再用附加价值来满足人们无限的需求。企业如何经营才能适应变化的环境？管理者如何管理才能让企业持续成长？企业需要实实在在的经营成果，而管理工具和管理方法都是为提升经营质量、获得经营成果服务的。经营的目的就是获得顾客的认同和市场的回馈，进而取得经营成效。

企业经营应专注、聚焦于为顾客创造价值。德鲁克曾说，企业的目的就是创造顾客。不以产品为导向，要以顾客为导向，因此企业应基于价值链进行思考，从顾客开始，为顾客创造价值，进而决定企业提供的技术和服务，并引导资源的投入，最后获得核心竞争力，成为一个持续成长的企业。价值是由顾客和企业共同创造的，这是管理学中重要的理论命题。

普拉哈拉德认为："传统企业的关注焦点和企业对于价值链的关注，是创造和向消费者转移产品所有权。但是，消费者的目标越来越表现为获取他们想要的体验，而未必是产品的所有权。"

管理者需要以顾客的思维模式进行思考。以往管理者的思维模式是基于企业内部展开的，关注的是技术、计划、产品质量、成本和效率等。这种由内向

外、依据自身能力而做的选择并没什么错。而顾客关注的是自身和社会的关系，是自身需求的满足和体验，或者说是由外向内的，也可以说顾客会依据自身在社会生活中所必须采取的行动来做选择。顾客和管理者在思维模式上是有差异的，管理者必须关注这些差异，并通过不断满足顾客的需要，推进企业发展。

随着经济发展和竞争的加剧，企业的竞争力不再由企业内部的资源决定，而主要由顾客资源决定。企业正是在与消费者的不断互动中，才具有竞争优势的。消费者正在努力争取在经营体系的每一个环节上影响企业的决策。传统的经营假设是企业可以独立地创造价值，实际上，在现今社会，企业已无法独立地创造价值，而是和消费者共同创造价值，这是管理经营领域的又一场深刻革命。

七、打造适合企业自己的正确的价值观

很多企业都不明晰自己的价值观，那么对应聘者来说就更无从说起了。因此，企业先要树立自己的价值观，然后用这个价值观作为打造团队的蓝图。每家企业无论是刻意还是无意，都会形成自己的价值观，即所谓的企业文化。当一名员工进入一家企业，其个人的价值观就会和企业的价值观产生互动。如果双方的价值观能和谐相处，甚至互补，那么这个员工就能在企业得到很好的发展，并做出自己的贡献，否则就会产生矛盾。

很多人会说，企业的发展靠团队。问题是团队不会自动生成，而是需要培养的。在培养团队的过程中，首先是选对人。很多创业者整天迷恋方法、激励机制，认为留不住人就是机制不好，这是一方面因素，但如果选错了人，那么什么机制都不管用。因此，企业先要打造自己的价值观，通常也和创业者自己的价值观紧密相关，具备这些价值观的员工也必然会成为企业核心团队的成员。

八、实践而非说教

组织精神良好，表示组织所释放出来的能量大于投入努力的总和，显然企业无法靠机械手段取得这样的结果。理论上，机械手段充其量只能完整无缺地保存能量，而要创造能量，只能靠人及道德的力量，也只有投入人与道德的力

量才有可能获得高于投入的产出。因此，为了在管理层中塑造良好的精神，必须依赖道德的力量，强调优点，重视诚实正直，追求正义，在行为上树立高标准。但是，道德不等于说教，道德必须能够建立行为准则才有意义。道德也不是告诫或良好的愿望，重要的在于实践。的确，要达到效果，道德必须超然，独立于员工的能力和态度之外，是有形的、每个人都看得到且可以实践和衡量的行为。管理需要具体、有形且清晰的实践，以激发卓越的表现，必须说明，组织的精神根植于道德，因此管理必须建立在诚实正直的品格基础上。企业必须通过各方面的实践，才能确保正确的精神得以发扬，使正能量贯彻于整个组织。

第一，必须建立高的绩效标准，不能宽容差的或平庸的表现，而且必须依据绩效给予奖励。

第二，每个管理者职位本身必须有其价值，而不只是升迁的踏板。

第三，必须建立合理且公平的升迁制度。

第四，管理规则中必须清楚说明谁有权力做出事关管理者命运的重要决定。管理者必须有向高层申诉的途径。

第五，在任命管理者的时候，必须很清楚诚实、正直的品格是对管理者的绝对要求，是管理者原本就具备的特质，而不是他升上管理职位后才开始培养的特质。

(一) 安于平庸的危险

对公司和组织的最大伤害莫过于管理者说："在这里你不可能发财，但也不会被解雇。"这种说法强调安于平庸，结果会养成官僚作风，变相惩罚了企业最需要的人才——企业家。这种观点不鼓励员工冒险犯错，导致员工不愿尝试新事物，无法建立组织精神，也无法建立安全感。管理者所需要的安全感是建立在对高绩效的认知和肯定之上的，因此对管理人员的基本要求是高绩效。管理人员不应该被他人督促，应该自我督促、自我管理。管理者持续绩效不佳或表现平平，是企业绝对不能容忍的，这并不表示应该惩罚犯错的管理者。每个人都是从错误中学习成长的，越优秀的人才犯的错越多，因为他们比较愿意尝试新事物。绝对不要把从未犯错的人提升到高层领导岗位上，因为没有犯过大错的人有可能是平庸之辈，更糟糕的是，没有犯过错的人将不会学到如何尽早找到错误并且改正错误。坚持严格的标准能激励士气，但关于人的决定必须尽可能地慎重并考虑周全。

（二）评估的需要

要坚持高目标和高绩效，就必须系统化评估下属设定的目标和达成目标的能力。评估是主管的责任，但必须把焦点放在改善和提高绩效上，评估下属及其绩效是管理者的职责。的确，管理者必须亲自评估下属，否则无法履行协助和教导下属的责任，也无法尽到对公司的责任。把合适的人放到合适的位置上，是管理者的基本职责。评估是一种判断，有清楚的标准才能做出判断，缺乏清晰、明确的公开标准而做出的价值判断是非理性的、武断的，会腐蚀判断者和被判断者。无论多么科学，多么具有真知灼见，强调潜能、性格的评估方法都是不合理的，试图根据缺点评估则是最失败的评估。一个人不可能不付出努力就能完成任何事情，一个人不可能什么都不做就能取得任何成就，只有发挥自己的长处，努力实践，才能有所成就。因此，评估的首要目标必须是让每个人的能力得以充分发挥，才华得以充分展现。

（三）充分发挥奖励的作用

如果有人因为表现不好而被开除，那么有人也应该有机会因为表现优秀而致富或升迁。管理者所得到的报酬应该和工作目标息息相关，最糟糕的一种误导是告诉管理人员，他们必须平衡目标，但却根据目前短期利润发放给员工酬金。奖励措施不可太过僵化，有些特殊绩效应该当时就奖励，这类贡献或许无法直接带给企业可衡量的经营成果，但是塑造了企业精神。如果管理层不肯定和奖励这些人，员工就会觉得非常不公平。优秀的组织之所以有别于一般组织，正是因为员工有追求，有奉献精神，金钱上的奖励绝对不应该变成贿赂。企业无法买到忠诚，只能通过努力和业绩赢得忠诚。管理者不能贿赂员工使其留在公司，也不能把开除员工变成过于严厉的惩罚。管理者不能让高层主管太注重安全感，否则就会使他们缺乏创新和承担风险的勇气。

（四）不要过度强调升迁

每个管理者都能从工作本身获益，得到满足。管理职位不应成为组织中某些人向上攀登的踏脚石，即使在快速成长的公司，能够升上去的管理者仍然只占少数。每五位管理者中可能有三四位会因为公司过度强调升迁而深感挫折，士气低落。过度升迁的做法也会引发不当竞争和腐蚀人们心灵的办公室政治，一些人为了脱颖而出，将不惜牺牲其他同事和企业的利益。只有合理的升迁制度，才能塑造良好的组织精神和管理绩效，企业应该根据绩效来决定升迁。危害最深的做法莫过于为了把绩效不佳的员工踢出去，而对其排挤打压或迟迟不肯让优秀的员工更上一层楼。

领导工作是通过道德品格发挥作用而贯彻实施的，好的品德会树立起好榜样，只有这样人们才会效仿。品德不是一个人能轻易获得的，如果他不将品质带到工作中，就永远不会有这种品德。品德不是一个人能愚弄人们的某种东西，人们可以原谅一个人的无能、无知，但绝不原谅他的不正直、不道德，更不会认同高层管理者任命了这个人的做法。

如果一个人的注意力只集中在人们的弱点而不是他们的长处上，那么这个人就绝不能担任管理职务；一个人如果总是将别人的缺陷看得一清二楚，对他人的能力与长处却视而不见，那这个人就会破坏企业精神；如果一个人对"谁是正确的"这一问题比"什么是正确的"这一问题更感兴趣，那么这个人就不应该被提拔。将个人因素置于工作的要求之上是一种堕落的表现，并起着腐蚀作用。打听"谁是正确的"，会鼓励下属谨小慎微或玩弄权术。管理者不应该任命一个将才智看得比品德更重要的人，因为这是不成熟的表现；管理者不应该提拔害怕下属强过自己的人，因为这是一种软弱的表现；管理者绝不应该把对自己的工作没有高标准的人放在管理岗位上，因为这样会造成人们轻视工作，轻视管理者的能力。一个人可能知之不多、绩效不佳、缺乏判断力和工作能力，但他有正直的品德，作为管理者，他是不会损害企业利益的。但是，如果缺乏正直的品德，无论他多么知识渊博、多么聪明、多么成功，他都具有破坏作用，会破坏企业最有价值的资源——企业员工，败坏组织精神，损害组织的绩效。

事实上，除非管理层希望某个人的品质和道德成为他的下属学习的典范，否则就不应该提拔这个人。治理企业，有五种人要特别注意，他们是导致企业管理混乱的根源：一是结党营私、搞小动作的人，他们专爱诋毁、打击有才德的人；二是虚荣心重、哗众取宠的人；三是不切实际地蛊惑、造谣欺诈他人的人；四是搬弄是非，为了一己私利兴师动众的人；五是在意个人得失、暗中与竞争对手勾结的人。

九、培养管理者

培养管理者是企业对社会承担的责任，如果企业不自动自发地培养管理者，社会将会迫使其采取行动，因为企业的延续性是非常重要的。社会不允许企业管理者由于找不到足以胜任的接班人而使这种创造财富的资源蒙受损害。因此，培养管理者是企业履行社会义务的一种方式，并不只是谋生的工具。

（一）培养管理者的错误方式

培养管理者不能只是拟订升迁计划，不能只针对可以获得升迁的员工来规划，希望为高层管理职位找到后备人选。企业需要培养能够满足明日工作需要的管理者，而不只是只能完成昨日任务的人。总而言之，所谓"挖掘很有潜力、值得提拔的人才"的观念，完全是谬论，因为还没有任何一种办法可以预测一个人的长期发展。

（二）培养管理者的原则

首先，培养未来管理者的第一个原则是必须培养所有的管理者。

其次，培养管理者必须是动态的，绝不只是把目标放到今天，取代今天的主管，而是要满足明天的需要。企业需要什么样的管理者，需要什么样的组织来达到明天的目标，就要培养什么样的管理者。

总而言之，培养计划和目标必须涵盖企业的所有管理者，把目标放在激励每个人的成长和自我发展上；强调绩效而不是承诺；强调明天的要求而不是今天的要求；必须是动态而实际的，而不是随着机械化的轮调制度进行的静态人事更迭。培养明天的管理者，事实上就意味着把今天的管理者培养成更重要更优秀的管理者。一般而言，只有优秀的组织、制度和管理者，才有可能培养出满足明天需要的更加优秀的管理者。

（三）如何培养管理者

由于培养明天的管理者的工作太庞大，也太重要，其绩效取决于管理者的所有要素。在不重视品德的组织中，即使有再多的培养活动，都不足以培养出未来的管理者；在高度集权的组织中，也不足以培养出未来的管理者，只会制造出未来的专家；反之，真正的分权化管理不需要额外增加任何培养活动，就能培养、训练并检验出未来的管理者。其实，在未来管理者成长的过程中，真正重要的是自我发展。世界上最荒谬的事情莫过于由企业一肩扛下发展员工的责任，事实上真正承担这个责任的主要是个人，是每位员工，只有靠自己的能力和努力才能成为好的管理者。但是，每位管理者都有机会鼓励或抑制、引导或误导员工个人的自我发展。

每位管理者首先应该思考下属具备的能力，之后要思考，有没有把这个人放在能发挥其优势，并对公司产生贡献的位置上；他还需要哪些方面的学习及克服哪些弱点才能充分发挥长处和能力。期望今天的管理者培养明天的管理者，对于振奋他们的管理士气、拓展他们的视野、提高他们的绩效都是非常必要的。正所谓"教学相长"，一个人在教育别人时，自己往往学到的更多；一个人在试图协助别人开发潜能时，也能充分发展自我。任何顶尖人物都把自己培养出来的人才，视为他们能留存于世的最引以为豪的纪念碑。

（四）企业的组织结构

管理者需要建立组织，构建适合企业目标需要的组织结构。组织本身不是目的，而是取得经营绩效和成果的手段。组织结构是企业不可或缺的工具，设计必须有利于达到企业的经营目标。组织结构必须包含尽可能少的管理层级，设计最便捷的指挥链。每增加一个管理层级，组织成员建立共同的方向感的难度就增大一些，增进彼此间的了解的难度就增大一些。每个新增层级都可能扭曲目标，分散注意力，给指挥链上的节点带来压力，成为引发怠惰、冲突和松懈的另一个源头。更重要的是管理层级越多，就越难培养出未来的管理者，因为有潜力的管理者从基层脱颖而出的时间太长了。无论任何组织，管理层级过多都是严重的问题。

组织不健全的一个明显症状是管理层级不断增加，当企业面临间接费用增加的压力时，就会显示出组织的不良问题。好的组织不一定产生好的绩效，但是不健全的组织一定不可能展现出出色的绩效。在好的组织结构中，优秀的人才不会受到压制，只有这样他们在工作中才会有所表现。让优秀的人才脱颖而出，表现不佳的员工也必然无所遁形，会遭到撤换。

（五）管理者及其工作

为了完成任务，管理者必须善于发挥资源优势，尤其要利用人力资源方面的长处，规避其短处，创造真正的整体优势。管理者在采取每个行动时，必须考虑企业的整体利益，以获取整体绩效。管理者还要协调长远需求和眼前需求，无论是牺牲长期利益还是短期利益，都会危及整个企业。

第一，管理者要设定目标，决定目标应该是什么，应该采取哪些行动以达到目标。将目标传达给部门和员工，并通过这些员工的努力达到目标。第二，管理者从事组织工作，将单位和职务组成适当的结构，选择对的人来管理这些单位，也管理需要完成的工作。第三，管理者必须激励员工并与员工沟通，把不同的员工组成一个团队，形成共同的意志，为完成共同的目标而努力。第四，为工作建立衡量标准，这是影响组织绩效和员工利益最重要的因素之一。第五，管理者必须培养人才，他们应通过正确的管理方式和手段，促进员工更好地发展，引导下属朝正确的方向发展，激发他们的潜能，强化他们的正直品格。

什么样的人才能做管理者？如果一个人能为他人和他人的工作承担责任，那么他就是一位管理者。人们可以以一个人的能力和企业期望他发挥的作用、做出的贡献来确定他是不是管理者。管理者有别于其他员工的独特之处乃是其具有教育功能、激励功能以及道德责任，这些决定了一个人究竟适不适合成为管理者。

十、未来的管理者

新技术要求管理者要创造市场,因此管理者再也不能仅仅满足于既有市场,再也不能只把销售作为努力为企业所生产的产品找到买主的单一性工作了。他们必须通过有意识且系统化的努力创造顾客和市场,更重要的是培养大众购买力和购买习惯。

营销越来越成为需要整合的流程,需要与企业经营的其他功能和阶段有更密切的配合。营销不再把重点放在向个别顾客推销上,而是越来越把重心放在市场规划、商品设计、商品发展和顾客服务上,得到的回报不仅是优秀的销售业绩,更重要的是满足大众需求和占领更多的市场份额。

管理者必须把企业的利益置于个人利益之上,把真正的原则置于权力之上,并承担一定的社会责任。管理者不只是通过知识、能力和技巧来领导,更要通过勇气、责任和诚实正直的品格来领导。在领导过程中起决定作用的既不是教育,也不是技能,而是一个人诚实正直的品格和良好的个人修为。

企业肩负着一定的社会责任。企业对社会承担的首要责任是盈利和成长,这是绝对的责任,是管理者不能放弃也不能推卸的责任。股东可以卖掉股票,社会却无法摆脱企业,否则社会就会变得贫困和虚弱。企业必须给员工提供机会,使员工可以凭借能力和绩效崛起。企业的每项行动都应该为公众谋福祉,增强社会的基本信念,为社会的安定和谐及强大做出自己的贡献。

企业的社会责任应该局限于他们能合法主张职权的领域,设法让能增进公共利益的事情成为企业的事情。企业必须能成功地调和公共利益与私人利益之间的关系,凡是能增强国力、促进经济繁荣的事情,必然能同时增强企业实力,促进企业繁荣,这是企业的成功之道。管理层不仅要对自己负责,更要对企业、对社会负责。

十一、管理者或管理团队要有领导力

领导不是职务地位,也不是只有少数人才具有的特殊权利,领导是一种积极互动的、目的明确的人际影响力。在现实生活中,每个人都会去影响别人,同时受到别人的影响。在这个飞速发展变化的时代，每个人都需要前行的方向，需要工作的价值，需要生活的意义，需要启发和关爱，需要激励和认可，需要引领和帮助。一句话，人人都需要领导，首先需要自我领导，自我提升。每个人先是自己的领导者，然后再通过自我去影响、领导他人，进而实现组织的目标。

领导力关注的是如何在一个组织中激励他人自愿地做出卓越的成就，即领导者如何通过实际行动，把理念化为行动、愿景化为现实、障碍化为创新、分裂化为团结、风险化为奖赏，或者说领导者要创造一种氛围，让人们在此氛围下抓住富有挑战性的机遇，取得非凡的成就。

领导力非常重要且不可替代，但同时人们无法创造或复制领导力，无法教导或学习领导力。只有通过实践才能获得领导力。虽然实践的过程可能单调乏味，但是实践不需要天分，只需要行动，重要的是做事，而不是讨论。正确的实践应该能充分激发、肯定和运用管理团队的领导潜能，同时为正确的领导奠定基础。

领导力并不等于吸引人的个性，那只是煽动人心的行为；也不是结交朋友，影响他人，那只是推销能力。真正的领导力能够使个人愿景提升到更高境界，使个人绩效提高到更高标准，还能锻炼一个人的性格，超越原来的限制。要为这样的领导力奠定良好基础，必须建立起组织精神，确定严格的行为准则。希望并不能使愿望成真，只有实实在在地去做、去实践，才能使希望得以实现。

领导力的提升需要科学和艺术的融通，需要理论和实践的结合，需要理性和悟性的互补。以身作则、共启愿景、挑战现状、使众人行、激励人心，这五种领导行为都是领导者必须做到的，这是成为卓越领导人所必需的。一个人的能力首先取决于实践性，真正的能力来源于实践。能力不是学习出来的，而是干出来的。古人说，"天地君亲师"。每个人一生中至少有三个引路人，首先是家里的父母亲，其次是学校的老师，最后是工作单位的上司。上司是员工的引路人，要引导员工走过三个阶段：第一阶段，看山是山、看水是水；第二阶段，看山不是山、看水不是水；第三阶段，能够通过工作本身找到乐趣，就是看山还是山、看水还是水。

德鲁克曾说过:"一个人在专业领域当中要坚持十六年,才有可能达到一种境界,如果不能坚持十六年,浅尝辄止,那就很难真正有所建树。"

(一)信誉是领导的基石,没有信誉就没有领导

领导过程就是领导别人的人与选择追随他的人之间发生相互作用的过程。如果不理解领导者与追随者之间的基本关系,谈领导力就是一句空话。如果人们愿意追随某个人,首先就是因为这个人值得信赖。人们认为他有诚信、讲道德、有原则。这意味着所有领导者都必须赢得人心,这也是领导者应具备的基本品质。人们希望领导者有前瞻性,知晓前进的方向,关心组织的未来,明确组织的愿景和方向。人们相信领导者有能力,有激情,有带领人们前进的能力。这种能力是指领导者过去的成就和做事的能力,让人们相信他能够带领整个组织沿着既定的道路前进。能否让其他人发自内心地行动起来,是一个领导者成败的关键所在。因此,领导者还应该是一个热心的、充满活力和激情的、对未来充满信心的人,他们能使人们的生活和工作变得更有意义。

最可爱的是为人真诚的人。诚实守信是品格的本质要求,在人际交往或商业活动中诚信缺失和欺骗的危害最大。人如果失去了善良的本性,不要说贪图名利,其他一切丑陋的行为都做得出来。无诚信、不讲真话、蒙骗他人,有时可以赚得一些钱、办成一些事,但是其信誉和人格已丧失殆尽。一个人名誉的损坏是很难弥补的,甚至是不可能弥补的。试想那些将自己的人格都抛弃的人,其人生还有什么价值和意义?

(二)互信是执行力的前提,权力需要被约束

任何企业都需要建立一个互信的环境,否则就会内耗过高,给企业带来无法承担的隐性成本。有了互信之后,才能进一步进入一个互相欣赏的状态。这是一种价值观,它不是天生的,而是经过多年培养建立起来的。历史实践证明,如果一个人的权力得不到适当的约束,那么一有机会,他就有可能做坏事,因此在组织架构中需要互相约束,形成制约和监督机制。在互信的组织中不强调个人成功,只标榜团队的成功、组织的成功。

（三）如何组织首席执行官管理团队

首席执行官必须是一个团队，而不是委员会。团队没有集体责任，每个团队成员在他所负责的领域中享有最终的决策权，有事情大家集思广益，但各自做决定，并对决定负责。管理团队的成员之间不能相互推诿、相互责难，无论是谁做的决定，都代表了整个团队的决定，这并不表示管理团队不需要依赖队长，队长的角色非常重要，而且一定是某个人凭借才干和道德权威才得以担任的。但是，他必须倍加小心，不要任意推翻别人的意见，干涉别人的领域，运用自己的优势使别人变成弱势。换句话说，他应该运用自己的长处来协助团队成员扮演好各自的角色，发挥好高效能领导团队的作用。他必须扮演好队长的角色，而不只是在场边摇旗呐喊。

一人当家的企业往往存在危机。企业的最高层管理者应该是个团队。如果一家企业的最高管理者比企业的第二、第三、第四号人物的薪水高了几倍，那么可以肯定地说，这家企业一定管理不善。但是，如果企业的主要主管的薪资水平十分接近，那么整个经营团队的绩效和士气很可能都很高。除了初创时期，其他时期一个人当家的模式都是行不通的。这也是我国中小企业在转型升级发展的过程中必须清楚认识并予以解决的问题，或者说，一人当家是制约民营企业做强做大的主要障碍之一。

（四）董事会

根据法律，董事会是企业唯一的法定机构，它代表企业主掌握大权，也独享所有权。要充分发挥董事会的作用，每个企业都必须慎选董事。董事的经验、看法和利益都必须与管理团队不同。企业需要的董事会不是赞誉管理团队的董事会，而是能够对事物抱有不同看法，能够提出异议和质疑，尤其必须能质疑管理团队行动合理性。

事实证明，董事会可以成为企业最重要、最有效且最具有建设性的组织。要让董事会发挥实际功效，而不是法定的虚设机构，厘清董事会的功能，设定明确目标，吸引杰出人才加入董事会，并且让他们能够且愿意对企业有所贡献，都不是容易的事。但是，这是最高管理团队一项最重要的工作，也是成功完成企业使命的主要条件之一。

十二、做一个追求卓越的企业家

(一) 被速成的中国式经理人

我国的商业环境形成的时间比较短，且有一些不规范之处，许多经理人就是在这种不规范的环境中成长起来的。因此，很多企业尤其是中小企业，为了生存很少关注企业的管理规范问题；还有一些企业认为规范会使企业运作不灵活，不灵活就会失去机会，这些都是不成熟的市场才会出现的状态。既然企业的管理不规范，那么从这种环境中产生的职业经理人就会有很不一样的价值观和行为，甚至会有不诚信和不道德的行为。

(二) 追求卓越是企业家的使命与梦想

《从优秀到卓越》的作者吉姆·柯林斯通过大量的调查研究发现了一个企业实现从优秀到卓越转变的一些基本特点和规律。这很有启迪意义，他总结说，卓越的公司领导者似乎是从火星上来的，他们不爱抛头露面，沉默寡言、内向甚至会害羞。这些领导者都是矛盾的混合体，个性谦虚但又意志坚定。他们胸怀大志，都将企业的利益放在第一位，企业的成功高于个人的财富和名誉，而不是首先考虑自己的利益；他们平和而执着，谦虚而无畏；他们从不希望被当作十全十美的人，或者不可接近的偶像；他们看似平凡却默默创造着不平凡的业绩。这些经理人都被业绩的渴望驱动、感染，只要能使企业走向辉煌，他们能够下定决心做任何事。不管这些事多么重大、多么艰难，他们有永不放弃的决心，并坚持做应该做的事情，他们表现出了工人式的勤劳。这是所有现代企业家应该学习的精神。

1. 领导者勇于承担责任，善于培养接班人，以保持企业的理念

这些领导者在一切都很顺利的时候，把功劳归于自身以外的因素，如果找不到特定的人和事，他们就把功劳归于运气。但是，如果事情进行得不顺利，他们就承担责任，而不是埋怨运气不好或找其他客观原因。他们培养接班人，为企业以后取得更大的成功做好铺垫。而那些以自我为中心的领导者，物色的接班人却有可能导致企业的失败。

2. 先人后事

卓越企业的领导者善于把一群合适的人召集在身边,并给他们安排合适的职位,称职的员工是很少需要监督的。实践证明,仅有远见卓识,而没有合适的人,是无济于事的;同样的战略,不一样的人才来执行结果截然不同。先人后事是一条必须严格遵循的原则。而一些失败的企业通常采用"一个天才与1000个助手"的模式,即天才领导者做出规划、决策,然后用一批能力很强的助手帮助实施,而这种模式往往会使企业因为天才的离开而失败。在人员决定上,卓越公司领导者严厉但不冷酷无情,崇尚的是严格的文化,而不是冷酷无情的文化,他们不会把失业和裁员作为鞭策员工好好工作的首选策略。

要建立卓越公司,需建立一支优秀的管理队伍,这支队伍在寻找最佳方案时会争论不休,但是一旦做出决定就会执行无误,毫不计较个人得失。要把人才用在有最佳发展机会的事业上,而不是用于解决各种麻烦,因为解决现实的问题,只会使企业变好,而只有抓住机遇图发展,才能使企业向着卓越迈进。

3. 卓越企业都能直面现实

真诚地面对现实,正确的决策往往会自然而然地出现。但若不能真诚地面对现实,就永远不可能做出一系列正确的决定。创造一个让事实说话的大气候,一定要注意以下几点:多提出些问题,少要求些答案;要对话、争论,但不要强制;做彻底的分析,不要相互指责;面对困难,迎难而上,这样就会走出困境并变得更加强大。

4. 训练有素的文化

建立一种在框架下实现自由和担负责任的文化,在这种文化中人们自律性高,愿意全力承担责任。一般来讲,实行严格管理的目的是弥补员工能力的不足和纪律的欠缺。大多数企业建立管理制度是用来管理小部分较差的员工的,结果反倒排挤了优秀员工。因此,在一定意义上讲,制度不是越多越严越好。

5. 将训练有素的企业文化和制度结合起来,是企业获得成功的法宝

卓越的企业建立了一贯的制度,但它们也给予员工制度下的自由和责任。它们聘用严于自律无须管理的人,企业只需要管理系统,而不需要管理这些人,

这就是它们能够遥控管理位置分散的商店的秘诀，这要归功于众多对自己商店负全责的经理。所有商店在一个大系统下运营，商店经理充分运用理性管理模式，在制度规定的范围内，可以有自己的想法，保证承担的责任顺利完成。

6. 企业卓越的根本原因是建立训练有素的文化

首先是训练有素的人，培养训练有素的思想，进而造就训练有素的行为。在建设卓越企业的过程中，不仅要将较差的员工引入正轨，更重要的是重用训练有素的员工，培养他们训练有素的思想。他们需要训练有素以面对残酷的现实，同时坚信能够开辟更加辉煌的未来。不自律的人无法维持训练有素的行为，没有训练有素的思想和训练有素的行为，只能导致企业惨败。每个人都想成为最好的，但大多数组织缺乏纪律，员工与管理者不了解自己，不清楚自己的优势是什么，不知道该凭借什么把自己的潜力变成现实。他们缺乏规范自己的严格的、训练有素的文化。

7. 培养企业的接班人是一个挑战，但也是保持企业基业长青的关键因素

任何成功的企业领导者，如果想让自己的企业长期发展，就必须有培养接班人的能力，否则他们的贡献就不足以支撑自己领导工作。因此，确立企业未来的领导者是一个挑战，但也是保持企业基业长青所必需的关键因素。

富国银行的卡尔·赖卡特发现，成为卓越公司的关键不在于令人赞赏的新策略，而在于彻底下决心清除多年来银行家的旧思想。"银行浪费过多。"赖卡特说，"清除它需要严格管理，紧抓不放，不能靠小聪明。"

赖卡特明确指出："我们并不是整别人而自己高高在上。做到严格规范，我们首先从领导人的办公室开始，冻结领导两年的薪水。"他关闭主管专用的食堂，只配备了一个类似大学食堂里的服务员。关闭了领导的专用电梯，卖掉了公司的直升机，并且禁止主管办公室里有绿色植物。撤掉了主管办公室的免费咖啡，取消了送给管理层的圣诞树。赖卡特同其他主管一起开会时，通常坐的是一把破的填充物都露在外面的旧椅子。这是文化而非暴政，这是习惯而非装饰。这是品格，而非表面文章，更不是作秀。

核心价值观对使企业持续卓越至关重要，拥有核心价值观并且知道它是什么，把它融入组织中且长期恪守这一价值观，是卓越企业应该也必须做到的。卓越企业在恪守它的核心价值观和核心目标的同时，不断转换商业策略和经营方式以适应这个变幻莫测的世界，这就是发扬核心价值观和促进发展的有机结合。

每个企业无论多么杰出，都会面临困境。根本没有哪家企业会长盛不衰，保持完美无瑕的纪录，它们都要经历起伏。关键并不是不会陷入困境，而是要有走出困境再创辉煌的能力。推动企业成长的任何一个因素都不会使企业走向卓越，只有将所有的变量都综合成一个整体，并使它们长期一致地起作用，企业才会完成从优秀到卓越的飞跃。

（三）成功是什么？对成功又如何理解？

哈佛大学校训：为增长智慧走进来，为更好地服务祖国和同胞走出去。

人的一生都在奋斗，奋斗的目标则是成功。在这一点上，不分身份、地位、性格，只要是人都一样。每个人都会树立一个理想，以它作为前进的动力，在自己选择的道路上走向成功。成功不是以金钱来衡量的，富有的人并不一定是一个成功者，而一个穷人却未必不是成功者。在人类历史上，有很多伟大的成功者，但他们并不是富豪。印度伟大的政治家圣雄甘地，死后留下的财产只有两只饭碗、两双拖鞋、一副眼镜、一块老式怀表等。女作家海伦·凯勒，克服了先天障碍，以实际行动证明了盲聋人并非毫无前途，从而给了千千万万的人以生活的勇气。

一个人的成功不在于他得到多少，而在于他付出了多少，给社会带来了多大的益处，做出了多少贡献。企业家康拉德·希尔顿作为一位成功者，并不是先天的，而在于他一生的奋斗。他把信仰、努力和眼光看作他生命中的三个标准，但他又说，他一生严格遵守的就是正直。在任何情形下，都不要欺骗任何人，说话要算数，要诚实守信。

做有价值的企业

企业家是企业能否成功的决定性因素，是企业的中枢，是企业的大脑，是企业各项活动的指挥部，是企业各种人员的组织者和灵魂。因此，企业家必须是一个德才兼备的领导者，同时必须不断认识自己、否定自己、发展自己。企业家是一个经理集团，如果一个企业有一个健全、不断更新、不断发展的经理集团，那就能保持永不枯竭的生机，保持企业的基业长青；反之，企业的生命就是短暂、有限的，甚至是危险的。实践证明，要选择一个或少数好经理并不难，但要组织一个精干的、高效率、高素质、高水平的经理集团就很难，而要长期保持就更难。经济发展史证明，在激烈的市场竞争中，经理人员是很容易变化的，如何把一个企业的大脑和司令部组织好，是关系企业命运的根本之策。

美国首席大法官约翰·罗伯茨在2017年7月送给16岁儿子所在学校毕业生的祝福中说："我希望在未来的岁月中，你能时不时地遭遇不公，唯有如此，你才能懂得公正的价值。我希望你尝到背叛的滋味，这样你才能领悟到忠诚之重要。我祝你偶尔运气不佳，这样你才会意识到机遇在人生中扮演的角色，从而明白你的成功并非天经地义，而他人的失败也不是命中注定。当你偶尔失败时，我愿你的对手时不时地幸灾乐祸，这样你才能懂得互相尊重的竞技精神之重要。我希望你将会被忽视，这样你才会知道聆听他人的重要性。我还希望你遭遇足够的痛苦来学会同情。"

上述演讲，从表面上看关乎挫折教育，实际上意蕴深远，它不仅教会了年轻人从容面对未来的得失荣辱，而且指出了公正、忠诚以及同情心的价值。特别指出，"你的成功并非天经地义，而他人的失败也不是命中注定"，贫富强弱都只不过是一时的世相，变化是世间唯一不变的法则。

第八章
管理靠证据

一、循证管理势在必行

循证管理要求企业管理者直面确凿的事实，根据最佳证据开展行动，从而在竞争中获得胜利。对于流行的管理理念，管理者要采取理性怀疑的态度，辨识和应用最适合本企业的管理理念，而不是盲目信奉那些看似可行而无实效的做法。管理者必须坦率地面对事实，不管事实多么糟糕，多么让人难以接受。必须把循证管理视为组织生活的正道，把循证管理方法作为企业管理最普遍的做法。

（一）企业需要靠证据进行管理

以公司并购为例，在企业发展和扩张的过程中，失败的并购案例实在太多，大多是因为并购无法实现预期效益反而降低了公司的经济价值。根据事实进行管理的企业领导者在采取并购行动前，会先找出那些不利因素并综合判断，从而克制并购的冲动。

众多事实证明，公司并购的成功在于以下三点。首先，系统化校验其他公司并购成败的证据发现：规模差不多大的企业并购鲜有成功的例子，这是因为双方的管理团队必定会对并购后的实体控制权展开激烈的争夺；假如双方的公司距离较近，并购后协调起来就容易得多。此外，企业文化的兼容性对并购的成功也十分重要，但这一点常被很多公司忽视。其次，分析自身文化和目标公司有哪些重大差异，综合分析双方能否匹配，如果少了文化上的契合，就宁可放弃收购计划。最后，在并购的整个过程中，应该确保员工继续留在公司，使他们视公司为家，愿意用自己的知识和技能为公司做贡献。因此，并购整合活动事先要经过精心计划、周密实施并在并购后立即执行，根本不给麻烦冒头的机会。

但是，经验告诉我们，很多商业决策都是建立在希望或忧患意识基础上的，是跟着别人亦步亦趋，是看高管过去干过什么，是揣度他们的心意。简而言之，除了事实，什么都想到了。其实，靠证据管理，既不神秘，也不困难，还可以带来更好的结果，创造持久的竞争优势，而脱离事实的糟糕的决策实在太多了。

（二）寻找标杆

学习他人的经验并没有什么错，和直接经验一样，间接经验同样是人们学习如何在世界中寻找通途的一种重要方式。从别人的失误、挫折和成功中吸取教训和经验对自己的成长更有益。因此，要寻找标杆、借鉴其他公司的做法和经验来确定自己公司的做法是合乎情理的。毕竟绩效好坏在很大程度上是根据其他人做得如何来界定和测量的。而产生问题的原因是人们通常找标杆的方法太随意了：他们不去思考那些绩效最好的公司采用的方法背后蕴含着什么逻辑，为什么这种方法管用，在其他地方该怎么做才行，只是一味模仿。寻找标杆时，不该选错标杆，不该盲目照抄别人，而应该学习分析他们是怎么想、怎么思考的。

随意找标杆的做法存在两个基本问题。首先，人们照抄的都是最可见的、最明显的，大多也是无关紧要的做法。其次，不同的公司大多有不同的战略、不同的竞争环境、不同的业务模式，也就是说，公司要想取得成功，需要依据自己的实际情况，绝不能不加分析地照搬照抄，对这家企业有利的事情，对其他企业可能有害。许多公司借用本行业企业的经验有时都免不了出差错，更不用说借用其他行业企业的经验了。

（三）某些看似有效的做法其实很可能是有害的

假如你去看医生，医生对你说："你要做一个阑尾切除手术。"你问他为什么，医生回答："因为我给上个患者做过，她病情好转了。"听了这样的话，你恐怕撒腿就跑。因为你知道不管治疗对前一个患者是否有效，总要因人而异、对症下药才行。但是，有些公司好像并不愿意采用此种合乎逻辑的思维方式。这种不顾条件不同、环境变化而坚持采用统一战略和方法的例子很多。过去的行为能对未来做出准确的预测吗？人们应该从经验中学习并利用经验，越做越好，不断培养自己的专才和天赋，并以纯熟的技巧加以应用。问题在于新的环境与过去不同，原来的经验用在过去合适，用在当下却可能有错或不完善。不考虑自己的业务特点盲目照抄同一方法是不明智的，大量公司也因此遭遇麻烦。

（四）人们的决策深受意识形态和信仰的影响

有些企业采取某一管理实践不是基于合理的逻辑或确凿的事实，而是管理者相信它能行得通，或者是因为它符合管理者对人和组织成功原因的设想。例如，采用股票期权作为薪酬策略就是一个信仰战胜证据而给公司带来损害的例子。高层主管在公司绩效上说谎，他们卖掉股票，而公司的养老基金和其他投资就一文不值。造成这一财务丑闻的主要原因正是滥用股票期权，把股票作为高管薪酬的基础。期权使人们以短期利益为重，有时会让人们做出捏造收入的欺骗行为，也会扭曲人们做决策时优先考虑的事项，令人一味强调成交、收入增长这些市场所关心的数字。在期权的推动下，人们采取自私自利的短视行为，没有创造长期价值的思想。事实证明，股票期权在高级主管薪酬中所占比例越大，公司篡改收入的可能性也就越高。穆迪公司得出了以下结论："奖励性工资，能制造出一种最终导致欺诈行为的环境。"使用期权作为管理层的奖励手段到底是在鼓励什么样的行为？人们会发现，此做法背后蕴含的逻辑很有问题。

衡量并奖励期待性市场（期票市场）中的绩效与衡量并奖励销售、收入、生产效率等真实性市场中的绩效是不同的。以股票为基础的薪资制度是在鼓励人们提高期待，而非绩效。其中最简单的办法就是哄抬股价，因为大多数股票期权都落在高层管理者手里，然而高层管理者在损益表上弄虚作假，在避免自己的期权贬值的同时，坚称期权不仅有助于建立公司，更是巩固和发展公司的基础，能创造一种主人翁文化。所以，企业必须合理配置高层管理者的股权比例和企业的股权结构。

（五）决策有时深受外界舆论的影响

有这样一则故事：从前，有一群青蛙组织了一场攀山比赛，坡陡峰急，绝大多数青蛙先后退出了比赛，最后只有一只到达了山顶，于是大家跑去请教成功的技巧，却惊奇地发现，胜利者原来听不见，一路上关于不可能爬上去的议论，它一句都没听到。

正如汽车业鼻祖福特所说："如果我当年去问顾客想要什么，他们肯定会告诉我，一匹更快的马。"人类文明进程上的任何伟大进步无非是能看到其他人看不到的，并坚持而专注地将其变为现实。在这个过程中注定将承受大多数人的非议甚至打击。

在信息爆炸、资讯满天飞的今天，如果一个决策有 70% 的人赞成，那么它有可能是错误的，意味着这个决策是落后的；如果只有少数人赞成，那么这个决策有可能正确，因为跑在了多数人的前头。很多时候，一项战略功亏一篑、一个愿景半途夭折并非出发点有错，问题恰恰出在"路上"。在通往伟大的孤独之路上，你会听到各种千奇百怪的声音，于是你开始自我怀疑、自我否定，最终败在"青蛙"的各种聒噪声中。在这里，胜利者并非强调偏执，而是强调执着；并非主张专横，而是勉励专业；并非放弃倾听，而是要有自信。当今世界上最难走的路是少有人走的路，而能走这条路的人无一不是懂得守护自己内心的人。在艰难的人生之路上，心事太重的人容易走不动。因此，在价值观纷繁芜杂的现实中，既要虚心学习、善于倾听，又要充满自信，为各种声音做减法。遵循实证原则，善于科学决策，走好自己的路。

二、循证管理的原则

倘若认真实施以证据为基础的管理方法，将会改变每一位管理者的观念和行为。循证管理是一种洞悉世界的方法，是一种磨炼管理技巧的方式。循证管理的理论前提是，尽量利用更合理更深入的逻辑，直面确凿事实，明辨传统管理经验中真假参半的危险传言，拒绝被误认为合理建议的胡说八道，坚持以事实为依据，遵循循证管理的原则，为企业带来更好的绩效。

（一）循证医学是循证管理的楷模

从某种程度上而言，循证管理的灵感之源和目标导向是循证医学。首先，愿意把个人信仰和传统观念放到一边，坚持听信事实并根据事实采取行动；其次，不懈地收集必要的事实和信息，做出更明确、更客观、更有见地的决策，跟上新证据的发展步伐，利用新的事实更新实践。而循证医学就是实施循证管理的楷模和范例。

（二）用事实代替传统观念，以事实为基础做决策

几乎在每一个领域，指导决策和行动的不是公认的真理，就是传统观念。很多人不愿意或不能够系统地观察世界是因为他们受制于个人的信仰和意识形态，由于受内心愿望的左右或思维缺乏逻辑性，他们的观察是失真的。反之，组织如果坚持以事实代替常理，用数据检验传统观念，就能掌握竞争优势。

不能只依靠随意设立的标杆、过去的经验、陈旧的意识形态和传统观念来指引组织现在和未来的行动。靠证据管理一方面不断按当前掌握的情况寻找最佳做法；另一方面采取措施，收集新的、更管用的信息，形成一贯靠证据做决策的态度。总之，要靠证据和逻辑做事，减少对猜测、信仰或希望的依赖。

三、如何实践循证管理

（一）实施循证管理的障碍

执行循证管理不是权宜之计，而是漫长的旅途，一路上会遇到各种障碍。倘若根据事实做出决策，那么不管是谁的事实，只要跟决策相关，便都是平等的。这就是说证据能拉平组织等级，以数据取代正式职权、名誉和直觉。

高层管理者往往被视为英雄，因其智慧和决策力而受到尊重。倘若基于证据的判断取代CEO及其同僚的直觉，哪怕只是偶尔为之，后者的地位也会因

112　做有价值的企业

此而丧失。毕竟任何受过教育的人都能根据证据做出判断。CEO和领导者少点英雄主义，多根据最佳数据和见解运作企业，就能为组织带来更好的绩效。领导者的自我膨胀是个大问题，而证据往往能戳破膨胀的自我。因此，要不惜一切代价避免选择那些什么都知道的人和向自己的上司报喜不报忧的人。这些人一般不会接受任何与自己预想不符的事实。

1. 人们不愿意听到真相

大多数人都希望和喜欢听到好消息，但是高层管理者应该积极寻找问题和坏消息，这是因为好消息不需要任何决策和行动，只有坏消息才有采取行动、补救失误的需要。倘若根本不知道问题所在，自然不可能针对问题进行补救，或投入其他资源。要克服对确凿事实的抵触情绪，唯一的方式就是有意识地、系统地理解并避免人们要通报、倾听好消息的心理倾向，并积极主动地采取措施。而进行循证管理先要知道真相，越早知道真相越好。

2. 商业知识市场存在许多混乱的信息，需要仔细甄别

实践循证管理还有一个障碍，就是商业知识市场的可悲现状。首先，要处理的信息太多；其次，有关管理实践的单独的、不连贯的建议难以甚至根本不可能以一种便于记忆思考的方式组织起来；最后，管理者从海量并且数量持续增长的商业书籍、文章、管理大师和顾问那里获得的建议有时是矛盾的。由于好坏建议难以区分，管理者经常相信并执行那些有缺陷的商业实践。商业知识市场还有一个缺陷，即充斥着各种似是而非的类推，把管理者迷住了。"既然事情一直都这样做，而且到处都是这样做，必然有其道理，绝对改不得。"这种想法是循证管理的一个最大障碍，也是人们大力宣传实地考察的原因。参观工厂、观察员工工作、观察顾客、购买自己的产品或竞争者的产品，这些简单的事情都能带来生动的体验。

3. 点子怕旧

创新、鼓励创造、开发新产品、设计新服务，这些全都没有错。但是，有时人们认为坚持旧点子太沉闷了，管理界、学术界和商业媒体往往为了求新而求新。其实，陈旧但卓越总比全新而失败好，站在巨人肩膀上的侏儒能比巨人看得更远。

第八章 管理靠证据

4. 对突破性观念持怀疑态度

另一个和求新相关的欲望是求大，大点子、大研究、大创新……可惜很少成功。千方百计寻找万灵药，沉湎于突破性研究的诱惑，这类现象在管理界出现的比学术界多得多。在长期的管理实践中，很多所谓的创意见证了无知，大多数所谓的"魔法"见证了傲慢。

5. 鼓励并培养集体智慧

管理者应善于鼓励并培养集体的智慧，集思广益，发挥团队的力量。有些理论能帮助公司解决一些问题，但绝没有对所有人都适用的万能的灵丹妙药。记住，要是有人告诉你他们对所有问题都有了答案，那么恐怕他们根本没搞清问题，绝没有什么对所有人、所有问题都适用的万灵药，要善于鼓励和培养集体的智慧。

6. 优缺点并重

许多事物都是优缺点并重的，所有的管理实践和项目都必然优缺点兼而有之，即便是其中最优秀的，也肯定会有不足。这并不是说公司不应该执行好的管理实践和项目，只是应该意识到风险。只有这样，管理者在挫折出现时才不会气馁，乃至放弃某些有价值的项目或实践。也就是说，有时要承认他们的做法只是就目前而言最好的，和所有好点子一样，需要边摸索边学习，不断加以完善和改进。

7. 如何借鉴成功与失败的经验

仅仅依靠赢家或输家的报告，寻找把自己公司或团队变成赢家的途径是靠不住的。这并非呼吁大家禁用成功和失败的故事，鲜活的案例能吸引人们的注意力，告诉人们该做什么，鼓励人们勇敢去做，关键是讲述真实的故事，使人们寻找成功故事里隐藏的失败、失败故事中孕育的成功。这就是说不仅要看公司哪些地方做错了，更要看公司哪些方面做对了。

8. 采用中立、冷静的方法

实施循证管理，意识形态是一大阻力，它普遍存在并顽固，让人头疼。人们只听到自己想听的，其他都当耳旁风。学术界和其他思想领袖或许因为对自己的理论太过崇拜与执着，无法再依据新的证据继续学习。

（二）智慧是最关键的才能

智慧反映的是人们对待所知的态度，而非他们知道多少，对于自己不知道的事情并不以为自己知道。智慧塑造了人们的思考、感觉和行动方式。智慧意味着自己知道什么、不知道什么，尤其是在自大与不安中寻找平衡状态，能根据现有的知识积极展开行动，同时对其保持怀疑，既能行动，又能在行动中不断学习、探索。我们鼓励人们根据原有观念，不断补充自己有限的知识，通过加入聪明人的团队，不断增长知识，而不是仅仅依赖个人认识。

循证管理意味着能让人们根据知识展开行动，同时怀疑现有知识，愿意在行动中坦率承认自身的看法存在不足。而所谓的专家不可能不偏爱自己发表的观点，遗憾的是在管理知识的市场中，谦虚供应不足，绝对却满坑满谷。该怎么做，建议很绝对；什么因素影响组织和个人绩效，结论很绝对；什么是真，什么是假，观念很绝对。毫不出奇，管理知识中充斥着半真半假的传言，给受其诱惑的可怜人造成了各种各样的问题或困惑。

四、人才是最稀缺的资源

每家公司都会对员工加以选择和判断，这种做法是有道理的。最出色的员工和最差的员工之间确实存在巨大差异，知名企业也确实拥有更多能干的员工。人才是一种稀缺资源，是每个公司最关键的竞争优势，出众的人才将给公司带来突出的业绩，但是过分依赖天才可能会伤害组织。在一个组织中，一群能力不够的人不管再怎么勤勤恳恳、用心努力，也难以成功。只有卓越的员工才能造就卓越的组织。最佳人才比其他人更优秀，要尽量招揽、留用最佳人才，尤其是少量拔尖人才，因为这些人足以影响到组织的业绩，成就组织的辉煌。

才能是可以通过后天学习和培养而获得的。才干并非固定不变，即非完全固定、天生如此。才干取决于人的思想和经验，取决于如何被管理和领导，也取决于自己如何努力学习和实践。对才干的评价，取决于特定的文化和特定时期对才干的定义。相较天生的能力，才干更取决于个人付出的努力以及能否接触正确的信息和技术。换言之，才干的可塑性之强远远超出了很多人的意料。天生具有的才能的作用没有人们想象的那么大，优异表现的背后一定蕴藏着艰

第八章　管理靠证据

辛的努力，只要肯下功夫，接受良好的教育和指导，并相信自己能不断进步，各项指标都是会显著改善的。

合适的人才是人才，而人人可以习得才能。智慧是最关键的才能。智慧不等于智力，要提升组织绩效，智慧才是最重要的才能。要建立将企业文化、价值观、工作实践和奖励方式等融合为一体且不需要高级管理者干预的良好制度。同时，鼓励员工多提问，创造良好的企业氛围，只有这样，才能充分发挥员工的才智。对员工采取强制分配制度会令生产效率降低，带来不公平和怀疑论，对员工的向心力具有副作用，会削弱企业的协作意识，破坏员工的士气和对领导的信任。

对于组织绩效的好坏，有些学者或管理者太看重个人的作用，这种"救世主万能"的错误观念主要源自西方大多数人的一个错误认知，即在试图解释人及群体和组织的行为与原因时，太过注重个体的个性、偏好和努力，而对环境、文化和制度的重视不足，因此他们总将事情的功过归因于个人因素，而不是个人运作的环境和限制条件。总之，合适的环境有利于人才的培养和成长，合适的人才是企业最宝贵的资源，才能可以通过后天培养而习得。

聪慧的人要不断学习新知识。所有人类组织，都存在着地位差异。有些成员受到重视、尊敬，有强大的影响力。有些成员不受尊重，甚至受人排斥，没有权力。身处组织顶层的成员志得意满，处于底层的则觉得羞辱。帮助组织实现成功的人受到尊敬、赢得威望，搞垮组织的人理应受排斥。找出谁应该处在组织的上层，又怎样让他们顺利升迁是管理者的本分。但只让少数领头羊排前头，并把其他人当作劣等生的做法缺乏理论根据。绩效最出众的组织总是把尽量多的员工当成优胜者。如果希望员工紧密合作、共同学习，最好把荣誉分给多数人，避免奖励及分配上出现巨大差异。为了组织的健康，找出并淘汰不合适的成员很重要。对于不愿意学习新知识、不协助他人学习、不愿意设法改进组织运作和绩效的人，以及对组织没有价值的人，有必要把他们调整到企业底层甚至淘汰。

静以修身，俭以养德。会读书的人在说话时不堆砌辞藻，不旁征博引；反之，那些引述越多的人越不会读书。知不足，以简驭繁。凡有系统思想的人，其心思都很简单。学问越浅的人，说话越多；思想越不清楚的人，名词越多。有真学问的人，学问可以完全归自己运用；只有假学问的人，学问在他手里完全不会用，甚至乱用。知识和学问的增长需要不断学习和实践，要把学习作为终身的追求，让读书之风飘满生活。

好制度可以培养好员工，并创造出骄人的业绩。大量的调查显示，哪怕是天赋最好的员工，也不可能在有缺陷的制度下胜任工作，更不可能取得突出成绩。反之，在设计得当的制度下，普通人也能始终如一地取得骄人业绩。在企业界，制度的力量远远超过个人的力量。丰田汽车公司（简称"丰田"）的成功源自良好的制度，而非个人天赋，它始于组织上层，完善于健全的制度和优秀的企业文化，即使调换CEO对其业绩也不会有明显影响。某些将成功或失败归因于个人的倾向是缺乏根据的，必须把焦点定位在解决导致绩效问题的制度成因上，而不能仅把焦点放在监控、激励和惩处上。

五、经济奖励与绩效

奖金是调整员工个人行为，使之符合组织目标的重要手段和工具，如果缺乏有效的奖励制度，人们恐怕什么事情也不肯做。有些经济学家称这种制度为"偷懒"并做出如下假设：工作是件讨厌的事，你必须"贿赂"员工，他们才肯效力，要不然，即便他们出了力，也保不准要做些暗中破坏组织、违背管理目标的事情。这一假设背后的观念是，人们工作主要是为了赚钱，经济奖励是最重要的一项动机。紧随其后的推论是，把奖励制度做正确对组织的成功至关重要，只有这样，才能激励和校准员工行为。组织有效运作的基础之一是薪酬和奖励制度与合理的分配制度体系。

（一）奖励制度能做些什么

奖励制度主要是通过三种途径对组织绩效起强化或破坏作用的。

首先，经济奖励可以激发员工付出更多的努力。为获得更多的金钱奖励，人们会更努力工作。但是，给予员工更多的动机并不能提高他们的能力，只能让他们更努力，唯有员工掌握了足够的信息，能够有效完成自己的工作，且其他组织制度和技术不会成为提高绩效的主要障碍时，通过奖励提高工作动机的措施才能达到目的。在用奖励鼓励员工更努力的同时，需要重新设计制度、共享信息、提升技能。只有这样，才能够提升组织绩效。光靠提高动机就想获得更好的绩效是不现实的，可是时至今日仍有不少管理者会忘记这一忠告。

其次，经济奖励具有信息作用。它能暗示员工，组织是什么，应该优先考虑什么，它在要求员工注意质量或客户服务的同时，要削减成本、提高效率。在这种情况下，员工往往依据薪酬制度来判断高层领导者真正关心什么。

最后，经济奖励具有筛选作用，也就是吸引合适的员工，排除不合适的员工。但是，经济奖励能带动公司绩效这个观念是一个极为危险的半真传言。糟糕的薪酬制度破坏力极大，在很大程度上是因为人们把薪酬看作一种信号，判断组织是否重视自己，并以此推断自己是否获得了公正待遇。

对很多人来说，地位和公正都很重要，并且能引发很高的跳槽率。经济奖励对组织绩效确实有影响，但不一定符合主管和企业管理者的期望。组织应为员工提供充分、正确的诱因和激励，指引他们努力工作。错误的激励理论可能会阻碍激励过程，因为他们高估了经济奖励，弱化了工作本身的重要性及其内在乐趣，错估了人们工作的动机。让员工知道如何做好工作及公司重视什么，能对员工的行为产生重大影响。

（二）奖金制度的应用

奖金制度如今无处不在，以奖金为基础的薪酬制度发展十分迅速。为什么人们对金钱制度如此倚重？奖励会传达什么信号呢？毫无疑问，经济奖励可以激励人心，在适合的条件下，可以大幅度提高绩效和生产力。经济奖励最好用在测评方法简单、清晰，具有共识的工作环境里，或是只用在着重强调绩效表现的最优化情况下。

经济奖励的最大问题在于其过度使用。一出现问题，人们先想到的就是用奖励的办法来解决。这样，员工会很快习惯有奖金的日子，结果绩效奖金成了人们总收入的一部分，并被视为理所当然的收入。为了让员工士气高涨，管理者不应该拿高额的临时性奖励去诱惑他们，因为这种做法暗示他们只为钱而工作，要让员工体会到工作带来的其他好处。比如，成为温暖大家庭的一分子，自己的工作能为他人带来帮助，等等。不要用奖金把人分为三六九等，不妨用其他理由来吸引员工，如对公司的信任、喜欢公司文化、享受工作乐趣等。

如果人们努力工作仅仅是冲着钱来的，自然也会冲着钱而离去。经济奖励是最容易被替代的，任何组织都可以用。奖励制度是企业文化的组成部分，有些企业很重视文化的契合度，所以在招募员工时会根据应聘者是否符合组织的价值观进行筛选。显然，聘用那些对公司、顾客、产品、服务及其价值观真正认同的员工，是更明智、更正确的做法。对个人采用经济奖励的做法，一般都会加大报酬的差距或出现薪酬不平等现象。变动的经济奖励本来就是要拉大最佳和最差员工之间的收入差距的，这么做的目的在于摆脱薪资管理上的"大锅饭"，让对组织绩效贡献最多的员工获得较高奖励。这种做法背后隐含着两个基本假设：一是做出突出贡献的员工希望得到认可；二是倘若同事没有付出与自己同等程度的努力，或绩效比自己差，却获得跟自己同样的薪资，这是不公平的。因此，大部分员工喜欢差距大的薪酬制度。只有在个人绩效可以客观评定、绩效表现主要靠个人努力并非团队合作的产物时，个人奖励和高度差异化奖金制度才具有较大意义。可是，一旦工作环境需要一点点互助与合作，差异性奖金就会给组织带来持久性的负面后果。

1. 不能靠经济奖励解决所有问题

要想建立既能激励员工、指导员工、增强员工活力，又不会对组织与员工造成伤害的薪酬制度是一件极为困难的事情。加薪的作用只能维持30天，之后就会变成固定工资。为了让员工士气高涨，管理者不能用高额的临时性经济奖励来诱导他们，因为这会暗示他们只是为了钱而工作，只有员工理解并体验到工作的其他好处，才是更长久、更有效的办法。

2. 奖金的数额应合适

奖金的数额一定要合适，既要引起一定程度的兴奋感，又不至于扭曲员工的行为，使它变成大家关注的重点。有的高管的巨额奖金确实扭曲了奖励行为，分散了大家的注意力。因此，适度是理想的奖励政策。

3. 薪酬的分配与比较

组织是社会的实体，员工则是社会的成员，人们会拿自己与他人做比较，并从比较中滋生出价值感和地位感。因此，薪资差距不仅具有实质意义，还有象征意义。薪酬上的微小差别能对人的自尊和自我价值感产生重大影响。社会性比较是人性的一部分，有时这种比较又得到了放大，致使很多公司陷入麻烦。比如，有些公司 CEO 的工资比员工高几百倍，这是十分不合理的，正确的做法是缩小差距。差距的缩小暗示公司的绩效来自员工的努力，而不是靠少数人，这样做的公司更有可能激发员工的潜力，提升其创造力。

经济奖励制度是一个充满意识和信仰的主题，也是一个重要课题，如果运用得当则会发挥积极的作用，如果管理不当则会消耗组织的大量时间、资源，甚至会带来极大的伤害和副作用，这也是企业遵循循证管理原则必须要注意的。

六、战略的重要作用——做正确的事

对战略的重视应渗透到整个企业的管理领域。企业必须知道该做什么，必须设计一套适合的战略来获胜。

（一）战略是成功之源

每一家企业都需要回答这样两个问题：一是我们该进入什么行业；二是我们在这一行业里应该怎样竞争，是拼价格、拼成本还是提供差异化产品或服务。做正确的事显然重要，垄断市场比被迫跟其他企业竞争要好。制定清晰的战略能让企业焦点明确，便于沟通与协调，为企业带来竞争优势。制定战略的一个基本目的是决定什么事不必去做，把资源集中到少数项目、产品上，这样比分散精力的胜算更大。如果不知道去哪儿，那就哪儿也去不了。

（二）战略和执行力是推动事业发展的基本要素

战略能带来竞争优势，而这种优势应该是难以复制或模仿的，以免对手抄袭并迅速挖走其优势。但必须注意的是，组织文化和有效的执行力比正确的战略更能引领企业走向成功。

施乐公司的 CEO 安妮·马尔卡希说，施乐公司能从破产边缘爬回来不是因为什么了不起的战略，而是因为员工为了共同的目标，取悦客户、销售产品、削减成本、团结一心、积极努力。可见，执行力对企业的成功至关重要，不少组织重规划，却忘了重要的是行动。

（三）以战略为重的缺陷

虽然做事有战略指导很好，但也会带来盲点。在这个充满不确定的世界里，每个人都免不了要犯错，因此聚焦太深、视野狭窄有时会令企业与市场脱节，这是在战略制定和执行时必须注意的。要正确对待战略，战略有时会令周边视野变窄，降低组织灵活应对不确定性及适应环境变化的能力，这是"战略并不决定命运"的原因之一，也是过高估计战略对组织绩效影响的有力说明。

明茨伯格指出，清楚的战略"是用来屏蔽周边视野的遮眼罩，有了它，你就只能盯着一个方向，在未知的水域里预先设定一条航道，是一头撞上冰山的绝佳办法"。

尽管如此，企业仍然需要战略和清晰的前进方向，需要集中精力，分配时间，关注稀缺资源。企业成功的秘诀很简单：倾听客户，倾听员工，照他们说的去做；倾听环境怎么说，然后依此展开行动。这里，有智慧比聪明更重要，尤其是倾听真话比听聪明话更重要。采用倾听战略，能使企业的业务范围超出自己的产品设计，转向客户服务体验和工作环境，帮助企业开发能提升员工创造力的工作程序，培养员工的创新能力，把焦点放在客户和客户的心理期待上。正如德鲁克所说的："没有客户，就没有企业。"

（四）执行战略与改进战略

一项战略行不通就抛弃它，却不管它到底是因为执行糟糕而行不通，还是根本上有错而行不通。把战略问题与执行糟糕混为一谈在服务行业极为常见。服务行业渴望出众的服务，可一旦碰到执行上的困难，就认为是战略有误。不要把执行失误看作做了错误的事，或者业务模式不对，战略行不通，应先把问题的症结弄清楚。

1. 保持简单

一两句话应描述清楚公司的战略。战略最重要的是让员工理解自己该做什么，并对公司的成功之源达成共识。简单说，如果你不知道你要去哪儿，那你就哪儿也去不了。战略内容过于复杂是沟通和协调的一大障碍，也是导致战略无法执行的重要原因。可很多公司认为复杂的战略更好，其实最成功的公司往往在反复执行一套简单、便于记忆的战略。

科瓦切维奇的《远景与价值》如此描述公司的战略："我们达成目标的战略很简单。希望你在睡梦中都能说得出来。首先，我们要比其他全国性银行更为本地化，又要比本地银行更全国化。我们必须比其他全国性银行提供更好的产品、更全面的产品线，这样，我们才能成为各项交易的首选银行。但我们也要比其他全国银行做得更好，在各个社区里和我们的客户保持紧密的联系，理解他们的需求，提供专业化、个性化的及时服务。其次，对于信誉卓越的顾客，我们要把他们的生意全拉到手，100%地拉到手。这不仅是一项简单的战略，是一项便于执行的战略。"

2. 在战略和执行之间寻求平衡

战略很重要，理解要做什么事也很重要，同样重要的是认真做事并把事情做好，也就是说战略和执行同等重要。既注重战略，又关心执行，这是完全可能的。不因为过分强调做正确的事而牺牲有效的办事能力，这也是完全可能的。企业只有在战略和运营执行上权衡时间、精力和其他资源的投入，才能获得更好的绩效。

七、变化和创新是企业成功之源

企业界从来没有哪个人敢说自己的公司已经足够好了，可以躺下来吃老本了。如果不能继续推出新产品、新服务和新业务模式，不能借鉴并移植最佳实践方式，那么公司很快就会垮掉。如果抗拒新的思维或行动方法，不准备通过创新制胜，总是担心谁动了自己的奶酪，听到改变游戏规则就火冒三丈，那么最好识相一点，赶紧"下车"，把位置让给那些已经准备好投入变革与创新怀抱的人。

人们赞美改革成功的企业。说到底，"要么改变，要么灭亡，要么创新，要么等死"。但是，创业的失败率很高，有时留下的只是激情燃烧的岁月、空空如也的口袋和一段有趣的故事。尽管创新与变革代价很高，风险很大，但是拒绝创新与变革也不是一个好主意。只要方法得当，风险再高的变革也有可能成功。从不尝试新东西、从不推出新产品、从不探索新战略的组织和企业难免倒闭。因为消费者的口味在变，新技术在不断涌现，竞争者会寻找更快、更好的方式取悦顾客。这就是组织变革的风险和困境所在，做事很危险，不做事更危险。

在企业决定进行一项重大变革时，没有人知道它到底是失败还是成功的。虽然没有人能预知未来，但可以采取一些措施，提升做出正确变革的概率，调整心理期待，边做边学。"改革一定费时费力"过于片面，因为它会让人什么都办不成。因此，要想迅速完成变革，就需要有清晰的方向感，向能促进成功的关键活动聚焦，千万不能在危急时刻迷失方向。

人们喜欢与成功联系在一起，如成功的人、成功的组织和成功组织的项目，有才能的人更喜欢为看上去就好像成功的事情出力。情绪是有感染性的，自信和激情也一样。因此，成功的信息有助于激励和鼓舞他人，能创造出一种努力就更可能成功的氛围。但是，过度自信有时是有害的，实现外在自信与内心自我怀疑之间的平衡是明智的领导者的一大特点。管理者对变革的认识总是充满着似是而非的矛盾看法。在这个充满不确定的世界里，消除不确定，容忍不确定，甚至安于不确定、善待混乱都是领导者应具有的重要心态和关键技能。

八、如何实施变革

组织其实随时都在变。领导者经常说的改革阻力往往指的是下属或其他人没有按照自己的意思做事情。谁领导公司以及领导者的所作所为是影响公司绩效的决定性因素。领导者处于指挥链的最顶端，不仅有权，更有责任为组织制定重要决策。毕竟他们比下属知道得更多，知道该做什么事、怎样做得更好，而且他们多是经过严格筛选才成为领导者的。人类几乎天生就遵从权威，有时候领导者控制组织是正确的，但有时候组织失败也是太过集权、领导者的影响力和控制力太大等因素造成的。

(一）领导者是推进变革的重要力量

历史上有许多给世界带来巨大转变的领导者，也有些领导者给世界带来了巨大灾难。领导者不仅影响销售、生产力、预算等财务绩效指标，还会影响组织的人际氛围、员工的工作满意度和身心健康。事实证明，倘若领导滥用职权或太过无能，的确会对员工产生很大的负面影响。

不同的领导者能给组织和团队绩效带来重大差异，尽管其效果不如人们通常以为的那么大，也不如其他因素那么重要，但是领导者有机会把事情办得更好，也可能采取一些增加员工跳槽率、影响员工工作动力、鼓励投机和说谎行为的战略，令局面变得糟糕。因此，避免糟糕的领导者非常关键，甚至比找到伟大的领导者更重要。

(二）优秀的领导者的做法

领导者对事情既没有人们想象中那么大的控制力，也不应当享有那么大的权力。可见，身居领导职位的人必须弄清楚如何履行自己的责任。人们都希望领导者关心周围的每一件事，哪怕领导者的实际影响力很有限。领导者需要表现出一切尽在掌握的样子，全身心投入，满怀自信，畅谈未来。但领导者也和普通人一样，存在着自我美化的倾向，再加上周围人的阿谀奉承，往往会丧失行为节制力，做出具有破坏性的事情。因此，领导者需要避免这一陷阱，保持明智和谦虚的态度。建立一套制度把领导人的领导力降低，有时候反而会发挥最积极的作用。或许对"领导者"的最佳阐释就是把它视为一项应该构建的组织制度，为他人的成功创造环境和条件。

(三）分享荣誉，承担责任

组织有了荣誉，领导者应把荣誉分给大家。大量研究显示，假如两家公司赚的钱一样多，甲公司把赚钱的功劳归结到自己和员工身上，乙公司却没有这样做，那么甲公司未来业绩通常会比乙公司好。很多领导者尤其是谦虚的领导者总是使用"我们"这个词，并强调员工才是取得好成绩的真正功臣，他们心里想到的是"我们"，开口说的也是"我们"。使用"我们"能帮助领导者有效控制事态，因为归属感的语言能激发下属的兴奋与活力，增强凝聚力。

推卸责任的领导不会给自己或组织带来任何好处。推卸责任或许有助于暂时保住饭碗和职位，但是不能为失误和挫折承担责任的领导者根本不能扭转乾坤。愿意为失误承担责任的领导者比逃避责任的领导者显得更有力、更称职、更讨人喜欢。承担过失是一种有智慧的行为，霸权思想和不负责任的态度只会害了组织。

九、放眼未来

因为过去的已经过去了，再也无法改变，领导者要表现出自信，给下属留下大局在握的印象，乐观地畅谈未来，强调通过今天的付出将来定有好的回报。

为纪念南北战争，林肯在一次演讲的最后说："我们应该在这里把自己奉献给仍留在我们面前的伟大任务，我们要从这些光荣的死者身上汲取更多的献身精神，来完成他们已经彻底为之献身的事业；我们要在这里下定最大决心，不让这些死者白白牺牲；我们要使国家在上帝福佑下得到自由的新生，要使这个民有、民治、民享的政府永存。"

韦尔奇在1989年曾说道："我们希望通用电气成为一家了不起的公司，每位员工每天都赶着跑来上班，尝试他们起来想到的新点子。我们希望他们下班回家总想讲讲自己这一天都干了些什么事，而不是设法抛在脑后。我们希望工厂下班哨响起的时候，工人总是好奇为什么时间过得这么快，还有人会大声抱怨，为什么要下班哪！"

这种前瞻性的语言不仅能提高控制感，还能指出方向，产生能量。韦尔奇斗志昂扬的前瞻性讲话的确给员工和投资人带来了信心，这股信心最终注入了通用电气公司的实际工作中。

（一）重要的事情要说得很明确，并且反复说

领导者应该妥善管理那些重要的需求，要能判断此刻哪些事情是最紧要的，并不断反复强调。领导者的工作效率取决于他与基层保持紧密联系的程度。一个领导者应当充分参与基层的活动，亲自下场、亲力亲为，而且重要的事情一

定要说得很明确，要反复说，反复强调，使之深入人心。

（二）霸权思想会害了组织

领导者必须不断向别人灌输信心，激励员工努力工作，让大家相信，倘若大家合作无间，并共同开创一番事业，未来一定一片光明。有些领导者一旦掌握了权势，他们的话就变多了，一味替自己索取，忽视他人的谈话、意见和需要，无视下属对自己行为的反应，而且因为身居高位，独断专行，霸权思想严重，他们完全意识不到自己的举止像个"霸王"。

（三）在什么时候以什么样的方式退场

领导者不仅要掌握全局，还要提出问题，提供指引，给予许多正面和负面的反馈意见，提供大量的信息来指导下属，最好能在此过程中让组织变得更加强大。最佳证据表明，对下属的干预或评价，甚至只是守在下属身边看他们工作，大多数时候都能影响当事人的绩效。因此，领导者该做的第一件事不是问"我能做什么"，而是问"是否真的需要我"，最好的领导者知道在什么时候以什么样的方式退场。领导者要依靠其他人来完成工作，放手让别人发挥才干，不进行干涉，这才是最好的做法。领导者什么时候该放手、什么时候该亲赴现场有两条基本原则：首先，如果比下属懂得少，就闪到一边去，除非想向他们学习；其次，大量研究显示，当团队进行创意工作的时候，要是权威人士在周围晃来晃去，问题问得越多，创意就越差。为什么？因为创意经常会遇到挫折和失败，而领导者在一旁的时候，人们只想成功。在实践当中，要说服领导者放手是很困难的，因为这关系到他们自身的利益。实际上，想要对工作干预少，领导者越少越好，组织层级越少越好。

（四）超越领导学的片面传言

有关领导的第一个误解是以为领导力是一种靠阅读、清谈和上辅导班就能掌握的技巧。事实上，没有什么书籍、顾问和培训班能教会人领导一个小团队，更不要说一个大组织了。这是一门唯有通过实践才能学会的技艺，领导力源自实践。有关领导的第二个误解是有技巧的领导者在任何行业都能干好。这种看法会令人们过度依赖"空降兵",这就是为什么很多公司从外面聘请CEO当救星,但真正经营好的公司是从内部提拔领导者。只有当公司遭遇财务困境或高级管理层弄虚作假、欺骗股东时,从外面引入管理者的做法才能推动绩效提升。因为这时公司需要新技能和新价值观,而且需要传达一种"原来的坏人已经被赶走,新的好人上任了"的信号。倘若原CEO是自愿退休,那么从外面找继任者,很可能会使其后三年绩效下滑,但如果原CEO是被炒掉的,那么从外面找继任者一般会带来绩效的提升。

领导其实是一门很难的技艺,因为大家的期望值很高,批评指责来得又快又猛。但这门技艺是可以随着时间来磨炼的。最好的领导者要够聪明,不让权力冲昏头脑,更不要太拿自己当回事,从而高高在上、目空一切。

十、从证据到行动,循证管理让你受益

有人曾问管理大师彼得·德鲁克,为什么管理者会采纳糟糕的建议,而不采用合理的证据?他说:"思考是很艰苦的工作,而管理时尚刚好是思考的完美替代品。"如果你愿意进行循证管理,愿意开展艰苦的思考工作,并想要收获它所带来的好处,就需要意识到自己的盲点、偏见及公司存在的问题,承担起责任,寻找、采纳最佳数据和逻辑。

(一) 循证管理的执行原则

循证管理并不仅仅是引出一堆供人记忆、模仿和使用的技术,还是一幅组织生活的透视图、一种思考方式,用来思考工作中遇到的一些问题。它不是一次性的解决方案,也不能神奇地搞定所有问题,但这里有一些可供每天应用的有效步骤和原则,用以保持正确的心态,关注确凿的事实,免受危险传言的伤害,看穿并拒绝彻头彻尾的废话,这些东西可称为循证管理的执行原则。这些原则既不神秘,也不复杂,但只有确确实实地采纳它们,才能获得竞争优势。实施循证管理的最大障碍在于人们根本不尝试它,因为他们怀疑其价值。

1. 不要认为自己的组织很完美

成功实践循证管理的公司会培养出正确的心态。哲学家和心理学家把智慧

定义为知道自己知道什么、不知道什么，并在过度自信和不安之间找到一个平衡点。智慧的精髓在于把握知与疑的平衡。明智的领导者会把组织看作雏形，而不是没破就不用修补的东西。他们不认为实施新观念会破坏组织，不因为太多地方要修复而无从下手，也不因为阻力太大而放弃改革。我们一定要明白"一鸟在手胜过两鸟在林"的道理。

管理者的工作要根据现有最佳证据展开，并随时更新数据，谁都不可能一次性收集到所有数据，要学会收集真实的信息。去医生那里验血，他们不会抽干你所有的血，而是只要一点点样本就够用了。某个医疗机构的口号是"别吹牛，只讲事实"，这样的指导原则能让员工把注意力放到提高服务的质量及公司的运作效率和利润上。自吹自擂或许在短期内能让公司有所收益，但从长期来看，罔顾事实一定会破坏公司的品质和运营。空话、自我美化和胡扯型决策是毒药，而胡扯指的是一个人下结论时完全不管自己所说的话是否符合事实。无论如何一定要根据事实展开行动，哪怕事实让人头痛或烦恼。

2. 以旁观者的眼光看待自己的组织

执行循证管理的一大障碍是人，尤其是心理不那么健康的人，他们往往对自己的天赋和成功存在自大的看法。这种过度乐观的情绪是一把双刃剑：好的一面在于它能创造出积极的预言，产生自我实现效应，从而提高成功概率；不利的一面在于过度乐观会使人们降低风险意识，甚至看不到风险，即使证据已经清楚地说明走错了路，他们也会一根筋地干到底。有研究发现，在接受调查的创业家中，80%的人认为自己的事业成功率高于70%，30%的人相信自己的公司一定会成功，尽管事实与现实都证明，新企业在创办前五年的存活率只有35%，甚至更低。

一般来说，局外人的判断往往比当事人更客观，因此找一个诤友、导师或顾问能帮你看到最佳证据，并根据他们的建议，慎重决策，采取行动。在存活和繁荣发展的公司里，CEO一般会邀请一个信得过的顾问加入创业团队，而失败企业的CEO通常不会这么做。这些顾问一般比CEO年长10～20岁，有着丰富的行业经验。他们最大的价值在于每当公司走错路或必须进行战略转向时，会帮助 CEO 认清现实。

有句老话说，请个顾问只不过是起帮你看表、告诉你时间的作用。遗憾的是人类的偏见实在太强了，所以出于纠偏的作用而聘请个顾问不失为明智之举，因为有时候领导者就是不能、不愿意看穿真实的情况。领导者若能跳出自己的位置，从旁观者的角度看待自己的公司，就可以做出更好的决策。

3. 权力、威望和绩效让你顽固、愚蠢

自负会坏事，恐惧和缺乏勇气也会搞垮公司，但过度的自信更常见，破坏性更强。很多领导者都沦为自负的牺牲品，因为他们错误地相信只有不承认自己犯错，不承认自己有所不知，不承认自己有丝毫的疑虑，才能帮助自己成功，并彰显自己的伟大。

过度的自信是最危险的副产品。过度的自信使主管对自己的立场太过肯定，认为自己绝对正确，不能站在其他人的立场看事情。有些 CEO 刚上任就想在组织里留下自己的印记，他们不根据以往最佳实践修修补补，而是彻底放弃原来的做法，只求表现自己的不同，让自己出名，哪怕过去的一些观念和做法很有可取之处。另外，CEO 都有自己钟爱的一些理论，它们大多来自以往的经验或源自本身的信念和意识形态。不管理由是什么，许多 CEO 刚上任就自信爆棚地想干出点实绩来，但有时确实可能坏事。

旧的去，新的来，哪怕旧的建立在确凿的事实之上也照扔不误。大多数公司的行事方式都为 CEO 的突发奇想、信念、自负和意识形态所指挥，事实证据只能靠边站。而明智的领导者应当从一开始就提醒自己，不管过去多么优秀、聪明灵活、直面现实，但只要步入权位，领导者就有可能变得顽固、愚蠢、无视证据。

4. 循证管理不只是高级主管的事

由于循证管理极为重要，因此不能只留给高层领导者来做。最好的组织是人人都要承担起收集数据的责任，并据此展开行动，帮助他人学到自己应该掌握的知识。有时会出现没有权力的边缘人掌握着有用信息但无从表达的现象。如果管理者认为员工的主要工作是发明、寻找、测试和实行最佳点子，那么管理者可以少犯错误，组织可以学到更多东西，也会产生更好的创新。公司对每位员工的智慧和才干运用得越多，赚的钱就会越多。因此，重要的是教导所有人实施循证管理，并始终保持这一心态。

（二）实施循证管理，推进企业健康成长

实施循证管理要先保持开放的心态，多尝试，先小范围做实验，行得通的再大范围推广。这说起来很简单，人人都懂，但在实践中这么做的人很少。毕竟要付出人力、物力和心力，远不如靠经验、直觉、信念更快捷。更重要的是实验可能会得出与自己设想不一样的结果，而对于身居高位的领导者来说，这是难以接受的。因此，实施循证管理要先从转变心态做起。

循证管理的一大障碍就是管理者心里想的、记得住的、试图采用的信息往往与循证管理所需信息相反。前一部分信息多为成功案例，而非结果有好有坏的系统信息，且他们对新颖的东西尤为偏爱。遗憾的是，新颖有趣的点子，哪怕远逊于旧点子也会深深吸引人的注意力。

总之，循证管理是一种认真的、讲证据的、实事求是的态度，是一种宽阔的胸怀，是广大管理者应该遵循的思维方式和管理方法。循证管理能够让人受益，助人成功。

第九章
有关管理模式的探讨与思考

一、共同的目标与贡献的愿望

一个成功的组织应该有两个基本命题：共同的目标与贡献的愿望。这是一个组织成功的最基本保障。

首先，企业需要共同的目标。一个企业如果没有共同的意愿就没有共同的目标，也就没有共同体，那么这个企业必将是一盘散沙，任何事业都不可能成功。

其次，让员工相信企业的利益和成果是共享的。作为一个组织有了共同的愿景之后，必须激发员工为愿景做贡献的强烈愿望，否则愿景只能是空想。而众多企业的现实问题是管理者舍不得分权，也舍不得分钱，更谈不上利益共享。利益分配永远是经济管理的一个核心问题，企业应该是一个利益和命运共同体。

二、管理者应善于把管理理论变为常识

在管理实践中经常会遇到这样的问题：为什么同样的资源，当然也包括人，交给不同的管理者进行管理，结果却相差甚远？这里一定是管理在发生作用或者是管理出了问题。笔者认为，任何一个成功并实现持续发展的企业一定是建立了适合企业的管理模式。

一个企业最大的问题是员工无所事事，他们进行着无效劳动甚至毫无意义的工作。这些问题如何解决要看影响人们工作效率的因素是什么。为什么在一些企业中，很多人都觉得企业能让他们发挥作用，施展才华，而在另外一些企业中，人们有劲使不上，甚至受到了压制呢？这些问题都可以在管理上找到原因。可见，管理模式的价值和作用是显而易见的。

事实上，多数效率低、不协调、企业竞争力弱的企业都是管理出了问题，都是对管理的理念、管理的作用认识模糊甚至错误。对此，需要先检讨或反省的是管理者，因为管理者的认识和行为出现了问题，发生了偏差。有很多管理者只凭经验、情感和爱好进行管理；有些管理者为了赶时髦，过分追求创新，追求高大上，把管理复杂化、神秘化，过于迷信一些新颖概念、一些新商业模式、一些前途光明的产业，将梦想当成未来。管理既然如此重要，那么管理者应善于在工作实践中把管理理论变为常识，使它们通俗化、简单化，被广大员工接受、理解，并在实践中贯彻执行。

三、关于我国管理模式的探讨

随着改革开放的不断深入，我国经济实现了长期快速发展，经济总量已居世界第二位。在这个关键时刻，要保持经济的持续稳步发展，对管理模式的探讨创新至关重要。

（一）我国企业管理的基本要素简析

一是按件计酬，即计件工资；二是给予每个员工施展才华的工作机会；三是按功劳晋升，从内部提拔管理者和培养专家，长期聘用；四是工人参与管理，确保管理目标和工作计划被每位员工知晓、接受并及时反馈结果；五是分享，即在工人、顾客、股东之间分享利益；六是企业的社会责任。

（二）中国式管理的基本行为特征

目前，我国企业管理的主要特征是野性与理性交融。野性主要指的是进取性、冒险性、灵活性、机会主义，重视目的而忽视手段，有时不按规则出牌，崇尚优胜劣汰；理性主要指的是遵循流程、标准、预算管理、利润最大化，遵守市场规则和商业道德，以人为本。

（三）尊重差异，传承优秀文化

中西文化存在一定的差异，在管理方面也不例外。在经济全球化的大趋势下，我们应兼收并蓄，相互尊重，充分理解和尊重不同的文化差异，如理解中外企业中人力资源管理在企业管理地位上的差异，理解中外企业对待规则的态度的不同，等等。总之，我们要传承中华民族优秀的文化，结合我国企业管理的实际，在实践中建立具有我国特色的管理模式。

四、企业文化建设的主要抓手

企业文化是引领企业发展的灵魂，在互联网高度普及和经济全球化的今天，越来越多的企业认识到了企业文化的重要性，将企业文化作为推进企业持续健康发展的动力之源。企业文化是企业在漫长的成长实践中逐步培养和塑造形成的，是管理者和广大员工价值观的集中体现和升华。企业文化建设的主要抓手有以下几点。

第一，领导者的日常行为——企业文化的方向引领。领导者群体是企业文化的布道者、先行者，领导群体的日常领导行为是企业文化建设的有力抓手。领导者日常重视的事情、要求都鲜明体现出了其价值取向；领导者对紧急事件做出的应对措施反映了对利益相关方的态度；领导者对分配稀缺资源所遵从的标准表明了其价值观；领导者选、育、用、留住员工的标准体现出了其背后的人力资源理念。

总之，企业领导者的日常行为是一个企业文化的具体体现，引领着企业文化的方向。

第二，制度的匹配应用——企业文化的刚性力量。企业文化是通过价值观集中体现的，而价值观是软性的力量，其只有得到制度这一刚性力量的保障才能形成。每一种制度背后都存在立法精神和价值导向。其中，人力资源制度是最能体现价值观的，尤其是考核方面的制度，因为只有量化才能管理。企业文化、制度流程缺一不可。没有制度流程的企业文化太虚；只有制度流程，没有企业文化会太僵，不能充分发挥员工的创造性。只有两者结合，才能形成刚柔结合的管理模式。

第三，英雄模范人物典范——企业文化的现实榜样。英雄模范人物是价值观的人格化，并能够集中体现组织的价值所在。英雄模范人物的典范作用体现在为广大员工提供榜样，激励员工努力效仿和超越。

第四，文化故事传播——企业文化的通俗表达。三流企业做产品，二流企业做市场，一流企业做文化，卓越企业讲故事。文化以故事或传说的形式在企业内部传播，同时起到用故事传承文化和价值观的作用。企业文化只有内化于员工之心，融入员工灵魂，才具有强大的生命力。

第五，庆祝活动的烘托——企业文化的感性熏陶。如果能够建立一种自我支持的社会环境和氛围，就更有利于企业取得伟大的成就。欢庆的集会、仪式和典礼并不仅仅是一次活动，还是人与人之间心灵的触动。在公司的会议室里可以举行仪式来庆祝新签订的一笔合同；可以举行宴会或庆祝活动以表达对那些取得巨大成就的个人和组织的尊敬之意；在顺利完成一项让人筋疲力尽的工作之后，同事可以集聚在一起相互赞扬彼此的努力和成绩……这些都是非常令人愉悦的事情。

庆祝活动是使时间具有意义的标志。庆祝活动并非毫无意义地打发时间，当人们需要表达尊敬和感谢之情，加深对社会和企业的认知，以及牢记那些曾经使大家团结在一起的理念和使命时，庆祝就变成了一个非常有意义的方式。无论对企业的健康发展，还是对员工的成长和进步，庆祝活动都发挥着重要作用。当人们欢聚在一起共同分享成功时，领导者就强化了员工为取得成功所需要的勇气和力量；当领导者带领人们共享因取得成就而获得的快乐并加强他们的共同理念时，组织或企业的业绩就会改善。每一次聚会都是一次重塑信念和价值观的好机会。

嘉信理财公司的首席执行官戴维·波查克在一次庆祝集会上说："我们的事业是一项需要所有人都参与其中并为之共同努力奋斗的事业。我们相信是大家的力量铸就了最后的结果。今天晚上，我们请大家来到这里，在我们共同的奋斗之路上继续结伴而行。现在，我邀请各位和我一起，共同点燃这象征着我们拥有共同目的的火堆。这是我们的生命之火，它代表着嘉信的情感、决心以及灵魂。今晚在这里的每一位都是让这火长燃不熄的力量。所有的人每天都为这火添柴助势，感谢你们，你们是公司的心脏和灵魂，是你们给予公司动力，为公司的发展添砖加瓦。"

这也许不是一些公司所看重的，但对于一些有着强有力文化的企业显得十分重要。优秀的领导者知道每一次聚会均是一次重塑信念和价值观的好机会，他们是不会让这种机会悄悄溜走的。

第六，沟通交流——企业文化的平等对话。建立高效的内部沟通机制，拓展沟通渠道是塑造企业文化的重要手段。企业要善于沟通交流并融入社会，成为社会的一员，成为员工成长进步的平台。

五、最关键的是范式的较量

范式是指某一时期内科学界公认的认识和解决科学问题所需要的规则，亦是定型、演进，但每一种模式都有其技术局限性和市场局限性。因此，忘却以往的成功，主动找到新的范式，往往能带来新生和新的重大突破。

严峻的现实告诉人们，我国企业在创新范式上还有很长的路要走。面对强大的旧范式路径依赖思想和浮躁的风口观，更应该深入管理前沿，洞察未来发展大势，以科学和理性引领中国企业实现成功追赶和超越，培养和孕育能创新并驾驭新范式的企业家和管理人才。

在工匠精神指引下，把产品做精做强的同时，更重要的是不同范式之间的较量。为此，转型要狠，如果战略执行做得不坚决，可能会导致企业失去市场机会；若企业选对了商业路径而不坚决执行，就有可能被竞争对手超越。因此，当企业选定战略后，就应该围绕着选定的路径坚决执行，在大趋势引领下，通过自我革命制胜于新常态。

（一）范式较量，人情是规则的大敌

中国人讲人情，几千年的历史差不多都是人情交织的历史，好多事成在人

情上,也坏在人情上,温暖在人情上,也扭曲在人情上。讲人情的好处是古道热肠,有情有义,有温暖;讲人情的坏处是人情至上,极易颠覆操守和公平。企业家要成为既有激情又有理智的人,没有激情,任何事业都不可能善始,没有理智,任何壮举都不可能善终;企业家要成为有教养的人,有教养应从守时、有序排队、在公共场合不大声说话等开始。契约的世界以规则的高冷战胜虚伪的热闹。企业家可以有人情,但要把握好一个度,不能以情义来管理公司,而要以一定的规则和制度来管理公司,这样才能使公司可持续发展。

(二) 拒绝风口关

1956—1985 年,日本 GDP 涨了 30 倍,一跃成为世界第二大经济体。在出口立国的国策下,日本的外汇积累剧增,企业纷纷购置海外资产,标志性事件是三菱地所株式会社买下洛克菲勒中心,而夏威夷也几乎成了日本的一个海外省。当时日本土地寸土寸金,仅东京的地价就可以买下整个美国,所以当时的日本人都以为自己站在了风口上。

当然,既然认为是风口,资金、人才、技术、政策等也自然流向这些领域,然而风不可能一直吹,总有停止或转向的时候,或者说泡沫不可能无限制地膨胀下去,总有破灭的时候。直到现在,日本仍未从泡沫经济崩溃的萧条中完全走出来。

我们要汲取日本的教训,明白机遇是要抓住的,但必须从实际出发,遵循循证管理原则,持续、稳定、扎实地推进经济发展,而不能只想走捷径,自吹自擂,泡沫满天飞。

(三) "放开那头耕地的牛"

互联网多与资讯有关,固然重要,但实体企业是一国经济的基础,没有实体企业的稳定、健康发展,互联网等虚拟经济必将成为空中楼阁。"放开那些耕地的牛",实现实体企业和互联网企业的融合,才是正确的路径。无论任何组织,其健康发展的根本依靠都是优秀的制度。优秀且适当的制度是任何组织发展都最需要的,没有优秀的制度,何来优秀的人才?

另外,要勿忘企业家的初心。当下我国不缺乏创新,但也有许多创新不过是打着"创新"的旗号行营销之实。我国有许多企业家往往急着奔跑,急着创新,急着做"风口上的猪",却忘了停下来回望自己奔跑的初衷。

（四）管理没有最好，只有适合

30年前，有人便预测"一个网络组织中最重要的就是每个人都是中心。等级制度迫使人往上爬，而网络组织将权力赋予他人"。这不就是当下去中心化、个体崛起的表述吗？这也必然给管理带来巨大的变化。

要正确处理管与理的关系。理是找到事物之间的内在联系，忽略因个体参与者的差异可能产生的例外要求，当事物按照理向前推进时，个体参与者的主观能动性自然受到限制。管得多的人由于缺少理的梳理，很难将个体的差异所带来的变化纳入轨道，过多靠管来解决。一个企业就像一条船，在风平浪静的环境下航行，它需要更多地关注微观环境的变化，而在波涛汹涌的环境下，就需要关注外部环境的变化。总的来说，变数越大，管的成分应该越多。

不管是特斯拉汽车公司、海底捞餐饮股份有限公司，还是脸萌、足记等App，它们都敏感地抓住了这个时代的脉搏，凭借管理、产品甚至推广上的精准契合获得了特定消费者的心理认可，突然之间冲上云端，甚至被用户当作神话顶礼膜拜。问题是，它们抓住的赖以成名的机遇往往是一些偶然的、外在的因素。这些因素是火花型的，能够在一时间产生巨大的能量，推动企业走上神坛。但是，短暂的能量释放之后，企业失去助推，就必须找到一条平稳增长之路。云端也好，神坛也罢，毕竟都是不可持续的非常态，企业要回归常态，重要的是不要把来时的路忘掉，走出创新者的窘境，摆脱对过去成功的依赖，进而发现产业的趋势和规律，在实践中找到适合自己的管理模式。管理没有好坏，只有适合不适合。

六、华为的管理模式

（一）华为的管理理念

第一，大战略。不以直接的竞争对手为对象来研究策略，而是重点研究超越竞争对手的策略。第二，分享制，即利益归有关各方的共享机制。第三，以客户为中心，为客户创造价值。第四，以奋斗者为本的思想。在一个企业中，最大的腐败和浪费就是员工的懈怠。根据热力学第二定律，不可能把热量从低温物体传到高温物体而不引起其他变化。自然界的大趋势也一定是走向浑浊的，企业也是如此，企业自发的演变其实一定走向浑浊，走向平均化、无秩序，走向衰败，管理就是要逆这种趋势而动。第五，乱中求治，治中求乱。产生员工懈怠的根源是领导的无能、腐败以及制度的缺陷，如制度不健全、制度不落实等。

（二）坚定的战略导向

无论是业务领域的选择和转换（做什么、不做什么），还是竞争策略的组合与展开、竞争优势的形成与扩大（如何做、如何赢）以及竞争能力的积累和提升（凭什么成长），华为技术有限公司（简称"华为"）始终有清晰的认知、明确的方向和管理的逻辑。尤其在我国企业界普遍存在机会主义倾向，浮躁、走捷径的情况下，华为基于长远目标的战略导向就更为重要。华为的战略导向有三点值得学习和借鉴：一是在对市场、行业、技术等形势、大局、趋势准确判断的基础上，思考并形成整体性、战略性的框架；二是居安思危，进行动态的战略调整和变革；三是坚持不懈地建设能力体系和平台，加大科研力度，不断创新产品，打造企业长治久安的能力基石。具有战略导向理念和行为的关键在于强烈的使命意识、不竭的组织智慧和正确的思维方式，更为重要的是组织智慧的生成机制、程序和手段，这是竞争能力的核心所在。

（三）惠及广大员工的利益分配机制

华为大范围地吸纳员工入股，形成了开放的、利益共享的机制和结构。绘制成员共同的愿景、协同的愿望及组织的合力需要以利益机制为基础。华为以奋斗者对企业的贡献和自身的人力资本为尺度，通过产权和利益分配制度的创新使员工对企业产生真正的关切，让员工分享企业成长的收益。这些都是一些其他民营企业难以企及的。一方面许多企业创始人和控制人缺乏与员工分享利益的胸怀和境界；另一方面，许多企业领导者缺乏基于能力、人格魅力的权威，只能以产权为依托，在组织中保持领导和控制地位。

（四）华为经营管理的基本原则

1. 事业上：理想主义

"既要谈理想，也要谈利益"，这大概是华为能够成功的最为凝练的经验。华为的理想是什么？是10年后，通信行业三分天下有其一，成为世界级领先企业；是爱祖国、爱人民、爱事业、爱生活，以产业报国、科教兴国为己任，为祖国繁荣昌盛、民族振兴做出贡献。

不要忽视理想，基业长青的企业都有利润之上的追求，信念让员工对工作产生使命感、内驱力、持续的激情，并坚持正义。一个没有理想而只有利益的组织是一个可怕的组织，是不可能持久存在和发展的。

2. 发展上：机会主义

战略的源头是机会，而且应该是看得见、抓得着的机会。机会牵引人才，人才牵引技术，技术牵引产品，产品牵引更大的机会。

3. 经营上：市场主义

任正非说："从企业活下来的根本来看，企业要有利润，但利润只能从客户那里来。"华为的一切产品和技术必须在市场中得到检验；一切工作都是为客户创造价值，只有在市场中得到验证，为客户创造了价值，才可能为企业创造价值，这是经营活动的本质。

4. 管理上：绩效主义

管理必须鼓励员工创造价值，在报酬和待遇上坚定不移地向优秀员工倾斜。员工在华为改变命运的途径只有两条：一是努力奋斗；二是做出贡献。华为反对民主推荐、反对竞争上岗，绝不提拔没有基层经验的干部。

彼得·德鲁克说："利润是检验企业经营水平的唯一标准。管理要为经营服务，一定要促使员工创造绩效，不能够促使员工创造绩效的管理看起来再怎么完美，也一定是存在问题的。企业在选拔管理人员时，既要论成败，也要问是非，更要看潜质。其中，论成败永远是保证一个管理机制为经营服务、为企业创造价值的前提。

5. 团队上：狼群主义

企业要活下去就必须进攻。在成长期，发展的本质不是发展问题，而是生存问题。一个企业在面临机会时，如果不能迅速地将机会变成效益，变成市场优势、组织优势，那么最终机会将会变成黑洞，吞噬公司的现金流。

华为的成功是狼性团队的成功。狼性团队有三大特点：明锐的嗅觉；不屈不挠、奋不顾身的进攻精神；群体奋斗。对商业机会像狼对血一样敏感，紧抓不放、百折不挠；像狼一样协同作战、集体奋战。胜则举杯相庆，败则拼死相救。很多时候，人们经常被企业单纯依靠制度管理蛊惑，以为制度就是管理，制度越来越厚，而企业的活力却越来越差，这说明经营野性不足。管理就是激励员工共同为企业奋斗，去实现企业目标。

6. 追求上：创新主义

企业为什么要创新？很简单，企业想活下来且活得更好，所以要不断创新。企业要坚持三元导向，即顾客看重、自己最强、对手没有。只要在这三个方向上梳理企业的战略定位，围绕自己最强的、顾客非常看重的、竞争对手没有的去创新，在市场竞争中就肯定能获胜。要善于捉住最大的机会，并在这个机会上全面发力，使价值最大化。为此，必须分析企业的核心能力，即战略经营能力、资源整合能力、产品开发能力、系统运营能力、人才培养能力、在变革中融入创新的能力，并以能力为基础，抓住机会全面发力，为用户和企业创造价值。

七、百年西尔斯十年衰亡之路

十年前，西尔斯·罗巴克公司（简称"西尔斯"）位列世界500强的第83位，拥有30多万名员工，一个世纪以来几乎是美国消费者购物的唯一选择，当时四分之三的美国人会到西尔斯购物，西尔斯的销售额曾经达到美国GDP的1%。然而，自2005年起，西尔斯业绩开始下滑，2010年正式进入衰退期，其股价下跌，市值缩水了90%，究其原因主要有两点。

一是战略失误。西尔斯的衰败可以追溯到2005年的一个战略失误和一个糟糕的决定。2005年，西尔斯的销售出现问题，主要是源于互联网的冲击和人们消费习惯的改变，这导致整个百货行业成本开始攀升，销售额下降。在这种情况下，西尔斯做了一个错误的决定，即任命了没有任何零售行业经验的爱德华·兰伯特为公司CEO。这一糟糕的策略导致公司做出了大幅度削减基层员工收入的决定，进而出现了销售收入下降、员工工资降低、员工积极性下降、销售收入再下降的恶性循环，最后出现员工抗议和罢工现象。

二是服务问题。由于战略失误，接踵而至的是服务客户的问题。服务人员不再微笑，这对以体验服务为核心的行业来说是灭顶之灾。不到 5 年时间，西尔斯就成了美国最差的百货公司之一。更严重的是员工流失率越来越高，招募新员工、培训新员工的成本上升，而离职的员工给企业带来了巨大的损失。信任的建立绝非一朝一夕的事情，而且有可能把客户赶到竞争对手那里。最终，由于收入不断萎缩，员工对管理层抱怨增多，导致企业逐渐衰败。

八、变革之路多险阻

从通过变革取得成功的许多案例中可以总结出一条通用法则：变革过程必须经历一系列阶段，而且有些阶段是艰难曲折的，经历所有阶段需要相当长的时间，试图跳过其中的某些阶段只会制造变革神速的假象。在变革的任何阶段犯下的严重错误都可能造成灾难性后果，都会延缓变革进程。山无常态，水无常形，世间唯一不变的就是变化本身。易变性、不确定性、复杂性和模糊性是当今的时代特征。

近几年来，最流行的词叫"风口"。风口就是你把同样的资源摆对了地方，风就把你吹上去了。其实，风口就是运气，但在很多时候运气是靠不住的，也是难以把握的，尤其在变革时期应特别注意。变革时期经常出现的失误主要有以下几种。

一是没有制造足够的紧迫感。大多数成功的变革行动都始于某个人或群体开始认真审视公司的竞争环境、市场地位、技术趋势和财务业绩。但是，启动一个变革项目需要许多人齐心协力，没有人们的积极参与和强烈的变革动力，变革是启动不起来的。相较变革的其他阶段，这个起始阶段看似比较容易，其实并非如此。管理者有时会低估人们走出舒适区的难度，低估人们摆脱惯性思维的艰难程度，有时又会高估已经建立的紧迫感。

二是没有建立足够强大的同盟。尽管大规模变革常常始于少数人，但在成功的案例中，领导变革的阵营会随着时间推移不断壮大。不发展到一定规模，变革不可能取得重大成果。

三是缺乏明确的变革愿景。要判断愿景是否清晰有一条原则：如果你不能在5分钟以内把自己的愿景解释清楚，让员工理解并产生兴趣，那就意味着愿景尚不明确。

四是未能充分宣传变革愿景。

五是没有扫除变革之路上的障碍和苦难。

六是没有系统地规划短期目标。

七是过早宣告胜利。

八是没有将变革引入企业文化并形成适合的商业模式。

总之，变革是一个十分艰难的长期过程，绝不是一朝一夕就能奏效的。

第十章
有关商业模式的探讨与创新

随着经济的发展和社会的进步,数不清的商业模式创新正在涌现。采用全新商业模式的新兴产业正在成为传统产业的"掘墓人"。新贵正挑战着守旧派,而有些守旧派正在挣扎中重塑着自己。说到底,商业模式创新是为公司、客户和社会创造新的价值。例如,计时或计天按需汽车租赁业务把城市居民从自有汽车产权模式中解放出来;孟加拉人民共和国乡村银行通过推广小额贷款的创新商业模式帮助了更多的贫困者。但是,该如何系统地发明、设计和实现这些强大的、全新的商业模式呢?又该如何质疑、挑战和转换那些陈旧过时的商业模式呢?下面对商业模式展开一些探讨。

一、商业模式的基本框架

商业模式描述了企业如何创造价值、传递价值和获取价值的基本原理。它可以展示出企业创造收入的逻辑,就像一个战略蓝图需要通过企业组织结构、流程和系统来实现。

(一)客户细分

客户细分构造块用于描述一个企业想要接触和服务的不同人群或组织。客户构成了任何商业模式的核心,没有可获益的客户,企业就不可能长期存活。为了更好地满足客户需要,企业可以把客户分成不同的细分区隔,每个细分区隔中的客户具有共同或相似的需求、共同的行为和其他共同的属性。企业必须做出合理的决策，到底该服务哪些客户细分群体，该忽略哪些。一旦做出决策，就可以凭借对特定客户群体需求的深刻了解仔细设计相应的商业模式。

(二) 价值主张

价值主张构造块用于描述为特定客户细分创造价值的系列产品和服务。价值主张解决了客户的困扰或者满足了客户需求，以迎合特定客户细分群体的需求并创造客户价值。在这个意义上，价值主张是公司特供给客户的受益集合和受益系列。有些价值主张是创新的，并表现为一个全新的或破坏性的产品或服务，另一些可能与现存市场的产品或服务类似，只是增加了某些功能和特性。价值主张主要解决该向客户传递什么样的价值，正在帮助客户解决哪一类问题，正在满足哪些客户需求，正在提供给客户细分群体哪些系列产品和服务等问题。价值主张通过迎合细分群体需求的独特组合来创造价值，价值可以是定量的，也可以是定性的。企业可以从以下方面来明确价值主张。

新颖：有些价值主张满足客户从未感受和体验过的全新需求。

性能：改善产品和服务性能是一个传统意义上创造价值的普遍方法。

定制化：定制产品和服务，以满足个别客户或细分群体的特定需求，从而创造价值。

把事情做好：可以帮助客户把某些事情做好而简单地创造价值。

设计：设计是一个重要但又很难衡量的要素，产品可以因为优秀的设计脱颖而出，可以说设计是价值主张的一个特别重要的部分。

品牌与身份地位：客户可以通过使用和显示某一特定品牌而发现价值，如佩戴一块劳力士手表象征财富等。

价格：以更低的价格提供同质化的价值是满足价格敏感客户的通常做法。

成本削减：帮助客户削减成本是创造价值的重要方法。

风险抑制：当客户购买产品和服务时，帮助客户抑制风险也可以创造客户价值。对于二手汽车买家来说，为期一年的服务担保规避了购买后发生故障和修理的风险。

可达性：把产品和服务提供给以前接触不到的客户是另一种创造价值的方法。

便利性及可用性：使事情更方便地做好和产品或服务更益于使用，也可以创造可观的价值。

（三）渠道通路

渠道通路构造块用于描述公司是如何沟通、联系其客户并传递其价值主张的。沟通、分销和销售这些渠道构成了公司相对客户的接口界面。它具有如下功能：提升公司产品和服务在客户中的认知；帮助客户评估公司的价值主张；协助客户购买特定的产品和服务；向客户传递价值主张；提供售后支持。渠道通路的内容主要包括通过哪些渠道可以接触客户细分群体，以及如何接触他们，渠道是如何整合的，哪些渠道最有效，哪些渠道成本效益最高，如何把渠道与客户的需求进行整合，如直销渠道与非直销渠道、自有渠道与合作伙伴渠道等。在把价值主张推向市场期间，如何接触客户的正确渠道组合是至关重要的。企业可以选择自有渠道、合作伙伴渠道或两者混合来接触客户。自有渠道可以通过直销或合作伙伴渠道来实现。虽然合作伙伴渠道导致利润降低，但可以借助合作伙伴的强项，提升和扩展企业接触客户的实力、范围和收益。自有渠道有更高的利润，但运营成本较高。渠道管理的诀窍是在不同的渠道之间找到适当的平衡，并通过整合来创造满意的客户体验，使收益最大化。当前，迅速发展的网上销售、线上线下渠道的融合作为一种新业态，正在改变着传统的销售模式。

（四）客户关系

客户关系构造块用于描述公司与特定客户群体建立的关系类型。其中，客户获取、客户维系、提升销售额是客户关系的基本要素。

（五）收入来源

收入来源构造块用于描述从每个客户群体中获取的资金收入。如果客户是商业模式的心脏，那么收入来源就是动脉。企业必须问自己：什么样的价值能够让客户真正愿意付款，从而发掘出新的收入来源？什么样的价值能让客户愿意付费？他们现在付费买什么？他们是如何支付费用的？每个收入来源占总收入的比例如何？

（六）核心资源

核心资源构造块用于描述让商业模式有效运转所必需的重要因素。每个商业模式都需要核心资源，这些资源使企业能够创造和提供价值主张、接触客户建立关系并取得收入。不同的商业模式所需要的核心资源有所不同。核心资源可以是实体资产、金融资产、知识资产或人力资产。核心资源可以是自有的，也可以是租赁的或从重要伙伴那里获得的。企业需要明白价值主张需要什么样的核心资源，渠道通路需要什么样的核心资源，客户关系如何，收入来源是什么，需要什么样的客户资源。

（七）关键业务

关键业务构造块用于描述为了确保商业模式可行，企业必须做的最重要的事情。这些业务是企业得以成功运营所必须实施的最重要的动作。

一是制造产品，即生产一定数量并满足一定质量要求的产品。

二是解决问题，即为个别客户的问题提供解决方案。咨询公司、医院等服务机构的关键业务是解决问题，其商业模式需要知识管理和持续培训等业务。

三是平台/网络，即以平台为核心资源的商业模式，其关键业务都与平台或网络相关。

（八）关键合作

商业模式有效运作所需的供应商与合作伙伴网络会基于多种原因发展为合作关系，可见合作关系日益成为许多商业模式的基石。非竞争者之间的战略联盟关系、竞争者之间的战略合作关系、为开发新业务而构建的合资关系、为确保可靠供应的购买方关系等都是商业模式中的关键合作关系。

（九）成本结构

成本结构构造块用于描绘运营一个商业模式所引发的成本。创建价值、维系客户关系以及产生收入都会引发成本。这些成本在确定关键资源、关键业务和重要合作后可以相对容易地计算出来。企业要弄清楚什么是商业模式中最重要的固定成本，哪些核心资源花费最多，哪些关键业务花费最多。显然，每个商业模式中成本都应该追求最小化。但是，低成本结构对某些商业模式来说可能比另外一些商业模式更重要。区分两种商业模式的成本结构，即成本驱动和价值驱动，对运营商业模式会更有帮助。

以上9个商业模式构造块共同构建了商业模式的基础。

二、商业模式的设计

（一）客户洞察

要从客户的角度看待商业模式，这样可以找到全新的机会。但这并不意味着要完全按照客户的思维来设计商业模式，但在评估商业模式的时候需要把客户的思维融入其中。商业模式创新需要依靠对客户的深入了解。真正的挑战在于对客户的真正理解，并基于这种理解进行设计选择。许多领先企业经常与社会学家合作，以加深对客户的理解。采用客户视觉是商业模式设计的首要原则，应该让客户视觉指引关于价值主张、渠道通路、客户关系和收入来源的选择。与此同时，要知道听取哪些和忽略哪些客户意见。商业模式的创新者有时应该避免过度聚焦于现有客户的细分群体，而应注意新的和未满足的客户细分群体。许多商业模式创新之所以成功，是因为满足了新客户潜在的或未得到满足的需求。

（二）生成全新商业模式创意

设计一个新的商业模式需要大量的商业模式创意，并筛选出最佳的创意，这是一个富有创造性的过程。传统上，大部分行业都有一个占据主流的商业模式，现在这种局面从根本上改变了。今天，当人们设计新商业模式的时候，会面临更多的选择。如今，不同的商业模式在同一个市场上竞争，行业间的界限正在变得越来越模糊甚至完全消失。

商业模式创新不会往回看，因为相对于未来的商业模式是什么样而言，过去的经验参考价值极为有限。商业模式创新也不是参照竞争对手就能完成的，因为商业模式不是复制或标杆对比的事情，而是要设计全新的机制来创造价值并获取收入。商业模式创新是挑战传统，设计全新模式，来满足未被满足的、新的或潜在的客户需求。因此，创意构思就必须经过两个主要阶段：一是创意生成，这个阶段重视创意的数量；二是创意合成，讨论所有创意，对其加以合成并缩减到少量可行的可选方案。

（三）假设、提问的力量

人们构思新的商业模式的时候总会遇到许多意想不到的困难，因为人们都会被现状限制思维，被遏制想象力。克服这一问题的方法之一就是利用假设，挑战传统假设。假设问题只是开始，这些问题将帮助人们发现能够使假设问题成立的模式。

（四）多样化的团队

一个多样化商业模式的创新团队成员应该来自不同的业务部门，他们年龄不同，具备不同的专业技能、不同的资历、不同的经验阅历和不同的文化背景等。创意的任务不应专门留给通常被认为是创造类型的那些人。创意构思应该是一个团队集体思维和实践的集合。商业模式创新是关于寻求创造价值的事情，所以召集一个适当的团队是构建新商业模式的重要前提，只有团队多样化才能成功。保持聚焦，始终围绕客户的需求，不要让讨论跑题太远。

（五）业绩驱动因素

在一些企业中，管理者的努力程度几乎相同，而且外部环境没有明显差异，其业绩可能有明显不同。这在现实的企业经营中是大量存在的，这可能和驱动企业发展的因素有关。企业的驱动因素主要有战略驱动、营销驱动、结构驱动、激励驱动、制度驱动和文化驱动等。

战略驱动：引入和培育新的业务；在自制和外包之间进行选择；改变经营和赢利模式；收购、兼并和重组。

营销驱动：采用有效的促销手段扩大市场需求，通过市场需求拉动业务增长。

结构驱动：改变各种业务组织方式，实现流程再造；改变管理模式和组织结构。

激励驱动：改变薪酬体系；采用更加有效的激励机制；改善职业通道；优

化内部公开、公平的环境和体系等。

制度驱动：完善标准化工作和各种制度规范建设；建立和完善监督约束机制。

文化驱动：引入新的竞争理念、管理理念；培育和塑造核心价值观，改变思维方式，培育、完善企业文化。

企业整体业绩的提升是企业所有驱动因素共同作用的结果，一旦某因素太薄弱，就会制约其他因素充分发挥作用。在管理实践中，管理者称这种因素为管理瓶颈。实际上这种对业绩产生瓶颈作用的因素就是"关键的业绩驱动因素"。此时，如果对关键管理因素采取措施加以改进，业绩就会明显提升。有效认识、识别和利用企业的"关键的业绩驱动因素"，能够迅速提升企业的经营业绩。如果一个企业在每一个管理阶段都能较早地发现关键驱动因素，并能对其进行管理，使之加以改善，那么该企业的业绩就能维持在一个较高的水平，否则，其业绩是难以改善的，甚至会下滑或破产。

（六）设计理念

人们如果过于专注于一个创意，就会迷上它；如果急于精雕细琢某个创意，就会变得依附它，很难不断探索、不断寻找更好的创意。正确的设计态度应该是，有强烈的意愿寻求原始理念，并快速抛弃它们，花大量的时间检验各种理念的可行性，然后从中选取少量的理念精雕细琢，不断地接受其不确定性，直至设计理念日趋完善。这是开拓一种商业模式所需要的。设计态度要求人们转变思维方式，从简单地做决策转向创造可供选择的方式。

商业模式的创新并非偶然，也不是创意天才的专属领域。我们可以管理商业模式的创新并将其固化到流程中，进一步挖掘公司的创造潜力。商业世界充满着歧义和不确定性，由此保持一种探索精神可能会带来全新的商业模式。这种探索可能需要在市场调查与分析中进行，其中充满随机性和不确定性。

三、为什么要讲故事

在商业界，讲故事是一门被低估、被轻视的艺术。本质上，新颖而富有创意的商业模式经常是晦涩难懂的，它们通过全新的方式组合各种元素，挑战先行模式，甚至迫使听众打开思路，去接受新的可能。面对这些陌生的模式，听众可能产生抵触心理。讲故事能帮助管理者有效地表达商业模式和理念。好的故事能引起听众的兴趣，为人们深入讨论商业模式和其内在的逻辑预热，打消听众对未知事物的疑虑。商业模式创意在公司的任何地方都能涌现出来。有些可能很棒，有些可能一般，有些甚至可能根本不行。即使是极优秀的商业模式，要想得到各级管理层的认可，最终被采纳也颇费周折。因此，有效地向管理层推销新的商业模式和创意变革至关重要，这时讲故事便成为一种很好的形式。

四、什么挡住了去路

只有真正影响到了每个人，创新才会被接受。商业模式创新面临的问题不仅在于科技水平，更在于人们自己和习以为常的体制，这两股阻力深深地束缚着人们的创新精神。在许多小企业，管理层和骨干员工缺乏一套共同讨论商业模式创新的框架和语言。对此，领导者要有勇气去做商业模式变革的决定。

五、商业模式的环境

经济活动中不存在单一的商业模式，只存在多种机会和可选项，人们要做的就是把它们找出来。商业模式是在特定环境中设计和实施的。加深管理层对公司所处商业环境的理解有助于构建更强大、更具竞争力的商业模式。持续的环境审视极为重要，面对日益复杂的经济环境、更多不确定性和严重的市场混乱，管理者需要了解和认识商业环境。理解商业环境的变化趋势能帮助企业更有效地适应不断变化的外部因素。把商业环境看成一个可以构思和调整商业模式的背景，分析一系列设计驱动因素和约束因素，这会影响管理者的设计选择，帮助管理者做出更合理的决策。

（一）评估商业模式

定期评估商业模式是一种重要的管理工具，可以评估出组织在行业内健康的程度，并适时做出相应的调整。这种健康检查可以成为商业模式不断改进优化的基础，甚至能在商业模式的创新上产生一些深刻影响。若不进行定期评估，有可能葬送整个组织。

（二）蓝海战略

简单地说，蓝海战略就是通过改变现有商业模式来构建区别于竞争对手的模式，从而创造出新的行业。为了取得价值上的创新而提出四项行动架构：被行业认为是理所当然存在的哪个因素应该被去除？哪个应该被降低到行业标准以下？哪些应该被提升到行业标准之上？哪个行业中没有的因素应该被创造出来？除价值创新外，还应通过探索非客户细分群体市场来创造出蓝海市场，开拓未曾尝试的领域。

1. 价值创新

蓝海战略的精髓在于增加价值的同时降低成本。这就需要发现价值主张中的哪些元素可以被剔除、减少、增加或重新创造。利用四项行动架构质疑商业模式，提供理想的切入点。找出成本最高的基础元素，评估把它踢出会产生什么影响；思考哪些活动、资源和合作关系的成本最高；如果减少或剔除某些成本因素，将产生什么影响；在减少或剔除高成本的资源后，如何利用成本更低的元素来弥补因它的缺失而导致的价值损失；新计划的投资将会创造出什么价值。

2. 价值主张的影响

哪些相对价值较低的功能或服务可以剔除或减少？增强或再造哪些功能或服务可以产生一种有价值的新体验？价值主张上的变化对成本有何影响？价值主张上的变化将如何影响商业模式中的客户？

3. 客户的影响

你应该专注于哪个新的客户群体，应该减少或剔除哪个客户群体？需要帮助新的客户群体解决什么样的问题？这些客户需要我们建立什么样的关系？服务新的客户群体将对成本产生什么影响？

六、商业模式在企业中的应用

商业模式在企业中的应用需从以下五个方面入手。

一是战略。战略驱动商业模式。如果要在新的细分市场中取得快速增长，就应该把新的客户细分群体、渠道通路和关键业务融入新的商业模式。

二是结构。商业模式的特点决定了其执行的最佳组织结构。比如，新的商业模式是高度集权还是分权组织；如果在老牌知名公司实施商业模式，新的业务是独立运营还是整合到公司主业里。这些都需要认真加以研究。

三是流程。每个商业模式都需要不同的流程。如果是低成本商业模式，那么运营需要精细化，实现高度的自动化和规模化；如果是高成本商业模式，其质量控制就必须格外严格。

四是激励。不同的商业模式需要不同的激励机制，其激励制度必须设计合理，以充分激发员工的积极性。如果商业模式需要直销团队来赢得新的客户，那么激励体系就应该以绩效表现型为基础；如果依赖客户的满意度，那么激励制度就必须在商业模式中反映出这种承诺。

五是人员。一个特定的商业模式需要有特定思维的员工。比如，在一些商业模式中需要强烈的创业精神把产品和服务推向市场，就必须给员工足够的空间。公司需要有积极主动又不乏稳重、思维开放的员工。

第十一章
分享经济在改变什么

近年来，随着科学技术的发展，尤其是互联网的迅速普及和广泛应用，分享经济如雨后春笋般蓬勃发展着，对交通、金融、物流、医疗服务等领域的影响与日俱增。但是，分享经济毕竟是一种新生事物，在快速成长的过程中也面临着许多问题，如相关法律法规滞后、信用机制不健全、治理手段不适应等，亟待人们进一步认识并加以解决，以促进经济的多元发展和社会的进步。

一、分享经济简述

分享经济的诞生源于社会资源的过剩，即随着生产效率的提高，投资不断增加，进而带来产量的增加。而传统的发展模式基于一个最基本的假设，那就是社会物质的短缺。时至今日，人类社会已经在相对和平的环境中发展了多年，生产的某些东西已经远远大于人们的需求，只不过这些东西因贫富不均分配到了不同的人手中。因此，也许不需要再生产过多的东西，而只需要把已经存在的东西重新分配。此时，物品的拥有权和使用权可以分离，这样物品就可以得到更好的利用，这逐渐成为一种商业模式：拥有多余物资的人可以把物资的使用权让渡给缺乏物资的人，后者给予前者一定的回报，而提供这个服务的平台也可以获得一定的佣金。这就是分享经济的基本模式和框架。

人们所熟悉的房屋租赁就是一种典型的分享经济形式。但在互联网诞生以前，因为没有被数字化、不公开透明、无法被检索、无法按照地理位置获取、无法形成网络效应，所以分享经济无法承载高频的使用方式，也无法扩展到价格更低的领域。

（一）分享经济模式究竟改变了什么

首先，分享经济模式改变了供给端。分享经济让产品的供给方从机构扩展到个人。分享经济让个人房主也可以提供相当于酒店一样的服务，从而扩展了供给端的范围，提升了产品和服务的丰富度与个性化水平。其次，分享经济模式促进了个人的崛起。分享经济降低了创业的门槛，个人可以利用业余时间做个小房主、专车司机等。伴随着"微创业"的发展，人们的思维方式正在发生转变，开始由打工者思维向主人翁思维转变。人们的内在动力进一步被激发，开始更积极主动地思考和行动。最后，分享经济模式让社会资源得到了更有效、更充分的利用。分享经济让人们不需要建更多的酒店也可以接待更多的游客，不用购买更多的车辆也可以承载更多的城市出行任务。它让资源得以充分利用，使资源和生态得到了更好的保护。据统计，每多一辆被充分利用的车辆就可以从路上去掉8辆车，这就意味着更少的拥堵、雾霾和更少的资源浪费。

同时，分享经济的重要意义还在于解决和改善了人们的需求同资源的有限、过度占有与浪费之间的矛盾。在人类发展的进程中，随着经济和科学技术的发展，人们学会了如何影响和改变环境，但造成的后果是物种不断减少甚至灭绝，资源的过度开发带来的资源匮乏已严重危及人类本身。在这个过程中，人类的自我意识已膨胀到极点，认为"小我"的福祉和周围及自然环境不相关联，甚至失去了对宇宙和自然环境的敬畏感。这使人类错误地认为资源无限，低估了环境恶化、生产过剩等的灾难性后果，这也恰恰是分享经济更深层次的意义所在。

（二）分享经济将在许多方面重构社会

分享经济作为市场经济和礼物经济的过渡态、资本主义和社会主义的混合体，是一种理论和实践的创新。当礼物经济从仅限于关系紧密的社群扩展到更广泛的社会成员时，分享经济就成了一种规模化行为，然而这仅仅是开始。当人们亲眼看见诸多领域在工业化社会积累中出现大量产能过剩时，变革开始蔓延开来，这也正是企业和经济转型升级时期的重要机遇与挑战。

分享经济是一种全新的商业模式，它并不仅仅是在传统商业上启用新的数字化形式做简单的"互联网+"，而是让用户以低成本无法获得所有权却希望拥有高质量的产品和服务的使用权的问题得以解决的一种全新方式，这是一种全新的商业革命，具有真正的普惠性。同时，分享经济是使闲置资源再分配，从而产生新价值的一种全新商业模式。简单地说，就是一群消费者通过一个平台与一群供应商取得联系并获得服务。这并不是一种业务，而是一种促进可持续发展的方式。过去，人们免费把自己的车借给朋友或让他们住在自己闲置的房子里。如今，这些行为越来越多地发生在人们与陌生人之间，并产生一些费用。这种点对点交易的新的经济形态不仅增加了人们赚钱的机会，还让更多的闲置资产产生了价值。为了使城市不陷入拥堵等一系列恶性循环，分享经济是可行之路。当提供出行服务不再是少数专职人员的特权时，在确保"司乘"安全的前提下，所有合法驾驶车辆的人只要出于自愿，都可以将自己的车辆和时间分享出来，为需要的人提供出行服务，这样，城市出行的运力瓶颈就被打破，在不增加车辆的情况下让更多的人可以方便出行。

总之，尽管何为"分享经济"在学术界尚存争议，但是人们已经在享受分享经济带来的便利，无论是租房、出行或在购物中都有所体现。分享经济与传统经济形态最重要的区别就是信任，不仅是对机构的信任，还是对品牌的信任。因此，有效率的监管应该着眼分享经济的信任机制。作为企业，其生产产品是为了让这个世界更好，这是企业存在的本质特征。在对分享经济的探索中，重要的不是面前有多少困难，而是选择的道路是否正确，是否符合社会和人类发展的方向。分享经济的崛起和迅速发展必将给人类和社会带来许多的变化和实惠。

二、一场巨大的变革已经到来

(一) 分享经济的基本特征

工业革命本应该扩大物资丰富性和人的自由性，但随着时间的推移，社会的焦点转移到私人积累而不是广泛的繁荣和自由，即收入和资本两极分化上。

而分享经济正好可以在一定程度上纠正这种不平衡。分享经济具有以下特征。

一是分享经济以高度的市场化为基础，使商品得到充分交换，经济更具活力。

二是资本和技能得到高效利用，各种设施、技能、时间、金钱得到最大限度的利用。

三是具有群体网络结构，而非中心化或层级化结构；资本和劳动力来自去中心化的人群个体，而不是公司或国家组织；商品交易的预期取决于群体分散的市场行为，而不是中心化的第三方组织。

四是个人行为和专业行为界限模糊，劳动力和服务的供应商经常将点对点的行为商业化、规模化。

五是全职与兼职、正式工与临时工、工作与休闲的界限模糊，许多传统职工将被合同工替代。

有人认为，20世纪可以被定义为超前消费的世纪，21世纪则被认为是协同消费的世纪。超前消费的基础是信用，协同消费的基础则是声誉；超前消费经常靠广告来左右消费者的选择，协同消费则靠社区互动来驱动；超前消费追求所有权，协同消费则提倡分享。

（二）无边界社会与分享经济

无边界社会的第一个特征是个人财产权的私有化属性越来越弱化，取而代之的是共有与共享。人们正在逐步放弃"一定要变成自己的"这种传统思维，这是未来的一个重要发展趋势。个人所有的东西越来越少，而共同虚拟拥有的东西越来越多。第二个特征是所有要素的流动频率越来越高，成本越来越低，这样带来的创新就越来越随机，频率也越来越高。第三个特征是无边界社会中的组织变得越来越开放，越来越有弹性。第四个特征是无边界社会使人们的价值观出现了两极分化：一方面，达成共识的速度变快了；另一方面，过去人们经常忽略小众的、非主流的观念，但现在无边界社会的信息流成本降低，人们的认知可以在短时间内集聚起小众人群。因此，在无边界社会中，最重要的是不断提升自己的价值观、学习力和创造力。现在流行的共享单车最根本的驱动力就在于打破边界，创造更大的要素流动空间以及创造性发展的舞台。随着无边界社会及分享经济的发展，在未来，人们将获得更多的自由：居住自由、出行自由、思想交流自由、人与人相处的自由。这些自由必将变成创新的推动力。

（三）新经济发展的驱动力

如今，人们在意的不再是东西本身，而是它们有生命、能与人们互动，并承载着一段生命的历程。当前，共享访问、虚拟交换、电子货币及弹性需求工作机制已经登上舞台。轻资产仅仅是正在到来的经济社会的巨大转变的一个侧面。这场巨变改变着经济组织形式，主导着人类社会的发展。

总之，一场剧烈的变革已经到来。如果这些行为——租房、搭车、租车、分享美食、借钱及其他服务等都让你觉得不新鲜，这并不奇怪，因为它的确不是新事物。而它们新的地方在于不是礼物经济时代的简单交换，而是由钱来作为中介，就是商业化。因为所有共享的东西（如空间、汽车、食物、资金以及时间）都不是免费提供的。人们获得服务要付费，提供服务就能收费。

分享经济将迅速改变工作的意义，改变对市场的监管方式，基于雇用方式的社会保障体系将受到巨大冲击。人们融资、生产、分配、消费和服务的方式以及城市基础设施将得到升级。经济活动的新组织方式将使人们重新定义谁值得信任、为什么信任他、什么是机会等。

三、分享经济思想的产生与发展

在很长的一段时间内，许多物资资源（如汽车）都是设计冗余和利用度中等的。所谓设计冗余，是指不论人们是否需要商品的全部功能，都必须购买整个商品。利用度是指商品被使用并得到充分利用的程度。比如，汽车一般不会24小时都用到，一般也就是利用度中等。由于网络的出现，这些资源更容易分享，更容易被充分利用。虽然人与人之间的分享行为类似市场中的互动，但关键区别在于它将社交信息看作一个经济调节机制。

随着政治、经济和社会制度转型为分布式网络结构，一个人类社会的新动态出现了，那就是点对点。它带来了第三次生产变革、第三次管理变革和第三

第十一章 分享经济在改变什么

次产权变革。这些变革正在深刻地改变着人们的政治、经济和生活。在商业经济里，价格是资源分配主要的调节手段，也是重要动力。但在分享经济里，它被非价格因素的社会关系代替。这并非人们反对金钱，而是因为人们活在社会认知的重叠效应之中，对一部分人非常适合的东西却并不适合其他人。换句话说，在分享经济中，相较商品和服务，社交因素有着更大的流通性。

商业经济以金钱作为其主要价值观，但分享经济创造价值与金钱无关。两者对真实和网络中的生活都很重要，都会随着网络技术的进步而发展壮大。但两者之间会出现第三种经济——混合经济。不管是哪一种方式，混合经济都将两种简单的、单纯的经济形式连接起来，通过连接创造新事物。

总之，似乎有一个共识，任何一种分享经济都能为参与者提供更大范围的可用选项，并使人们更专注于长期目标（如可持续性），也会使人们增加对社会的依赖感，而不是依赖促进商业活动的各种经济因素。在这样的经济形势下，分享经济与商业经济将逐渐融合。

社交比商业更能推动交换，这是所有前沿思想家的一致观点。但是，不同的思想家的表达方式不同。社交因素的作用在很大程度上包含在信用的建立、名誉以及促进商业交换的数字社群之中。

礼物经济有三个义务：给予、接受和互惠。礼物与商品交易的一个重要不同之处是，礼物在双方之间形成了情感纽带，商品交易却不会带来任何必要的联系。疏离感是商品交易模式的基本原则。礼物的商品价值和消费价值在很大程度上是无关紧要的，但任何一次礼物交换或赠予行为的真实意义都在于增强社交凝聚力。礼物经济的一个重要特征是不会寄希望于双边互惠，以物易物不是礼物经济。分享经济是礼物经济与市场经济之间的过渡态。过去的礼物经济只限于少数的关系人群，而今天的分享经济已经是一个规模化的社会行为，从原来的关系紧密的社群扩展到更广泛的、联系松散的、由半匿名的成员组成的数字化社区。

分享经济是多样化的，不只局限于产业、服务和商业的各种模式，而是分布在市场经济与礼物经济之间的所有状态中。分享经济的主体既不是完全利他主义的奉献者，也不是唯利是图的资本家。当然，它的多样性也可以解释为什么分享经济广受欢迎，并具有巨大的发展潜力。

以打车软件为例。为什么过去打车难？研究表明，路边等车所需时间和出租车空驶率（空驶里程占全部里程）呈负相关。简而言之，就是路上跑的空车越多，打车越容易。在打车软件诞生以前，上海出租车的平均空驶率为40%，即四成的人力和油耗被浪费了。出租车在找乘客，乘客在找出租车，提升任何一方的效率，都要以另一方的更大浪费为代价。直到网络的发展并运用算法进行调度，才改善了信息不对称情况，出租车和乘客才不必像无头苍蝇那样碰运气，同时提升了双方效率。这就为分享经济的产生和发展提供了机遇和可能。

四、GDP 对分享经济的影响

GDP 是一种通过计算一个经济体中所有商品和服务的总价格来评估消费和生产情况的方法。从本质意义讲，GDP 去掉了经济活动中消费的所有中间环节，只抓住最终产品的销售价值，从而清晰地展示了经济活动的净增长。它关注总变量，如花在商品和服务上的总金额、用于生活费用的工资总额或支出额。虽然并不完美，但是它将这些方法整合起来，为评价传统经济的整体健康情况提供了有用的信息。虽然 GDP 仍然是财政和货币政策决策的一个关键指标，但作为衡量经济健康发展状况的指标，GDP 的缺陷是众所周知的。

第一，GDP 是一个宏观评价指标，无法证明收入、消费或财富是如何分布的；第二，它不能全面评价经济增长的质量，有的经济增长反而会降低人们的生活质量；第三，GDP 只专注评估市场行为，对非市场活动则难以计算；第四，在某种意义上，GDP 忽视了消费的质量，不顾及差别很大的消费方式对未来带来的影响；第五，因为 GDP 从不将资源有限这一点考虑在内，不可持续的支出、资源浪费、生态破坏、环境污染都没有得到充分重视；第六，GDP 没有捕捉到消费升级的变化，GDP 更适用于贫穷落后的经济发展时期或者说短缺经济时期。GDP 的缺点早已不是新闻，并逐渐被人们所认知，经济数字化突出了 GDP 评价体系存在的缺陷，而其必将随着分享经济的崛起变得越来越突出。

分享经济正在改变资本的影响力。无论是点对点租赁市场中的资本能力、劳动力供应抑或金融资本，所有东西都是平等的，都是基于利用闲置产能来增加经济生产力，进而改变了人们的生活或工作方式。另外，分享经济也在改变着 GDP 的评价体系。

五、监管与消费者保护情况的变化

社会"陷入困境"表现在其信仰体系和社会组织无法应对和解决社会复杂性带来的新问题。

——道格拉斯·诺斯

了解政府如何平衡发展机会与实施正确监管之间的关系对分享经济的发展十分重要。分享经济不但不会削弱监管，反而会使监管得以加强并实现多样化。但其监管的模式必将改变。

（一）为什么监管依然重要

有了法律法规，世界才是一个更安全、更可靠的地方。一般来说，法律法规是实现社会和经济政策目标的工具。换句话说，它们是旨在鼓励经济活动的一种法律和行政机制。为什么需要这些机制？因为在通常情况下，市场实践中存在低效、不公或者不足的情况，经济学家称之为市场失灵，这些法律法规就是用来纠正这些市场失灵的。比如，一家公司对市场实行垄断，以提高价格的方式损害消费者的利益，对此，监管可以通过支持新的竞争和市场多元化来加以纠正。其他更常见的法律法规的动机有保护消费者利益避免受到公司的损害，确保公共安全并解决普遍存在的信息不公开、不透明、不对称问题等。

（二）信息不透明、不对称：当一方比另一方知道得多时，监管尤为重要

大多数点对点交易形式的特点是信息不对称，即与意向交易相关的信息只

被一个交易方掌握。例如，乘客进入出租车可能不是很清楚司机的资质和意图。同样，贷款人比出借人更了解自己的信用信息。如果没有好办法区分低质量与高质量的供应商，那么普遍来看，顾客可能愿意支付与平均服务质量水平相称的价格。基于这一点，高质量的供应商将不愿意低价格、高质量经营，因为高质量经营却没有得到公平的价格，就会降低市场的平均质量，进一步降低客户支付的意愿，并导致交易滞缓，直到剩下质量最低的供应商，也就导致出现了劣币驱逐良币的现象。那么，市场要么分裂，要么处于边缘地带。此外，信息不对称也能导致道德风险，因为当事人提供的不完全信息限制了他们履行合同的能力，可以表现为不努力、不认真或风险高，超过了另一方愿意承受的底线。总之，分享经济平台最终在商业上的成功受到参与者进行交流的能力和掌握信息情况的影响。

（三）信息不对称理论与政府监管的必要性

2001年，诺贝尔经济学奖被三位美国经济学家获得。他们的主要贡献是经过多年的研究提出了"信息不对称理论"，从而揭示了市场经济体系中的缺陷，成为敢于向市场体系挑战的经济学家。信息不对称理论认为，在信息不对称的情况下，要减少信息不对称对经济产生的不利影响，政府就应该适度干预，并在市场体系中发挥强有力的作用。

以证券市场为例，在资本市场中，金融市场运行的基础是信息，如果没有证券交易委员会要求有关方面充分披露信息，投资者就很难确定自己购买的公司股票的真正价值。有关上市公司的管理层及卖方或许知道有关上市公司的严重问题，但股票购买者不知道。如果这种信息不对称现象经常发生，经常欺骗或危害投资者的利益，股市就有可能崩盘，直接伤害的是广大股民的利益，进而危害的是股市与国家的信誉和利益。产生这一后果的关键是在市场中一部分人比另一部分人更多更清楚地了解有关信息。这就是市场经济体系中的信息不完全和不对称，也是信息不对称理论的真谛所在。

与此同时，阿克尔洛夫把"柠檬市场"引入了信息经济学，这是信息不对称理论的又一重要理论和概念（"柠檬"一词在美国俚语中表示次品或不中用的东西）。其主要用于描述当产品的卖方比买方对产品质量有更多的信息时，低质量的产品将会驱逐高质量的商品，从而使市场上的产品质量呈下降趋势。进一步说，在商品市场中，只有卖方知道产品的质量状况，而买方不知道，其误以为市场价格反映了产品的平均质量，价格高的质量就好。因此，出售低质产品的企业会通过提高自己产品的价格获得额外收入。而这些收益则来自出售高质产品生产者的损失，其后果必然是低质甚至是劣质产品充斥市场，使广大消费者饱受其害。

综上可知，由于信息的不完全和不对称，在政府领导下的金融监管、市场监管和质量监管等职能的产生和存在就十分自然了。在信息不对称的情况下，需要政府或政府部门让人或机构、组织讲诚信、说真话、干实事，这是至关重要的。

信息不完全和不对称理论是信息经济学理论的重大发明和突破，是当代信息经济学的核心，其意义十分重大。其在一定程度上改变了分析研究市场运作的方式，也是在市场经济体制下加强政府监管与调控的重要理论基础。正如西方学者亨廷顿所认为的，对于一个正在实行现代化的国家来说，建立"强大的政府"，确立将国家导向现代化的"统一的权威"是第一位的任务。他认为，首要的问题不是自由，而是建立一个合法的公共秩序。人当然可以有秩序而无自由，但不能有自由而无秩序。他还说："各国之间最重要的政治分野不在于它们的政府形式，而在于它们政府的有效程度。"可见，国家在现代化的进程中保持较强的宏观调控能力和监督作用是必不可少的。

（四）自己的行为对其他人造成了影响

点对点交易中买方或卖方的选择可能增加别人的成本，也可能提高别人的收益。但当一个人做出自己的选择时，很难考虑到个人的选择对其他人的交易成本和交易后果所造成的外部影响。有时这些影响是一种正向溢出效应，如某居民区的房客也会对当地餐馆的生意有所帮助。但是，有时这些溢出效应是负面的，如工厂烧煤可能会降低成本，但会导致环境污染。

六、监管的演变：信任、机构和品牌

尽管某些形式的市场失灵是分享经济独有的，简单地看，大部分都是点对点平台服务的特征，但是，这些问题都可以通过政府监管或其他方式得到合理解决。

（一）经济体制和品牌信任

政府监管机构与品牌效应相结合，即以追求长期利益为目标，致力提供持续的高质量且安全的体验，这些都可以构成经济体的信任基础。在今天的分享经济中，品牌的重要性不可低估。因为随着经济的发展和社会的进步，消费不断升级，人类将进入一个高质量的品牌时代，这是必然趋势。

（二）分享经济的监管思路

正确的监管思路是，某些技术创新在其产品或服务投放市场前必须得到政府的许可。而那些被称为"无许可创新"的，即有些新技术的实验和商业模式通常应该被默许。除非有令人信服的证据表明新发明会给社会带来严重危害，否则，创新应该一直被允许，至于它带来的问题，即便有，也可以逐步解决。以大众为基础的监测方式是传统监管的补充。

创新的实验性是特别重要的。创新是一个不断探索和试错的过程，但监管往往具有稳定和连续的特征，这是相互矛盾的。监管者通常使创新性服务逐步与现有法律相适应，而它们无法在最新科技发展下更新现存的法律框架时就会阻碍创新。

在点对点的平台上，用户评论不过是在向潜在买家反映某卖家的相关信息，虽然重要，但其作用有时有限。有时充分发挥第三方的作用是一个不错的选择。一个非政府机构也可以来定义规则以及执行规则，以第三方方式承担监管责任。一个平台的声誉直接影响着以它为中介的交易质量，就像人们信任的品牌的声誉和盈利能力与它们对高质量和安全性的承诺紧密联系在一起，平台的利益往往与社会利益牢不可分。因此，平台上稳定的交易增量是能够克服市场失灵的。

七、未来的工作：挑战和争议

许多人正在通过各种方式赚取外快，如通过出租闲置的房间、帮人设计网站等方式。这样的按需服务或所谓的兼职经济正创造着激动人心的机会并激发创新。但它也在劳动保护以及未来工作的变化等方面产生了一些严重问题。

分享经济更好的名字应该是"分享碎片经济"。在这种经济模式下，客户和员工在网上进行匹配，劳动者根据工作质量和可靠性评价进行排名，拥有平台软件的公司挣到大钱，按需劳动者只能得到零碎收入。这种工作的特征是低收入、无福利和极大的不安全感。人们工作的时间更长却得到更少的钱，收入碎片化，劳动保障体系将成为遥远的记忆，同时，人们不得不面对不理想的工作环境和不细致的监控设施等。

另一种观点则认为，未来工作将更为灵活，流动性、创新性和创造力增强，个人将成为极具力量的企业家，前所未有地掌控自己的命运。平台将源源不断地使有创造力的新产品和新服务流向创新者。劳动者工作时间更少，拥有更灵活、更自由的时间表，可以自由选择工作赚取更多的钱。青年一代渴望这种职业，他们不想朝九晚五地为同一个老板工作，喜欢灵活、独立和控制权。从长期来看，分享经济对劳动者到底是削弱还是增强，人们将看到的是强大的企业家还是"被削弱的机器"，取决于许多因素，它将由企业、员工和消费者来决定，也将受政策和监管方式的影响。

（一）自由职业化、外包及自动化

1. 外包

外包是指某公司使用的内部劳动力和该公司属于不同的企业或国家。在过去的几十年里，越来越多的工作岗位都转移到境外去了。通常外包的动机是降低成本，有时也是为了利用一个新的人才库。此外，外包有时也有税收优势。一方面，只有一部分工作可以被外包；另一方面，高度外包化的工作只占就业市场很小的一部分。因此，外包工作代表一个尚未达到顶峰的新时代。

数字平台的发展使企业可以在世界各地招聘和管理其员工，技术变革使劳动者在任何地方都可以为客户提供服务，其关键是不仅要看重工作技能和所需文凭，还要关注所需的服务是否可以实现远距离的电子化传输而不影响其质量。服务业外包是一个潜在的、巨大的劳动力市场转型机遇。外包可能比通常想象得更广泛，也更普遍，尤其是我国作为人口大国正在融入全球经济，这对外包的影响会更加广泛。

2. 机器人时代

和外包一样，自动化也不是什么新事物。为了实现简单的人力工作自动化，众多科学家和工程师已经奋斗了几个世纪。截至目前，随着技术进步，机器淘汰了一些工作，但又创造了另一些工作。在这个时代，人力工作被机器替代的速度可能超过了机器为人创造新工作的速度。虽然几十年里计算机持续改变着就业和经济生活，但是人们终于迎来了一个关键时间点，即数字技术全面发力的时刻。对于一些有特殊技能的或受过良好教育的劳动者来说，这是一个从未有过的好时代，因为这样的人可用技术来创造并获取价值。然而，对于一个只有普通技能的劳动者来说，这是一个从未有过的糟糕时代，因为计算机、机器人和其他数字技术将以非凡的速度获得这些技能。

3. 数字化催生的新劳动力

外包与技术革命的崛起对重新构建经济形态产生了深远的影响，任何组织和机构都没有完全捕捉到21世纪工作的本质变化。事实上，企业不再局限于在特定地域招聘人才，并越来越多地选择运用计算机程序来完成原本需要人类完成的工作。市场的扩展、新多面手的出现、劳动力即时供给性的增加、人物经济以及虚拟工作的出现都是必然的。

4. 新市场

越来越多的经济活动是通过类似市场的平台进行组织的。分享经济是否将最终代表微型自主创业者，个人是否可以选择在任何时候、任何地点进行工作及工作强度将取决于他们对生活水平的期望与个体从业群体的崛起。

5. 新多面手

随着工业化的出现，经济领域越来越专业化，一个人在经济上的成功越来越取决于专业化的程度。然而，在分享经济的平台上，人们正见证一个有趣的多面手的复兴。个人和专业之间、正式工作和休闲之间的界限日渐模糊，并为非专业人员创造了大量的机会。简而言之，分享经济平台通过启用越来越多的非专业人士而远离专业化，这使非专业人士由分享平台授权获得了可以面向市场的服务能力。

6. 即时劳动力供给

工作曾经与工作时间紧密相关，而今天的工作可以发生在越来越多的小时间单元里，分享经济催生的新市场使人们能以更精密和更有效的方式提供劳动力。理论上，公司通过利用有技能、有知识的劳动者来获利，而劳动者通过挽回流失的时间而获利。简而言之，劳动效率的提高不是通过榨取更多现有劳动者来实现，而是通过寻找浪费掉的可以变成工作的时间来实现。当然，这可能会带来一些社会成本和其他问题。

7. 任务经济

在过去，雇用成千上万的劳动者去执行很多小任务并不可行，因为这样一个组织的行政成本非常高。今天，越来越多的小任务可以越来越容易地以最小的交易成本外包给数字平台上的劳动者。工作被分成更小的单元或特定任务，因此公司可以和过去一样让一个全职员工做更多的工作，或者让原来由一个全职员工完成的工作由一个或多个兼职外包劳动者来完成。

（二）未来的工作：需要做些什么

分享经济是否能使最终代表微型自主的，可以选择任何时间、任何地点进行工作，而且工作强度水平取决于自己对生活水平的期望的个体从业群体崛起？同时，是否会让劳动者工作更长时间却可能得到更少的钱，以及能否获得最小的工作保障和福利？换句话说，未来的工作中成功的微型创业者运行的生意是否会改变劳动者的工作思想和现状？

总之，最早我们在住宿、交通等领域看到了分享经济引起的巨大变化，商业地产、医疗服务、能源生产及配送等领域也将很快跟进，并使无人驾驶汽车得到普及，从根本上重塑汽车工业，将市场主导力量从今天领先的制造商转移到一系列技术平台。同时，叠层制造革命将改变制造工艺，将生产越来越分散到大众群体中。

随着时间的推移，政府很可能会意识到要解锁分享经济的真正潜力需要从根本上重新思考模式、管理及监管机构的功能改革。事实上，那些担心自动化会破坏和抢夺就业岗位的人应该重新思考分享经济。这需要人们有一个新的思维框架，一个能提升自己以及重新理解这个复杂世界的关键视角。真正的发现之旅不在于寻求新的风景，而在于拥有新的视角。

第十二章
经理人的必备素质

> 没有一位成功的企业家,也没有一位成功的公司经理人是以利润为动机的,他们无一例外地为了一种事业、一种思想、一种信仰而工作。
>
> ——雷德蒙德·马利克

让从公司之外请来的名人做领导,这往往对公司从优秀到卓越的跨越过程起消极作用。而认为经理人的薪酬结构是公司业绩主要推动力的观点,没有得到任何数据支持。事实上,把企业文化和企业家的职业道德融在一起,就能得到神奇的能创造卓越业绩的"炼金术"。所以,不管遭遇什么困难,经理人必须坚信一定能够取得最终胜利。

一、谦虚的个性与坚定的意志

不管现实多么残酷,我们都必须具有与之对抗的素质。优秀经理人必须具有谦虚的性格和坚定的专业意志。他们不爱抛头露面,但同时表现出不惜一切使公司走向卓越的坚强意志。他们没有自我和自我利益,个个胸怀大志,始终将公司利益放到第一位。他们为公司培养接班人,为公司今后的成功做好准备和铺垫。他们谦虚,不爱抛头露面,保持低调。他们是公仆式领导,被创造可持续业绩的内在需要驱动和感染。为了使公司走向卓越,他们决心做任何事,无论这些决定有多么重大和困难。他们表现出一种工人式的勤劳,把公司的成功归功于别的因素，而非他们自己。业绩不佳时，他们责备自己，承担所有责任。他们就在我们周围，只要我们懂得如何寻找。

将一个公司从优秀推向卓越的第一步是为公司设定一个新的方向、新的愿景和战略，然后找到合适的人，再朝这个新的方向与目标前进。如果是从选人开始，那么就更加容易适应这变幻莫测的世界；如果有合适的人存在，那么如何激励和管理他们就不再是问题了。也就是说，只有以合适的人为起点，积极、科学地讨论问题并找到对策，才可以找到一条令公司繁荣昌盛的路子。

二、坚定而明确的方向

> 我们要洞悉那些正在发生的、重要的，但是看起来似乎微不足道的事件，因为这些事件能在未来某时极大地影响产业和企业的命运。
>
> ——德鲁克

李宁体育用品有限公司（以下简称"李宁"），从 2010 年到现在，先后转型为 90 后李宁、国际化李宁，后又做专业化运动，换了 logo、品牌口号，不断使品牌目标清晰化。因此，企业必须有坚定而明确的方向。

关于愿景和使命，有这样一则小故事。美国前总统肯尼迪去美国国家航空航天局（NASA）访问时，在洗手间碰到一位清洁工，总统微笑着说："感谢你把房间打扫得这样干净。"这位清洁工回答说："总统先生，我不是在拖地板，我是在帮助我们登月。"

勇气不可小觑，领导者必须有放手一搏的勇气，必须有胆量带领公司朝着一个明确的方向前进，即便最终发现这是个错误的方向。

三、重视团队建设

团队建设是企业成功的保障。作为一个创业者，其使命就是带着团队去赢，没有什么比这更重要。收入要赢、利润要赢、用户量要赢、效率要赢，从上至下、从下至上，建立一个赢的理念。团队里每个人都要有赢的心态，这样每个人都会用赢的心态来激励自己。事实证明,自我驱动、自动自发是必然的,也是最有效率、最有活力的。企业价值观的建立必须把消费者的利益放在第一位,选择做正确的事而不是容易的事。

合作是一个企业内部环境的充分体现,合作的程度可以在某种意义上主导一个企业的生存和发展状态。作为一位管理者,不仅有责任设计未来发展方向,还有责任将其融入每一位员工的心中,从而在企业中形成一种共识和默契,这是合作力的基础。

不管是国企还是民企,有竞争力就是好企业;不管是竞争还是垄断,成功就是好手段;不管是转型还是坚守,企业活下来就是好战略;不管是民主还是权威,管理有效就是好机制。这个世界上没有长盛不衰的企业,目前只有10%左右的企业维持着持续成长的趋势。

四、具备互联网思维

在信息技术高速发展的今天,时代的发展需要所有实体企业都进入互联网的"高速公路",更需要互联网企业通过更多的接口为实体企业提供更多、更好的服务,最终缔造共同的出口,那就是用户和消费者。只有把产品送到消费者手里,才能实现其价值。这就需要四通八达的出口,并让商品在最短的时间里到达用户手中。

互联网正在成为现代社会的基础设施之一,就像电力和道路一样,它不仅是用来提高效率的工具,还是构建未来生产方式和生活方式的基础设施。更重要的是,互联网思维应该成为一切商业思维的起点,企业家和经理人更应该具有互联网思维。

单纯的微信、微博营销并不能代表网络营销。网络营销的本质还是营销。要想做好网络营销,就必须完成整个网络体系的梳理,包括品牌定位、产品定位、渠道建设和服务体验等。

互联网时代的口碑十分重要。消费者一直是所有经济活动的原点,是真正的主人,这就是消费者主权时代。目标用户是谁?目标用户需要什么?怎样满足目标用户的需要?用户是终端消费者,选择什么样的终端消费者,才是市场定位的核心命题？用户对产品和服务的需求不再停留在功能层面，更要表达自己的情感。用户体验是一种主观感觉，完成用户需要完成的任务，为用户解决痛点才是目的。

中国的互联网不但要推动自己走，而且要推着中国的发展机制和社会意识走。这注定了中国互联网发展的艰难，但这也是真正的希望之路。因为互联网的真正意义不是少数网站上市，不是少数人发财，甚至不是创办一批互联网企业，而是以互联网的名义使社会资源优化重组，建立新的企业机制，树立新的社会价值观，从而引发整个社会的变革。

不管是大数据还是小数据，能够为决策提供依据的就是有价值的数据。真正的创新是探索未知。未来将不再有互联网企业和传统企业的概念，所有企业都必须通过互联网来共同实现实体资源、虚拟资源的价值提升。在硅谷，很多创新者都怀着一种改变世界的梦想，在某一领域打造一款极致的产品。他们最先考虑的是消费者的体验是如何改变人们的生活和提升人们的幸福感的。

互联网不会改变一切，尤其不可能把一个二流产品变成一流产品。互联网改变的是过程，而不是产品本身。无论是传统企业还是互联网企业，不要忘了商业的根本目的是为提供资源的人创造价值。而什么是价值，这个价值归谁，是做好企业的基本问题。要减少中间环节，从流程中找价值，精简流程，再造价值，这是传统企业转型升级的正确选择。

五、促进员工成长

> 人生的命运取决于你看过的书和你所见到的人。
>
> ——安东尼·罗宾

理想的教育就是要培养真正的人，这是教育应该追求的恒久性、终极性价值。学习方面的不足是一切失败的根源，问题永远在自己身上。积极向上是所有成功的特质。有的人，急于成长，却哀叹失去的童年。他们以健康换取金钱，不久后又想用金钱恢复健康，他们对未来焦虑不已，却又无视现在的幸福与奋斗。因此，他们既不活在当下，又不活在未来。而要活在当下，必须珍惜时间，善抓机遇，终身学习。

什么是真正的教育？德国 200 年前的教育宣言说，教育的目的不是培养人们适应传统的世界，不是着眼实用性的知识和技能，而是要唤醒学生的力量，培养他们自我学习的自律性、抽象的归纳力和理解力，以便使他们在目前无法预料的种种未来局势中做出有意义的选择。总之，教育以人为最高目的，接受教育是人的最高价值的体现。

一个企业最大的成本是没有训练有素的员工。给员工讲道理是必要的，但要注意自己的态度，因为态度比道理更重要。要善用同理心，换位思考。在一定程度上，企业让员工高兴，员工就能让顾客高兴，而这有利于企业的健康和持续发展。

（一）重视对员工的培训

学习不是一种被动的要求和施舍，而是一种学习的文化，是一种主动的追求和生活方式。企业要重视对员工的培训，使员工清晰未来的愿景目标和现实之间的巨大差距，进一步激发他们的自主学习的欲望，提升创造力。

（二）员工是企业成长的第一要素

员工是决定企业兴旺发达的第一要素。企业必须设身处地、真心诚意地为员工着想，为员工创造工作岗位，努力改善员工的工作条件，增加员工的收入，改善员工的福利。同时，企业要重视员工的事业心、自我实现和生命意志的自由。员工则要牢牢树立为企业做贡献的意识，顾大局、克己自律，忠诚于企业，服从企业的管理和约束，以高品质、高效率的工作为客户服务，永不停步地追求更高的职业境界和人生境界。

（三）遵循员工至上、诚信为本的理念

何为员工至上？以例说明，仅有 4 架飞机、70 多名员工的美国西南航空公司刚成立，就被两家竞争对手以违反《民用航空法》和《航空管制法》为由告上法庭。官司耗时 4 年，以西南航空公司胜诉告终，但元气大伤的西南航空公司需要卖掉一架飞机或裁员渡过财务危机。员工听到消息后人心惶惶，认为公司不可能卖掉用来赚钱的飞机，而大部分公司高管确实主张裁员，除了总裁。总裁凯莱赫说："员工才是公司最大的财富。减少一架飞机的损失可以通过提高其他飞机的利用率来弥补，但员工丧失了工作热情和安全感是什么也弥补不了的。"最终，美国西南航空公司不仅没有裁员，还给员工提高了薪水。员工对工作更加用心，把原先需要一个多小时的登机、离机和清理工作缩短到30分钟内。飞机滞留时间缩短，飞行次数得以增加，公司扭亏为盈。后来又将这种模式进一步优化，只开设点对点的中短途航线，以密集型的班次提升飞机的利用率，以低廉的票价和优质的服务赢得了市场。如今西南航空公司已成为美国第二大航空公司。可见，员工至上、员工第一不是口号，而是对员工发自内心的尊重和爱护。

正如国学大师南怀瑾说："处世不求无难，世无难则骄奢必起；谋事不求易成，事易成则志存轻慢。"大家应共同努力，将企业的成长进程变为员工施展才华和追求事业的生命交响曲，共同感受生命的平凡与伟大、艰难与辉煌。改变世界不如改变自己。企业让员工高兴，员工才能让顾客高兴。

（四）读书学习是一生的事

学习是永恒的主题。时代在不断变化，知识和科技同样在日新月异地不断刷新，稍有滞后和懈怠就有被淘汰的可能，所以必须坚持终身学习，在实践中学习，在实践中求变。实践是最直接汲取学识的有效方式。因为在最前端的实践过程中，我们是了解现实情况的第一参与者，不但可以在第一现场发现问题，而且有机会在第一时间想出解决方案，进而解决问题，增长知识和经验。这是一个求变和进步的过程。我们应用知识武装能力、提升能力、增长智慧。能力的最原始动力来源于学识，而学识同样是与时代一起不断变化的。不管今天的学识多么渊博，明天都会出现解释不了的新问题。只有不断地让学识和行为与时俱进，才能有足够的能力攀爬事业高峰。我们还要从失败中学习。任何人都会犯错误，而智者会将错误的过程当成一个学习的机会，从而汲取经验与教训，规避类似错误。这样的失误或失败虽然在被动的状态下出现，但从宏观角度看，依然是一个进步的过程。

（五）身边人的优秀程度会影响你

过去 20 年来，北京大学先后有 500 余名保安考学深造，有的甚至考上了研究生，当上了大学老师。每个学校都有保安，但为什么这种成群结队的考学行为在名校发生的概率更大？媒体采访北京大学保安第一人张俊成的报道里或许就藏着答案。张俊成说，有次站岗，看到一位老人骑车过来，快到门岗时，老人下车，推车走过。经过门岗时，老人点头跟他说："你辛苦了。"张俊成感到受宠若惊，他问旁人："这是谁？怎么这么尊重我们？"别人告诉他，老人是北京大学校长。在保安的岗位上，张俊成也曾一度迷茫，他说："那个时候非常无知、愚昧。"但他得到了多位北京大学教授的热心帮助，在这些教授的建议之下，他才开始重新读书学习。

心理学博士采铜在《精进》一书中谈道："一个年轻人，进入一所不那么优秀的高校，对自己的标准会不由自主地降低，以适应这个环境，减少自身与环境的冲突。而这种做法对他们人生的影响也许是致命的。"

相反，在一片向上的氛围中，周围的人都在努力，自己也会用相对严格的标准来要求自己，不断自省。哪怕最后变不成首屈一指的，也可以是优秀出众的。这就是环境对人的熏陶和影响。因此，读书学习是一生的事，不是什么时候要用到才去学习。一个人只要还在坚持读书，就不会彻底堕落。

（六）人脉的扩张是一个人能力和资源的扩张

学识影响眼界，眼界决定格局，而格局会影响人的一生。人生怎么样，完全取决于自己的感受。一个人一辈子都在抱怨，他的一生就是抱怨的一生；一辈子都在感动，他的一生就是感动的一生；一个人一辈子都立志改变这个社会，他的一生就是奋斗的一生。

六、正确认识使命

推动企业变革与成长是企业家的使命。天天应对员工，不如倒过来，让员工应对市场。用户才是领导，人人都能做自己的首席执行官。用户驱动企业，企业为员工提供平台，员工则为用户提供需求的满足，然后又回到企业，促使

174　做有价值的企业

企业改变，形成一个良性循环。企业要善于使员工由执行者变为创业者。

所谓创业精神，通俗地说，就是发现现有资源范围之外的机会，自己来做、自己创意、自己发起、自己组织。我国国内生产总值在全球居于前列，但鲜有耳熟能详的全球性企业品牌及可以在全球复制的管理模式，很少有企业家能毅然带领企业向更大、更广泛的市场进军。

讲到这里，闯王李自成的名字跃然而出，他是典型的代表。占领北京之后，他只注重眼前利益，目光短浅，最终导致失败。由此可见，企业要少一些利益争斗，多一些开拓精神。作为企业家，要有勇气把年轻人推到纽约办公，有魄力让一直对分配数字不满的年轻人全力以赴。

（一）正确认识自己的人生

生命的长度就是一呼一吸之间，这是美国作家里奥·巴伯塔在《少的力量》一书中的佛陀故事里提到的，给人以很大的启示。既然生命如此短暂，那什么最重要？答案是生命的密度。要在有限的生命里，活得更有价值、更有意义。这种生命密度在企业里也是一样，无论是管理者还是员工，都要以双赢的心态看待企业的发展，同舟共济、相互包容，营造一个良好的工作环境。相互支持的企业，其发展会一日千里，这才是双方获利的价值观。作为企业的一员，是一件十分自豪的事。管理从来不是单方面的事，它需要管理者和被管理者双方合作来完成。如此说来，善待员工就不能是漫不经心的承诺，而应该化为真诚的行动。

管理工作的重心之一是领导者与员工的关系，是员工的成长与发展。一个企业如果员工的收入提高、成本提高，竞争力就下降，那么以后该如何发展？这是值得深思的大问题。如今，可以预测到能触发大规模经济刺激的因素只有一个——失业。只要就业出现了大问题，就必然影响社会稳定和经济发展。这是企业家的使命，也是必然要面对的问题。

人的一生只要有够用的财富，就该追求其他与财富无关的、更重要的东西，也许是感情、艺术，也许是儿时的一个梦想。无休止地追求财富只会让人变得贪婪和无趣，变成一个变态的怪物，这也正是有些人一生的写照。

人生要善于忘记许多事：忘记给别人的好处；忘记别人的夸奖；忘记你和朋友的争吵；忘记过去的不得意；忘记谁对不起自己；忘记自己的学问和能力；工作的时候，忘记和工作无关的事；休息的时候，忘记工作。只有善于忘记，才能轻装上阵，勇敢前行。一个人如果常常为过去的失败而感伤，日子久了，就会养成一种感伤的习惯，情感脆弱、意志消沉，容易变成悲观的人，看什么都是灰色的。因此，"忘记过去的不得意"值得人们践行。不经一事，不长一智。只有正确对待失败，善于总结失败的教训，才会积累经验，才能迅速成长。

（二）失去目标，会失去方向

忘记自己的目标，会失去前进的方向；忘记自己的责任，会失去跋涉的动力；忘记自己的承诺，会失去别人的尊敬；忘记自己的身份，会失去做人的分寸；忘记自己的义务，会失去众人的帮助。

如果有任何一项领导的理念几千年来一直能在组织中鼓舞人心，那么其就拥有一种能够凝聚并坚持实现共同愿景和目标的能力。一个缺少全体成员衷心共有的目标、价值观和使命的组织，必定难成大器。没有方向的领导力是无用的。关于什么是好什么是坏，什么是对什么是错，什么值得什么不值得，这些基本价值观必须统一。否则，这样的领导力不仅不具有一致性，还具有一定的危险性。随着世界变革速度的不断加快，强大的价值观和指引前进的目标已经成为指引领导行为的必要条件。没有价值观的领导者会对社会造成极大的破坏，只有当聪明才智和合理的价值观结合在一起，通过实践把理念化为行动，把愿景化为现实，才能推动企业发展和社会进步。

七、经理人应具备的八项能力

一个人有没有能力取决于三个方面。首先是实践性。很多家长天天逼着孩子读书，但是书读得多并不代表他有能力，所以出现一些大学培养的是平庸之人的现象。真正的能力主要来自实践。能力不是知识，也不是学习出来的，而是通过实践干出来的。实践出真知，这是一个最基本的认识。

其次，要有正当的能力。很多人没有跟对主管或经理人，学的都是投机的能力，必然不会走得更远。我们面对的现实是，我国实行市场经济的时间比较短，企业家应将那些错误甚至有害的认知大胆抛弃，以免其影响社会环境和市场秩序，腐蚀人的心灵。

最后，要有学习总结的能力。彼得·圣吉有一句话："总结的次数决定成长的高度。"大部分人不成功都是因为重复犯自己习惯性犯的错误。

具体而言，经理人应具备以下能力。

（一）规划力

想不到的事情往往是最大的障碍和麻烦，所有问题都是有后果的。因此，要使可能出现的问题在没发生以前解决，这才是最重要的能力，即预测和规划的能力。培养规划力应该做到三个思考：一是要想清楚；二是要尽量想得全；三是要想得到。"想清楚"是自己到底要什么；"想得全"是要把各种可能性摆出来；"想得到"是想到有可能出现问题的地方。规划力包括三个方面：一是目的，要和公司的目标一致，不能搞帮派和小圈子；二是要把目的分解成可执行的要素，把工作要素变成员工可执行的目标；三是方式和方法。

（二）执行与督导力

一个经理人的日常工作就是抓执行，其执行的关键就是督导，要敢于要求。一支好的队伍是靠经理人要求出来的。把简单的事情做到彻底，做到极致，这就是督导力。督导力要控制关键点。任何一个经理做事情起码要掌握两点：一是知情权，二是检查权。要知道没有不合格的员工，只有不称职的领导，员工执行力不好是经理人无能和失职的表现。

（三）纠错力

在管理过程中问题会经常发生，错误也在所难免，所以经理人一定要敢于纠错。一是纠正自己的错误。对错是通过实践来验证的，错误总是要面对的，所以要敢于承认错误，用行动去改变。二是要纠正他人的错误。

（四）财务力

做企业都是有代价的，做事情前要规划，事中要控制，事情做完后要检查总结。没有一定的资金做基础，财务混乱，企业是难以维持和运营的。

（五）判断力

有的经理人很糊涂，经常忘了目标，被事情和问题牵着鼻子走。判断一件事情的能力往往体现在对人的认识上，尤其是对人的复杂性的认识上。培养判断力还要注意听和看，看实际结果，看员工的行为，遵循循证管理原则。

（六）领导力

领导力是一种能让别人追随的能力。人们总是问，当一名成功的企业家的秘诀是什么？遗憾的是，根本就没有秘诀。如果真有这样一种技巧，那就是看其是否具有专心致志和在无路可走时选择最佳路线的能力。不要自己扛下所有责任，找尽可能多的人来共同解决问题。只要坚持下去就有转机，不要过于苛责自己，要正确评价自己。没有信任，沟通就会中断。在人类的所有交往中，沟通量与信任程度成正比，而实话实说是建立信任的关键。参与解决问题的人越多越好，只要有足够多的眼睛，就可以让所有问题浮出水面并得以解决。

在许多公司中，公司的文化阻碍了坏消息的传播，真相始终处于隐匿状态，等到采取行动时为时已晚。健康的企业文化鼓励员工公开坏消息，只有允许自由并公开地讨论问题，公司才能迅速发现并解决问题。企图掩盖问题，只会让员工感到灰心。企业家要勇于发扬船长精神。电影《泰坦尼克号》中，船将要下沉时，乘客先走，之后是船员，船长是不能走的，他要与船共存亡，这是企业家精神，也是企业家精神的底线。

一个成功的企业家要做的头等大事就是将聪明人招募到麾下，而没有哪个有智慧的聪明人愿意在自私自利的人手下效力。真正的企业家会创造一种以员工为中心的工作氛围和环境，这样的氛围往往会创造奇迹。为了员工，他会心甘情愿地牺牲自己的经济利益，放弃自己的声誉或荣耀，去追求共同的目标和多数人的福祉。一个企业家要用自己榜样的力量影响他人、激励他人、感召他人，用诚信和人格魅力赢得他人的追随，这样才能不断引领企业前行。

（七）勾画蓝图的能力

衡量一个领导者优秀与否要看他是否有想法和较强的思维能力，勾画的蓝图是否有趣、新颖、引人入胜，是否切合实际，是否能指引公司前进，更重要的是看他是否在逆境中也能做到这一点，尤其当一个公司无法创造任何经济效益时，这个领导者是否有能力凭借令人折服的发展蓝图让大家留下来，患难与共。

乔布斯能吸引众多顶尖人才在他风光不再时继续为他效力，能说服苹果公司上下在濒临破产时拥护他的发展思路，这是他作为一个拥有前瞻性视野的领导者的最大成绩。很难想象，有哪个领导者能具备如此强大的号召力，可以一次又一次地完成那些看起来不可能完成的任务。

（八）实现理想抱负的能力

领导者是否有能力实现自己的抱负和理想，要看员工能否跟随领导者一头扎进前路莫测的丛林，并且相信他能带领自己走出来。格鲁夫带领英特尔公司实现了一次次重大的企业转型，从生产内存转向生产微处理器。他本人谦虚地把这一重大战略调整归功于其他人，归功于企业的所有员工。

总之，领导才能的一些基本因素大致如下：有多少人愿意追随他，有哪些人愿意追随他，追随他的人都属于什么层次；是否具有勾画蓝图的能力；是否具有实现理想与抱负的强烈追求和能力；等等。

八、最大限度地减少办公室政治

几乎所有办公室政治都是由公司管理者开的头。这里所说的办公室政治是指员工在职场进阶过程中依靠手段而非业绩和贡献为自己谋取利益。

主管应该把集体成果放在个人成就之上，从全局而非个人角度考虑问题，这样才能使公司实现利益最大化。主管的野心指数应保持在适当的范围之内，这一点相当重要。如果一位主管对个人前途的关注超过了对公司业绩的关注，那么他的下属一定会想：为什么要加班加点为这家伙卖命？另外，没有哪个管理者制定的奖励机制是无懈可击的，都可能存在不完善之处。

坏榜样法则：一个团队内部无论哪个层面出现了滥竽充数的人，他们都会像蛀虫一样影响其他成员，最终使能力出众的人也渐趋平庸。这条法则说的是，员工会将他们上级中能力最差的那个人作为参照物，如果某人是几个副总裁中最平庸的一个，那么所有部门主管都会以他为标准，来提出升职的要求。员工为公司效力总是希望获得相应的回报，如薪水、奖金、股份及头衔等。但出现这一情况是十分有害的。因为用人不当，提拔平庸、品质恶劣的人带来的损失是巨大的。

在一定程度上，管理能力是后天掌握的一种技能，而不是先天具有的禀赋。没有人一生下来就会管理一家上千人的企业，经验都是在一定阶段通过学习和实践而获得的。在管理过程中，最难掌握的是管理者的内心控制，而组织设计、流程设计及人员安排都相对简单。管理者都以为自己的内心足够强大，但其实很脆弱。因此，管理者必须在实践中求真知，在实践中磨炼成长，没有哪个培训班能真正教人如何当 CEO。

九、安抚心情的良方

有些领导遇到困难时会无数次产生想放弃的念头，有不少人在重压下借酒消愁，或干脆停止工作，并有充分的理由为自己放弃工作而辩解。这样的人，没有一个能成为杰出的领导者。杰出的领导者会直面痛苦，面对那些无眠的长夜、持久的压力、无穷无尽的流言蜚语，永不言弃。胆怯与勇敢仅有一线之隔。英雄与懦夫有什么不同？懦夫拒绝面对他必须面对的事情，英雄则用意志赶跑怯懦，然后做该做的事。面对紧要问题时，考验人们的是勇气，而非智商。请记住，好事从来都是不圆满的，正确决策需要智慧和勇气。

无论是谁，一生都需要两类朋友。一类是当你遇到好事时，可以打电话与之分享喜悦的朋友。这种喜悦不是那种蒙着羡慕、嫉妒面纱的虚假喜悦，而是发自内心的真诚喜悦，会比好事发生在他自己身上更高兴。第二类是当你深陷困境时，可以打电话与之分担、向其倾诉的朋友。因此，处理好人际关系是成就事业的重要因素，拥有患难与共、同甘共苦的朋友是事业成功的有利助力。尤其在人与人交往时，若能在对方处于逆境时给他一点关怀，真是功德无量。但是，作为朋友，如只是出于需要才去交往，不管怎么必要，都让人觉得有些势利。两者的不同之处在于，逆境时的交往需要的是真诚，而顺境时的交往更多需要的是技巧。不管什么时候，在人际交往中，真诚都比技巧高尚，甚至可以说，真诚乃是人际交往的最高技巧。

十、正确对待常识

当前，某些企业被一轮一轮的语言泡沫搞得晕头转向，总是想走捷径、投机取巧，这是十分危险的。曼德拉说："如果天空是黑暗的，那就摸黑生存；如果发出声音是危险的，那就保持沉默；如果自觉无力发光，那就蜷伏于墙角。但不要习惯黑暗就为黑暗辩护，不要为自己的苟且而得意，不要嘲讽那些比自己更勇敢热情的人们。我们可以卑微如尘土，不可扭曲如蛆虫。"

那些走捷径等浮夸论调终会涌出来搅乱你的心，让你离开客户最终利益的大地，而只有那些勇敢者，才可以在黑云压城的环境中默默地往前走。不要今天凭忽悠客户赚了点钱就自以为是，要知道违背客户的根本利益，迟早要承受不好的后果。

品牌的核心就是诚信。只要讲诚信，并持之以恒地坚持，总有一批大客户会理解。不要把管理复杂化。好公司就有一条准则，那就是诚信，没有其他，只要对客户真诚，坚持把对客户的诚信做到极致，就会不断引领企业前行。

十一、传承与发扬优秀文化

文化是民族的血脉，是人民的精神家园。文化自信是更基本的、更深层的、更持久的力量。未来，一个国家和民族真正的危机，不是金融危机，而是道德与信仰的危机。与智者为伍，与善良同行，心怀苍生，大爱无疆。人生一世，终归尘土，就算有100年光阴，也不过历史长河中的涟漪。因此，人要活得正直和真诚。无论遭受多大考验，只要视真诚为道路上的灯塔，绝望也只是一种锻炼。

诚信是创业家的立身之本，是创业家的资本。一个人最大的资本是公众对他诚信度的认可。诚信者能获得越来越多的追随者，他们说到做到，绝对不失信于任何人。诚信是未来之路走得更宽阔、更长久的重要因素。做人有四样东西必不可少：挂在脸上的自信、长在心底的善良、融在血液里的骨气、刻在生命里的坚强。做人，格局要大！智商不高没关系，情商不高也问题不大，但做人的格局一定要大。说白了，人可以不聪明，也可以不懂交际，但一定要大气。如果一点点挫折就让你爬不起来，如果一两句坏话就让你不能释怀，如果动不动就讨厌人、憎恨人，那格局就太小了。做人有多大气，就会有多成功。因为胸怀是成功的标志。

记住一句话：越努力，越幸运。放下你的浮躁，放下你的懒惰，放下你的三分钟热度，放空你禁不住诱惑的大脑，放开你容易被任何事物吸引的眼睛，闭上你什么都想聊两句的八卦的嘴巴，静下心来好好做你该做的事，该好好努力了！有时候真的努力后，你会发现自己比想象的优秀得多。除了死亡外，其他都是小事，不管遇到了什么烦心事，都不要自己为难自己。无论今天发生多么糟糕的事，都不要对生活失望，因为还有明天。

有目标的人在奔跑，没有目标的人在流浪，因为不知道要去哪里！有目标的人在感恩，没有目标的人在抱怨。有目标的人睡不着觉，没有目标的人睡不醒。生命只有走出来的精彩，没有等出来的辉煌！如果感到自己很辛苦，那就告诉自己，容易走的都是下坡路！坚持住，因为你正在走上坡路，走过去，就一定会有进步。如果你正在埋怨命运不眷顾，那请记住：命，是失败者的借口；运，是成功者的谦辞。命虽由天定，但埋怨只是弱者的表现，努力才是人生的态度，相信你可以。

珍惜时间，经得起诱惑。手机原本是使日常生活变得便捷的工具，如今却成为持续不断的诱惑、高效时间的毁灭机器、大受欢迎的消费方式，有时也是将主人变成奴仆的成瘾性"药物"。很多人都把宝贵的时间和精力消耗在手机上。控制冲动是人生成功的基本条件，能让学业、事业更加成功。控制冲动是完整人格的重要组成部分，必须如走路、说话一样习得。而教会孩子自我控制、遵守纪律、坚持等品质，是父母的首要任务。我们应该减少使用电子设备的频率，增加与他人相处和交往的时间。知道如何掌控自己的人，才能赢回遗失的自由和独立。

学习和钻研本身就是信仰的组成部分，是一种神圣的使命。人一生都要把学习作为信仰，尊重有知识的学者和传授知识的教师。智慧在犹太人的心目中占有重要地位。智慧和知识不一样，知识是指知道某一样东西，智慧则是把知道的东西和日常的生活与工作结合起来。没有创新的学习是模仿。学习应该以思考为基础，要敢于怀疑、随时发问。

十二、非凡的领导才能是后天培养的

非凡的领导才能是先天赋予的还是后天培养的？答案是这些特质都是可以通过后天培养的。因此，任何领导者都必须在实践中学习，在实践中锻炼成长，绝不能因为过度自信而放弃对自己的更高要求。要善于思考、总结经验，那些彻底堕落的人是不读书的，人只要还在读书，就不会彻底堕落。

学习是人类成长的阶梯。最是书香能致远，腹有诗书气自华。阅读的人，尤其是经常阅读的人，能够更好地发现问题，引领社会前进。对于经理人而言，阅读是学习，实践也是学习，都是增长知识、培养才能的途径。

十三、教练式领导

现在，教练学已经发展成一门学科，剑桥大学、哈佛大学等世界著名学府都成功地植引了教练学，并在领导力领域广泛应用，进而延伸为教练型领导力。教练是客户的伙伴，通过发人深省和富有想象力的对话过程最大限度地激发个人的天赋潜能和职业潜力。教练帮助人们更好地思考，通过有效的提问方式帮助人们找到解决问题的答案。教练不同于顾问的提供解决方案、教师的传授知识和导师的榜样示范，他不提供建议和答案，而只是客户的一面镜子，让客户通过镜子看到自己的心智模式和行为模式，从而发挥其领导力，并提升其效率。教练通过体验式训练的方式促使人们蜕变和提升。

企业要真正实现发展和提升，就要改变人们的心智模式，而教练式领导就是以人为本，塑造并训练人的一种新的管理模式。教练式领导的关键是上级对下级更强调双向互动，而不是单向命令式管理，并且更频繁地使用激励、启发和诱导等手段，以教练的方式激发下属的主动性和创造性。

（一）教练式领导的理念

任正非曾提出："让听得见炮声的人来决策。"他还指出，华为过去20年的成功是依靠中央集权式的管理来实现的，但今天华为要实现权力下放，机关不了解前线，但拥有太多的权力与资源，为了控制运营风险，自然而然地设置了许多流程控制点，而且不愿意授权，结果降低了运营效率，增加了运作成本，滋生了官僚主义及教条主义。教练式领导作为一种新型管理方式，正在逐步代替以控制、指令为特征的集权式管理，被更多的企业采用。教练式领导是上级管理者帮助下属自主发现目标，并将个人目标融入组织目标，使其在组织中发挥最大热情并创造性地开展工作的领导方式。

（二）教练式领导的管理方法

教练式领导的管理方法是以绩效为抓手，发动干部和员工提出自己的工作目标。没有目标作为基础的企业，就像大海中一艘没有方向的船。计划是教练式领导的重要抓手，没有计划，就没有执行力。人的综合能力有三个要素：心态、沟通和知识。过去，人们往往很看重知识、方法和技巧，却对心态、沟通视而不见。但心理学研究表明，个人成功与智商的关联度不到30%，真正起决定性作用的是个人的心态和沟通协作的意识，这也是教练式管理在企业大放异彩的原因。

教练式领导力在实现团队业绩目标时，以绩效为动力，选择价值匹配、德才兼备、业务能力突出、管理基础好的下属作为重点激励对象，提升核心队伍的业务能力和凝聚力。

十四、不懂带人，就自己干到底

（一）管理是让人把事情做好的艺术

管理是让人把事情做好的艺术，这是管理者的立身之道。管理者的任务就是引导和管理员工的行为，以实现组织目标。为了达成组织目标，管理者既要当领导者，又要充当教练。领导者确定组织前进方向，并为员工制订指导性的行动方案；教练帮助员工尽力做到最好。过去那种发号施令、自上而下把决定强加于人的权力控制型领导模式正在逐渐被教练式模式替代。教练和领导是管理这枚硬币的两面。

管理就是要解决问题。人们遇到的管理问题一般都很相似,但在不同的管理模式中,人们解决问题的方式大相径庭。一个人看问题的方式影响着他解决问题的方式。不要让无谓的问题复杂化,简单才是最有效的解决问题的方式和途径。

如果东西没坏,那就不要去修补它。

多做有效的事情。

如果一个方法没用,那就不要继续,尝试其他的方法。

如果发现一个方法有效,那就把它教给别人,或者从别人身上学习它。

(二)沟通是管理的重要技巧和艺术

通过言语,人们可以给别人带来极度的喜悦或最深的绝望;通过言语,教师将知识传授给学生;通过言语,演说家影响听众,甚至主宰听众的判断和决定。言语能唤起情绪,是人类相互影响的重要方式。沟通是领导与员工互动的行为,是双向的,他们在沟通中传递并接收信息。学会倾听,能帮助员工变得更活跃、更高效,这反过来也会使管理者的工作更顺利。如果管理者能将提出问题、解决问题与倾听的艺术相结合,那么他就掌握了最强大的管理工具和管理艺术。

(三)带人的第一技能:会听

倾听意味着在听他人讲话的时候,不要让自己的先入之见扭曲别人传递的信息。只有毫无偏见、敞开心扉,才能全面理解对方的信息。倾听就是真心地听别人讲话,而不是只听自己想听的内容。真正的智慧就是在倾听的时候仿佛自己对此毫无所知,保持新手的定位,把以自我为中心抛在一边,同时不要显得过于无知,这需要兼有勇气、智慧和灵活性。简而言之,应该寻找那些在员工的思路中与解决方案相联系的要素。好的倾听者能够在错综复杂的问题中找到解决之道。

一个人在倾听的时候会比讲话时得到更多的信息。当管理者全神贯注地以极大的兴趣听员工讲话时,他会得到更有用的信息。倾听还会改善管理者与员工的关系。其实，聚精会神地倾听是授权给员工最主要的方式之一。对于管理者来说，听胜于说。管理者在讲话的时候，是什么都听不到的。正确的做法是，要善于倾听，做一个有教养的人。

一位哲人曾说过："尊重他人，是一个人走向文明的起点。尊重他人是做人的基本美德，一切不文明的行为都是不尊重他人的表现。"

卡内基也说："专心听别人讲话，是我们所能给予别人最大的赞美。"

一个不懂得尊重别人的人，当然也不会赢得别人的尊重，事业也难以成功。

（四）善于说话的艺术

管理者有时会以"不绕圈子"以及直击要点为傲，其语言也常常充满男子汉气概。的确，使用商业语言会给人一种气场强大、行为果断的印象，有一些人甚至认为用一种上司的语气说话会让自己看起来更好。但是，仔细想想，当别人用这种态度和你说话时，你会有何反应？往往会让你不认真听，并采取一种防卫的态度，你心里肯定会想"你觉得你是谁"。其实，有效管理者并不那么关心自己的形象，他们更关注有效的结果，使用更宽松的而不是指令性的语言，采用邀请的姿态，而不是指挥的架势。事实证明，更多地使用宽松的语言，可以引领员工自己思考，进而做出更好的业绩。

另外，宽松的语言还可以增加合作的概率，避免双方对抗。谈论行之有效的方法，而不是问题之所在；以建设性的态度发表意见，而不是僵持在常见的谁对谁错的争吵中。要善于清楚流畅地表达自己，这不仅需要清晰的思路，还需要活跃的思维和准确恰当的语言表述。总之，说话应该使他人愉悦、使人受益。

正如一位哲人所说："世间有一种途径可以使人很快完成伟业，并获得世人的认可，那就是优秀的口才。"

（五）善于提问比告诉人们怎么做更有益

提出问题要比以专家或者上司的姿态进行一场对话更有引导性和合作性。

每个人都喜欢表达自己的观点，而提问其实就是在邀请别人讲话，邀请别人贡献智慧。毕竟，管理的核心是鼓励员工发挥创造力、做出贡献、承担责任。

提问可以避免管理者自己讲得太多，有利于将注意力聚焦在对方的故事上，而不是只关心自己的思维和故事。

回答者对他的回答有责任感，更有益于对自己的承诺负责。

由此可见，问题是解决方案的助产士。

（六）迅速把员工变成干将

既然管理是通过人把事情做好的艺术，那么它就涉及人与人之间的互动，也就是人们之间相互影响的过程。因此，人力资源管理不是单方面的独白，而是相关角色间的互动与对话，所有互动都是由内容和方法组成的。管理者应创建宽松和谐的工作环境，让员工有更高的积极性，创造性地解决问题。交际是与人接触，其目的是与同事建立最佳关系，让同事和员工觉得你对他们感兴趣，无论是从工作角度还是做人的角度这都是有价值的。

作为管理工作者，可以通过交际这个工具创造最有建设性的氛围和环境。这样，当管理者说错话或办错事时，其错误会更容易被谅解。也就是说，管理者要建立积极的工作关系，越强越好，要让员工愿意共事，这样共同寻找问题解决方案的时间就越短。具体而言，可以从以下方面建立工作关系，使员工成为干将。

一是管理者要关注员工的思考和讲话方式，适应他们的语言。

二是在分析情况的时候，快速、清晰、简明，让对方认可自己作为管理者和领导者的位置，要展现出关注和正确处理事情的能力。不表态的陈述、玄妙的术语、复杂的专业词汇只会让问题复杂。与现实脱节的理论上的杰作、虚荣心等都不会对工作有什么帮助。

三是尽量把复杂的问题简单化。现实情况已经够复杂了，没必要让问题更复杂。

四是以对员工有效的方法为基础，因为总有一些事情是他们做得好的。

五是承诺很关键。如果摆出不做承诺的姿态，很快就会出局，应该诚实地向同事和员工做出承诺。

六是远离做他们救世主的幻想，抛弃"没有我，你们什么也做不了"的话语，时刻提醒自己不要扮演传道者的角色。

七是合作。任何人都无法在真空中工作，合作意味着一起工作的每个人都可以做得更好。

八是慢一些，顺其自然。很少有一蹴而就的事情，要花时间慢慢培养，逐渐建立合作关系。

九是演变优于剧变。在肯定组合的技能中，谈话的另一方会对一系列明显的问题或陈述给出积极的反馈。在最初几次积极的反馈之后，沟通氛围会变得更积极。这种肯定的心态会让对方对后面比较困难的问题给出积极的反应，推动你与员工的合作。如果你把赞美、肯定组合与积极的建议结合起来，就为合作助推器增加了发动机，这会给谈话带来神奇的效果。同时表明你更关注的不是他的问题，而是他这个人，表明你尊重且欣赏他，这是一种强大的互动关系。

十是调节员工的情绪，让员工从积极的角度看问题，找到合理的解决办法。

十一是情境对所有事情都有很大的影响，需要给予适当的注意。

十二是帮员工把目标分解成一个个动作，让目标更清晰有效。没有目标就不可能成功。作为一个管理者，设定目标以及帮助员工实现目标都是关键性的任务。

十三是公司的目标是第一位的。公司的目标要优先于个人目标。如果想更快升职，就要使自己的职业目标与公司的目标保持一致。

十四是尊重员工的目标。公司对员工好，员工就会对公司好。给员工设定的目标必须有效，目标必须现实可行。具体目标要能够用可见的行为来描述，从小目标开始，努力实现大目标。这里常见的错误是设定实现不了的目标和设定模糊不清的目标。要充分发挥结果导向型管理模式的优点，同时避免只讲结果、不注意过程、为了结果而不择手段的倾向。

总之，在做事和实现目标的过程中，要充分发挥员工的作用，不断提升员工的素质和能力，在为共同事业奋斗的过程中，迅速把员工变成干将。

（七）巧妙带人比费尽心思管人更重要

管理者要讲贡献，应该努力工作，至少要比员工更努力，做出更多的贡献。他们要付出额外的时间，承担额外的压力，做额外的事，相应地拿更高的薪水。但是，努力工作并不等于高效工作，不断提升工作效率是管理者不懈追求的目标。管理者的主要工作是创造一个合适的环境，给组织赋能，让员工做最优的工作。管理者的工作是帮助他们科学工作、主动工作，而不仅仅是努力工作。

总之，作为一个管理者，要充分发挥自己的模范作用，充分运用目标管理等先进的管理方式激发员工的积极性、主动性。因为带人是提升团队效率的有效途径，其比管人更重要，更有利于激发员工的积极性。

（八）要把员工变干将，管理者先要做干将

通往顶峰的路漫长而拥挤，只有少数人才能到达，这从来都不是一件容易的事。作为一个管理者，一定要防止自大、霸权所造成的后果，要明白在员工中分享成功能够使自己成为一个更好的领导者。首席执行官坐在公司这棵大树的顶端，看似风光，但也更容易受到风暴的侵袭。一个从未怀疑过自己的人，必然是一个以自我为中心的人，他不能坦然面对身边发生的一切。作为一个管理者，消除怀疑、树立自信是一项重要素质。要激励员工变干将，领导者先要充满自信，把自己变成干将。

（九）放手让员工去做

如果员工能把所有事情做得很完美，还要管理者做什么？有些管理者抱着这种想法认为自己必不可少，认为一切都在掌控之中，每天工作很长时间，员工的所有事务都插一手。这不是现代管理者应当做的。在现实中，从始至终凌驾于所有人、所有事之上的管理者是必然要失败的。

如果员工在积极工作，管理者的工作就是要激励他们，促使他们做更多的工作，更高效地工作。

如果员工做得很好，管理者就要为未来规划、做长远打算。如果员工在积极行动，管理者就负责谋划未来。

（十）员工第一，提升服务质量

大道至简，极致思维。极致思维就是把产品和服务做到最好，为用户完成需要完成的任务并超出用户预期。为此，领导者必须时刻把眼光聚焦在市场变化上。消费者需要什么、喜欢什么，企业就必须研究什么、实验什么、生产什么。企业的目标就是满足消费者的需要，就是面向市场。企业和市场只有依靠

产品才能统一起来，是产品把企业和消费者连接了起来。产品和服务反映了企业的价值取向。企业领导者是市场的创造者、资源的发现者、促进需求的革新者，他们的勇气和信心是宝贵的资源，他们的聪明才智和精明才干决定着一个企业的命运。

员工也是企业宝贵的资源，是员工负责生产产品、提供服务。员工第一是企业必须遵循的宗旨。快乐是由一点一滴的小事构成的，转瞬即逝的一个微笑、一个善解人意的表情以及无数微不足道但愉快亲切的感觉，都会给企业的业绩带来影响。利润是快乐工作的自然产物，通过其他的方式不可能获得。一个不快乐的部门会消耗更多的成本，因此快乐很重要。而善良正直、体贴他人、充满爱心以及无私奉献等品格要比工作经验、工作时间以及一大堆学位证书重要得多，因为好人能干出更好的工作。卓越的公司之所以能够与众不同，就在于它们能吸引和保留优秀的人才。

人们的观念、态度和技巧对服务质量有着重大影响，所以需要先从观念培训开始。企业只管生产和销售产品的时代已经一去不复返了。谁能为消费者提供围绕着产品而展开的服务，消费者就与谁做生意。服务是一个永无止境的创造性的追求过程，是一种艺术。流程就是寻找最好的做事方式，使构成服务的要素变得合理有序，这样提供服务的人可以集中精力做得更好，同时加入更多情感因素，使服务变得生动起来。

十五、找回质朴的力量

职业精神最重要的是坚持质朴的力量，也就是专注做好一件事，不会为更快、更多地获取不当利益走捷径。在当下快速运转、竞争激烈的市场环境下，这种模式虽然显得笨拙而执拗，但恰恰是百年企业基业长青的精髓。每个基业长青的企业都要把找回质朴的力量作为今后快步前行中常驻心中的警醒。

（一）理论千篇，不如固守一篇

经营战略与理念不可或缺，但要力求清晰、干脆、不说大话。许多聪明人往往容易犯的错误是观念很多，但很少坚守。理论千篇，不如固守一篇。曾国藩认为过高的道理都近乎狡或伪。他一生都在强调勤与恒，说天下事要做成样子必须有两样：一是规模，二是精熟。两样都从勤与恒中来。要坚持一年一大事的策略，群策群力，力求效果。而排序的能力是一个人的重要能力，体系越大、资源越多，越要明晰最首要的核心任务、重点工作，并协调整合推进。

（二）喊话千遍，不如问责一遍

单纯的语言往往是苍白无力的，工作的落实必须要有具体事项的安排和考核反馈，必须狠抓落实、责任分明。合作完成一项工作一定要让每一个参与者都有明确的任务目标和清晰的责任。单纯的高度紧张、高强度工作，只会制造紧绷感、疲劳感，如果没有明确的工作分工，必然产生能量的耗损与工作效率的降低。管理实践证明，喊话千遍，不如问责一遍。

（三）箴言千句，不如践行一句

知而不行，只是未知，知行合一才是真正的知，否则就是知而无用。多数情况下，人们没有做成一件事，并不是不知道如何去做，而是没有真正去做。知行合一，分寸耕耘，践行终身，在时光的冲刷见证下，唯有质朴的力量才愈加珍贵。

今天信息愈加透明，每个企业的经营瑰宝都不再是秘密，即便是以服务制胜的企业公开了自己的秘籍，也不是谁都能学得会的。因此，企业一定要准确把握并在实践中践行以下原则与关系：做对的事情，把事情做对；正确处理"跑得快"与"活得久"；生存与诚信；短时的机会与长久的战略；创新成败与学习力提高；创新的本质与人生的意义；等等。学会了这些，才能回归质朴的力量，做知行合一的实践者。

第十三章
思维成就企业

一、企业家思维

企业家的思维一定要与常人有所不同，如果按照常人的思维思考问题，一定会在做决策的时候形成许多障碍。常人思维的第一个局限是经验，曾经有过的经验是思维的惯性，一旦有了惯性就难以创造新的市场、新的产品，也找不到新的需求。经验虽然是常人的思维，但没有经验又无法把握常规事物。因此，企业家既要有常人思维，又要脱离常人思维的限制。第二个局限是知识。企业家既要多学知识，又要跳开知识的限制。第三个局限是羊群心态。遇到没有尝试的事物，常人会感到害怕，有时会跟着别人的想法走，这便是羊群心态。综合来看，作为一个企业家应具备以下思维。

（一）由未来看现在

一般常人的角度都是用现在看未来，如一个人要创业，最基本的、最直接的动机就是想赚钱。一个成功的企业家需要不断战胜现有的困难，逐步推进自己的目标。企业家的成功并非是因为资源比别人多，资源永远是有限的，在开放的社会，大家获取资源的能力都差不多，如果要依靠资源才能办事，那只能叫作经理人。经理人更多的是基于资源做事，而企业家更多的是创造条件做事。

那么，如何由未来看现在？一是时间的空间感，即要预测未来。很多事情不用纠结，不用活在别人的眼里，而是要活在自己的心里。二是有明确的节奏感。由未来看现在就是要选择路径。从现在看未来是找不到路径的，是一种投机状态，撞到什么就选择什么。而由未来看现在是倒着推算，这样就可以进行比较，选择可控的那条路或者能够平衡长短的那条路。

（二）从高空看格局

布局就像下象棋，水平高的选手可以看到五步以上的棋，下象棋不在于吃子，而在于布局。众多企业破产的一个重要原因是被客户诱惑，客户会诱惑企业把价格降得越来越低，迫使企业做更多的品类，让企业给他们提供更多的功能或服务。因此，很多企业通常不是被竞争对手打败的，而是被客户诱惑而死。站得高才能看得远，才能更好地调配资源，优化配置生产要素，做到未雨绸缪。

（三）从外部看自己

企业家最关键的是要有客户思维，从客户的角度看待企业需要做的事情、应解决的问题。企业也不需要让所有的客户满意，离客户近的、客户需要的事情要多做。与此同时，21世纪管理上正在酝酿一个新趋势，这个趋势是由全球竞争所带动的。人们日益发现21世纪与19世纪、20世纪成功的关键有很大的不同。在过去，低廉的天然资源是一个国家或企业经济发展的关键，而传统的管理系统也是被设计用来开发这些廉价资源的。同时，环境的污染没有得到足够重视。然而，这样的时代正离我们而去，摆脱资源的限制、发挥人的创造力已成为管理的重心。这是广大管理者和领导者需要加以认识的。

二、互联网思维

近几年，很多传统企业都在面临并思考一个问题：辛苦经营多年的"核心竞争力"为什么突然失去了后劲，被一帮互联网企业从后面追上，然后又远远落下？互联网思维恰似一缕薄雾，看上去真真切切，就是抓不到手里，更用不到传统企业的实践中来。打车软件盘活了资源的空闲价值，但仍无法取代开车的司机；不管手机再怎么智能，都离不开流水生产线，进入全新的自我复制时代。人们依然住在万科（万科企业股份有限公司）的房子里，而不是万科的云里；人们在携程App买了票，还是要搭乘国航的飞机。互联网时代打破了距离边界，让许多信息自由流通，让更多的人在互联网面前基本平等，同时让更多的老百姓公平地暴露自己。在现今世界，见识的先后比知识的深浅更重要，要勇于站在风口，抓住机遇，顺势而为。互联网逐渐发展为一种基础性技术，并使颠覆许多行业成为可能。

但是，传统行业那些艰涩的商业规则从来没有被互联网取代，相反，伴随着互联网从"行业"变成"工具"，越来越多的传统企业开始享受互联网技术的红利，传统企业开始和互联网企业融合。过去，传统企业如跑在乡间公路上的奥迪，开得再快，也跑不过高速公路上的奥迪。问题的根源不在自身，而在于选错了竞争的赛道。现在，两条赛道上的隔离带正被"互联网+"拆除，传统企业要转型升级，把自己变成互联网企业，互联网企业则要融合传统企业，这样才能实现价值增值。

正如蒸汽机和电力开始并没有成为通用能源，而是随着现代工业的发展逐渐取代其他能源的。但是，无论能源形式如何变，消费者需要的都是产品或服务。无非是产品或服务的质量提高了，背后的链条减少了，环节缩短了，成本降低了。产品永远是消费者需求的主体和本质。企业家的成功不只来自天分和努力，更来自先人一步的视野与眼光，先行就是先机。

制造产品的能力让位于打造好产品的思维。产品制造模式、用户关系、传播渠道都在发生变化，从外向内，逆向从用户端推演出产品逻辑，才是新赛道的运营法则。

金字塔式的组织让位于分布式组织，大公司被解构、去层级，人人都是中心，公司自给自足的封闭模式将被打破。

当互联网企业和传统企业站在同一个赛道上时，企业可能呈现出另一番景象。终有一天，人们会发现互联网无处不在。互联网不再是一个特立独行、来势汹汹的新兴体，而会彻底渗透到各个行业缝隙之中，直至大象无形。互联网会加上一切，最后隐于一切，它将不会有机会从云端俯瞰人们。

（一）传统企业要拥有互联网思维

世界著名未来学家约翰·奈斯比特1982年的著作《大趋势》里预言的十大社会趋势，据《金融时报》证实都已实现。他说："一个网络组织中最重要的就是每个人都是中心。等级制度迫使人们往上爬，网络组织则将权力赋予他人。"这不就是当下"去中心化"、个体崛起的表述吗？

尽管有的企业已经做到了"小微组织化"，打破了中间层级，但是有多少企业敢把重锤砸向现有的组织架构呢？进化还是被抛弃？没有人愿意选择后者。在进化的过程中，只有找到发展的趋势，循着灯塔前进才不至于迷失方向。把互联网与传统企业简单地结合只能是明天的战略，未来每一家企业都是互联网企业，如果仅把互联网当作一种手段会有未来吗？其实，未来早已到来。不管是特斯拉、海底捞，还是脸萌、足记，它们敏锐地抓住了急速变化的时代脉搏，凭借管理、产品甚至推广上的精准契合俘获了特定消费者的心理认可，突然间冲上云端。但是，有些企业抓到的、赖以成名的机遇往往是一些偶然的、外在的因素。这些因素是火花型的，可能在一瞬间产生巨大的能量，推动企业走上巅峰，但短暂的能量释放之后，企业失去强劲动力的助推，开始滑落，这就需要企业找到一条平稳的增长通道。

近年来，提得最多的一个词就是"经济新常态"。如果把过去几十年持续高速增长称为旧常态，而目前较之过去经济增长速度放缓，就是新趋势，最关键的是，放缓可能持续相当长一段时间，所以成了新常态。新常态要求经济结构不断优化升级，第三产业逐步成为主体，收入差距逐步缩小，人们收入占比上升，发展成果惠及更广大民众；要求企业从要素驱动、投资驱动转向创新驱动。换言之，企业和经济的增长更多地依靠人力资本和技术进步，依靠结构的优化和广大企业的转型升级，依靠质量的提升和品牌的塑造与培育。

（二）要进行人的重启，充分释放人的价值

过去20年，美国企业硬性资产与软性资产比例已经从62∶38变为16∶84。这样的变化在我国还没有大范围发生，但是也正在逐渐发生。从经济发展的态势可以看到，在未来的经济活动中，人的价值正在得到深度彰显，

这是经济技术发展的必然,也是历史的必然。

谷歌的创新源源不断,而硅谷创新精神的核心就是依靠一线员工的创意,自下而上地去改变,认真地思考并利用技术创新的成果,探索新的商业模式。多年前,商业模式还是相对于企业内部的一个课题,多强调单体企业创新资源整合方式,进而创造价值,这是"羊毛出在羊身上"。当今,商业模式的内涵和外延不再限于企业内部,任何企业都必须打破企业界限,关注企业外部利益相关者,包括竞争对手,形成一个商业生态圈和价值圈,这是"羊毛出在猪身上,让狗买单"。但是,无论商业模式如何转变,在实现变化的过程中,都必须坚守善意的逻辑、为用户创造价值的初衷、和谐共赢的伦理。或者说商业的本质是不会改变的,在坚持为用户创造价值的同时,利益相关者逐步实现了由合作共同体、经济共同体向命运共同体的转变。

越来越多的难以被预测的市场加剧了企业的无所适从和焦虑。一边是一大批"过把瘾就死"的创新先驱,另一边是落后于变化而衰败的传统企业。两幅场景描绘出当下企业最现实的窘境。传统模式已无法再继续下去,但新的道路又充满荆棘与未知。松柏终年长青,并不代表它不会落叶,它也会不断长出新叶。企业同样需要学会舍弃那些干枯的枝叶,发出新芽,继续成长。产品层面的迭代,保证的是产品方面的生命力。但是,当大环境发生改变、市场被重塑时,更需要企业层面的迭代,让企业的生命力得以延续。这些都需要制度、模式、产品和企业创新乃至产业创新的力量。

顶层设计的迭代涉及企业决策层面的商业逻辑、权力架构,要求随着市场的变化而反复修正,甚至自我否定。另外,在迭代的过程中,无所适从的不仅是企业,还有用户及消费层面的变化。其关键是人们思维的重启和改变,以充分释放人的价值和潜能,尤其是道德的力量。在推动历史进步的征程中,即使人们道德方面的一些微小进步,其对企业发展和社会进步的促进作用都是巨大的。

(三) 互联网时代需要及时反馈

伴随着移动互联网、云计算、大数据的高速发展和广泛应用,"反馈经济"

一词被创业者和投资人士反复提起。"反馈"原本是一个生理词汇，指人的一种生理作用。而如今，特别在大数据时代下，互联网经济成为一种新经济形态，进而促使新的商业模式乃至新的生活习惯出现。反馈的速度逐渐成为企业或个人成长快慢的重要因素。

移动互联网、大数据、智能制造三项技术结合在一起正在革命化地改变着人们的生活，3D打印机、智能机器人的出现使个性化生产、大规模流水线更高效。在短缺经济时代，企业主要靠大规模生产带来规模优势而存活，这种优势随着经济全球化的深化、差异化生产和大规模定制的涌现逐步消失。人们期待着一个互联网与传统企业完全融合的新时代的到来。

互联网与传统企业对接就是"互联网+"。为什么一定要"互联网+"？显而易见是因为互联网的优势，也就是互联网的概念。移动互联网的诞生让随时随地接入互联网成为可能，带来了整个互联网的内核。借助大数据，可以把世界所有的数据集中在一起，对过去进行总结、概括，探索出未来的方向。云计算这种高速运转的计算让大数据实现了价值。首先，互联网联通你我，是企业进行社交运营的必要道具；其次，"互联网+"可以实现传统营销所做不到的——没有直销店，店面成本降低为零；最后，通过预先定制可以实现零库存。这就是互联网给产业带来的变化。互联网的快速、高效必然要求及时反馈，这是互联网大数据时代的必然要求。

（四）大数据时代的营销变革

大数据正在颠覆目前的营销模式。大数据时代的到来将彻底颠覆此前的市场营销模式，进而导致企业整体性变革。而智慧地球的概念，其核心是这个世界正在被感知化、互联化和智能化。

一直以来，人们所看到的商业行为都是通过市场采集的信息来了解客户的一些资讯，帮助公司做研发、生产、营销、推广。当产品积压时，通过打折或者压迫经销商来完成销售额，这是传统的由内向外的经营模式。在社会化盛行的今天，新技术赋予消费者前所未有的主导商业的力量，我消费、我做主，社会进入消费者主权时代。多数客户已经不再相信商家通过广告推广的产品，他们开始主动搜寻信息、筛选信息、比价、筛选产品。由企业营销部门主导的话语权已经被消费者的体验所替代。品牌形象的塑造也不是单一的公关部门的工作，而是由拥有自媒体平台的每一个人、合作伙伴等共同推动，其核心不仅仅是"牌"，更是"品"，是消费者的消费体验和价值创造。

以服装为例，今天的客户开始主动要求他们喜欢的款式、材质和设计，适合他们的供货渠道、提货地点，甚至包括折扣金额以及期望的服务体验。人们赋予这些客户以"首席执行官"这样的称谓。因为当个性化消费者自己掌控消费行为的时候，当他们通过社交媒体、网站、论坛表达个人需求时，客户已经成为影响企业设计、生产、销售、服务甚至决策及战略的董事会成员。

（五）互联网"吓唬"企业

毫无疑问，互联网是这个时代最为深刻的变量，但是如果和很多企业接触，就会发现，很多企业因为这个"幽灵"而惊吓过度了。如今实体店生意不好做，但是若真的算账，就会发现，线上交易只不过占全国消费品零售总额的5%左右。人们也经常听说实体店经营状态不好，但其中一个很重要的原因是前些年商业地产过度投资，商场建得太多了。

同样，商业也被互联网"吓唬"了，出现了一个词——转型。就产品转型而言，就好像要把一个闹钟改装成自行车一样，实在太难。从机械学的角度看，似乎不太可能；从生物学的角度看，就更不可能了。一个企业就是一个生命，难以基因重组。因此，从这个意义讲，不能盲目地、过度地强调转型，尤其是产品转型更应该慎重。

达尔文晚年曾被一个动物折磨得死去活来，这个动物就是雄孔雀。按照达尔文的"物竞天择，适者生存"的进化论，雄孔雀这种奇葩动物早就应该灭绝了，毕竟它拖着那么长的尾巴，既妨碍觅食，又耗费能量，还不利于逃跑。令人意想不到的是，短尾巴雄孔雀虽然活得雄姿英发，但因为颜值太低，以至于没有雌孔雀愿意和它交配，于是就绝后了。最终，长尾巴雄孔雀成功地把基因传承了下来。

互联网的出现固然具有颠覆性，但同样没有什么了不起。人们不能过分地、盲目地强调转型，而应该强调进化，尤其要强调升级和创新。

三、中国制造

近年来，经济环境已经发生了根本变化：产品的生命周期越来越短，数量却在剧增；消费者的行为也发生了巨大变化，越来越多的消费者喜欢在网上购物，消费升级正在不断改变着人们的生活和消费方式；经济全球化趋势日益明显。

据国家统计局统计，美国2017年GDP为130.8万亿元人民币，中国为82.7万亿元人民币，日本32.9万亿元人民币，以下依次是德国、法国、英国、印度、巴西、意大利和加拿大。2017年，我国经济总量占世界经济总量的15%左右。改革开放以来，我国的经济建设和社会发展取得了令世人瞩目的成绩。

从我国GDP结构数据及与发达国家数据对比看，制造业的GDP占比会继续缩小，这是不可逆转的，但我们会进一步做精、做细、做深、做强中国制造。而德国制造的工匠精神更多代表的是一种制度和一种科学制造的管理体系，而不仅仅是个人经验。以主观道德为社会标准，人治大于法治、立法不严、选择性执法就建立不起工匠制度，就没有工匠习惯，更不能有工匠精神。今天，我们真正要学习的是工匠制度，用制度养成工匠习惯，再把工匠习惯升华为工匠精神。中德两国的制造业有很强的互补性。我们的优势是战略管理、市场机会，中国企业最强的就是把握机遇、商业模式；我们的弱势是流程管理方面，而经济全球化恰恰为我们提供了取长补短、共同成长的机会。

华为总裁任正非说："超前三步是烈士，超前半步是英雄。"因此，把握好市场节奏，适当进行超前商业模式的探索，踏实推进技术创新，是所有企业都应遵循的理念。很多人认为，"中国制造2025"与"德国工业4.0"、美国先进制造业战略是不同的。我们也不能把"中国制造2025"简单地理解为"互联网+智能制造"，而应该是产业生态、创新生态和文化生态的融合。我们一方面要补课，补大工业的课，另一方面要赶超。德国工业4.0的本质是物理信息系统，美国先进制造业战略依托的是强大的科学技术、新兴技术。

中国制造业的主线是提高创新能力。其一，提高关键核心技术能力；其二，提升设计创新能力；其三，推进制造业的标准创新体系建设；其四，推动知识产权体系建设。其实，工业化和信息化的深度融合是一个伪命题，两者的融合是一个自然且必然的过程。千万不能把"互联网+"当成简单的工具，它是一种理念，是战略思维，互联网改变的是整个产业的思维方式。从大周期看，我国经济已经今非昔比，经济总量、经济增速、经济增长的动力及产业形态都发生了翻天覆地的变化。我国已从一个小经济体成长为世界第二大经济体，从短缺经济体成长为相对过剩的经济体，从工业小国成长为世界第一制造业大国，从一个温饱经济体逐渐成长为小康经济体。这在一定程度上说明我国经济的基本面发生了质的飞跃。

同时，我们必须清醒地看到，过去对速度的依赖、惯性思维使我们很难看到经济的真正问题和风险。要忘记那些漂亮数字，从头做起，干一些真正有价值、有意义的事，让经济去房地产化、去泡沫化，减少对土地财政的依赖和环境污染，提高创新能力和核心竞争力，提升质量和品牌。要加大对企业家的培养力度，创造有利于企业家成长的土壤和环境。

在新形势下，我国企业，尤其是中小企业的发展，必须走专、精、特、新的路子。"专"就是专一、专心、专注于细分市场，不要好高骛远、朝三暮四；"精"就是发扬工匠精神，精心制造、精心管理，出精品；"特"就是特别、特殊，人家没有的你有，人家有的你精；"新"就是新技术、新产品、新的管理模式等。

（一）*满足消费者需求*

现在的消费者有着独特的消费倾向，他们的客户忠诚度低，只忠于自己给自己的定位，并不忠于哪个品牌。而且经济跟分享从来都是分不开的，只是随着 IT 技术的进步、计算机的诞生、互联网技术的越发成熟，分享的方式越来越多、越来越方便而已，而分享越方便越会促进经济的繁荣。可见，今天的分享技术跟 IT 技术的发展密不可分。

企业遵循由内向外的原则是指从为什么、怎么做到做什么，也就是先明确企业创建的信念和使命，然后通过怎样的模式和策略来实现，最后是具体的成果和收效；由外向内则是先考虑做什么，如卖什么产品利润高，然后为了达到一定销量怎么做，而忽略最初为什么要从事这项经营活动。

姜奇平在《新文明论概略》中提出，农业文明让人们得到使用价值的满足，工业文明打开价值的世界，用货币的度量扩展了人的社会化本质，而信息文明的贡献在于发现意义的世界，从目的中实现意义的认同。对于品牌而言，其意义是基于产品又高于产品的内在价值，是企业长存的精神根基，也是抵御恶性营销的利器。在信息时代，企业应常怀有为什么出发的信念，不忘初心，才能实现自身的使命和价值。

（二）创新变革是时代的主旋律

创业教育不是搞运动，而是要回归本真！高校作为百年树人的组织，不能揠苗助长、眼光短浅，要意识到，不能鼓励所有的人都去创业，不是所有的人都要去当老板，也不可能所有的企业都去创品牌。创业需要创新，创业不仅仅是做生意，也不是短期内弄个小企业自谋职业，而是要好好地培养全面能力，在多年以后，凭借技术和社会资源，开创国家创新发展需要的企业，为人民和社会创造新的需求和更加美好的生活。人人都想创业，人人都能创业，但创业从来都不是一件容易的事情，大多数的创业公司都会倒下。试想一没有资源，二没有人脉，三没有资金，创业成功的可能性有多大？创业不等于一味强调做生意，一定要培养战略思维、创新精神、创业能力三者结合的人才，只有这样的人才才有利于创业成功。当今是创业创新的时代，只有具有创新能力的人才，才能引领时代的潮流。

（三）正确认识经济新常态

我国经济在经过多年的高速发展之后，随着经济总量的增大，已逐步进入新常态，这是符合经济规律的。作为新常态，首先，国家不再以过高的GDP作为政府工作的主要目标；其次，政府不再用扩张性的财政和货币政策来维持过高的经济增长；最后，企业要依靠改革和创新来创造新的红利，推动经济增长。而作为企业尤其是实体企业，应主要依靠内涵，走创新、质量提升和品牌发展之路。

但是，在新常态下，很多人很不适应，旧的思维开始回潮，习惯思维有所膨胀。比如，股市中融到的资金是否进入企业？股票的繁荣是否降低了融资成本？有人说，股市融资能有效降低企业的资金成本。很多企业因为拿不到银行贷款或者利率非常高，所以才进入股市。事实上，在股市圈钱的成本要远远高于银行融资的成本，企业实质上是在使用股民的钱。显然，财富不是这样创造的，人类历史上所有的财富都不是靠股市泡沫创造的。银行印钞票，不能创造一分钱的财富，股市发股票同样不能创造财富。面对经济新常态，我们必须转变思维方式，以创新思维实现转型升级，发展模式创新。把新常态作为一种正常的经济发展过程和发展方式，实现我国经济和社会发展的质的转变。

（四）正确认识经济增长

目前，虽然发达国家与发展中国家之间依然存在巨大差距，但是新兴经济体正在追赶发达国家，其差距正在逐渐缩小，呈现出全球趋同的态势。重要的是，没有证据表明这种追赶过程主要是由发达国家在发展中国家的投资带来的。历史经验证明，当发展中国家能依靠自身开展投资、依靠技术推动发展时，其成果会更好。在现实有关经济发展的讨论中，低于1%的增长率往往被视为不具统计显著值，通常认为只有达到年3%～4%甚至更高的增长率，才会发生实际的增长。改革开放以来，我国经济增长速度长期保持在两位数以上，就是最好的例证。

（五）影响经济增长的有关因素

影响经济增长的因素众多，如人口因素、教育水平、国民素质、生活和消费方式、道德因素、社会制度等。

国民素质和才能在经济发展过程中具有不可替代的作用。人的身体、智力和道德等各个层面的能力存在差异，这些差异对经济增长和到处可见的创新至关重要。杰出的能力是所有伟大和有用事物的源泉。把一切都均等化就会让一切都陷入停滞。新兴的信息经济能让最有才华的人把他们的生产率提高很多倍。

经济发展来源于生活方式、消费和生产的产品以及服务的多样化，因此必然是一个多维度的发展过程。随着发达国家变得越来越富裕，人们投入工作的时间越来越少，可以自由支配更多的时间，工作的时间缩短，假期延长，其生活和消费方式正在发生巨大变化。随着经济的发展和社会的进步，我国正处于消费升级和消费结构变革的时期。而购买力的提高和生活方式的改善主要依靠消费结构的改变，即消费者的购物篮由装满食品逐渐地让位于更为多样化的产品，如制造品和服务等。同时，经济发展与社会制度、法律制度和意识形态等密切相关，相互影响。

综上可见，研究探讨经济发展必然涉及分配和收入。随着经济发展，我国加大了扶贫力度，千方百计改善企业，尤其是中小企业的经营状况，加大司法、医疗、教育、就业、养老改革力度等，这些都是提升人民群众生活水平的有力举措。未来之路还很长，我们正在不懈地为之努力奋斗。

（六）有关平台经济的认知与思考

伴随着信息技术的发展，一个功能强大的互联网平台深刻地改变了人们的生活。平台经济是以云、网、端等网络基础设施为基础，以技术创新、商业模式创新为驱动，通过资源共享、产业融合、业态创新等形成的一种新型的经济模式。平台经济是数字化时代技术普惠的结果，它扩大了产业范围，促进了业态创新和跨界发展，能够进一步增加优质商品和服务供给，释放消费潜力，更好地满足人们日益增长的美好生活需要。长期以来，消费数量、质量是影响人们生活的重要方面。过去受流通渠道、商品信息等因素限制，人们的消费领域、视野与当地的供给水平密切相关。现在，电商平台打破了时空限制，人们可以轻松地"买全国""买全球"，极大地拓宽了人们的消费视野，丰富了消费领域，提升了消费品质。2020年，我国线上线下融合的新零售消费占比已达到22%，以互联网平台为依托的新零售已形成超过万亿元乃至十万亿级的新消费市场。互联网平台，特别是网购平台强大的渗透能力，加快了消费向三、四线城市下沉的速度。此外，在医疗健康、教育培训、文化演出等领域，互联网平台还有利于拉近城乡距离、缩小区域差距，让不同地区、不同城市的消费者在第一时间享受到同样的产品和服务。

数字经济的蓬勃发展催生了大量的新业态、新职业。网络直播、共享经济等数字经济新模式拉动了灵活就业人数的快速增加。在这一背景下，许多没有知名度的普通人靠优质内容创作赢得了关注度。数字经济新趋势改变了传统商业营销格局，让人们看到了社会化营销的新商机。新的电商模式和消费模式正在成为中国经济的新亮点，其背后是大量个性化产品对人们多样化、个性化需求的满足。

网络经济的本质是口碑经济、诚信经济，信用是其发展壮大的基石。只有用健康可持续的商业模式作为保障，让人们愿消费、敢消费，才能让消费成为更好的压舱石。人无信不立，业无信不兴，国无信不强。诚信作为社会主义核心价值观的重要内容，不仅是中华优秀传统文化的道德精髓，是现代社会运转的重要基石，还应成为网络空间的基本共识。诚信犹如空气和水，受益而不觉，失之则难存。谁都不愿意生活在一个充斥着虚假、诈骗、攻击、谩骂的空间。互联网既不是法外之地，又不是失信之所，只有让网络空间充满信任、积极健康，才能使正能量充沛、主旋律高昂。

网络赋予了信息传递以便捷性、即时性和互动性，但也存在虚拟空间的隐蔽性和不确定性。网络虚拟性增加了消费者识别不法分子欺诈行为的难度。网络的超地域性也会使网络消费者权益保护的难度加大，为失信行为提供了客观上的可乘之机。如果网络空间失去信任，那么每个接入网络的个体都将是受害者；网络空间信任度高，每个人都能从中收益，也会降低经济社会运行的交易成本。正因如此，加强网络诚信建设，需要坚持共建共享的原则，让政府部门、网络媒体、社交平台和广大网民形成强大合力，也需要建立与之相适应的发展规划、市场规则及监督机制。网络经济只有坚持诚信才有未来。

所谓创业环境，即创业的最佳时机，创业束缚越来越少，创业服务愈加温暖，全社会鼓励创业的氛围日渐浓厚。展望未来，无论是以创业带就业，稳住就业大盘，还是以创业激发活力，培育经济新动能，创业都是提升创新力和竞争力的不可或缺的重要支撑。我们完全可以期待，有了更有经验、能力的创业者，有了更加适宜、良好的创业环境，再加上巨大、丰富的创业机会，中国的创业热潮必将不断地奔涌向前。

四、悟性培养与思维能力

悟性,"是从他所经历过的生活中得来的果实"。

——列夫·托尔斯泰

在社会生活中有种现象似乎值得人们认真研究,那就是在生活大潮中,有人能发财、事业有成,有的人则不能。是命运吗?否!美国的爱默生说过:"只有低能的人,才被命运所支配。"那么,成功的人与不能成功的人的主要区别、主要不同是什么呢?答案只有一个,那就是他们的思维不同。但这并不意味着成功的人就比不成功的人更聪明。聪明人做生意、办事情肯动脑筋,他们想事情总比别人早一步,在别人还没有意识到以前,聪明人已经意识到了,而当别人没有想去做以前,聪明人已经开始做了。这就是人们常说的聪明人的悟性超人的道理。

悟性就是善抓机遇,善抓机遇就能成功。机遇有时就是这样,在你身边时,如能及时抓住,定然有极大收益,但如果错过,就很难再追回来。人与人的悟性差异,仅此而已。但仅仅抓住了机遇并不等于成功,若仅仅满足于对机遇的把握,而不把它运用到实践中,机遇仍然是没有用的。

所谓聪明,并非先天就有,而是在实践中生成,人离开了社会实践,无论如何聪明也不会有所获得。同时,我们还应该进一步认识到,聪明不等于智慧。聪明是一种能力,属于功能的范畴,而智慧的真谛是适时修整,是礼貌相处,是心平气和,是对环境和变化的及时感悟。或许,这就是悟性吧!

(一)悟性是一个人能力的集中体现

悟性直接根植于生活的土壤,吸取形象化的生活信息。这种形象化的生活信息积累得越多,对偶然闪过的信息的捕捉能力也就越强,就像陆游描绘的那样,"绿叶忽低知鸟立,青萍微动觉鱼行"。这种形象化的生活信息积累得越多,对无意碰到的触发信息的觉悟能力也就越强,就会如诸葛亮所说,"多见为智,多闻为神",只要遇到一点火花,就会爆发出智能的烈火。

从心理学的角度看,企业家在社会实践中经过长期观察、学习思考,积累了许多生活经验,事物形象与认识见解便在其大脑中储存起来,彼此若隐若现、若即若离地联系着。进入构思时,在激情的驱使下,企业家开动思维机器把积累的知识调动起来,原来模糊的形象清晰了,原来缺少联系的情节由一根红线穿了起来,原来找不到的语言跳到面前,崭新的艺术构思、生动的事物形象就脱颖而出了。

悟性也有主题,悟性主题是人们进行创意活动和创意思维的基本论点,具有统率作用。例如,人们长期被一种事物所困扰难以解开,出现某些自烦现象,而当遇到某一信息时,主题的点化作用即刻发生,就会帮助人们从困境中解脱出来。

1. 预测悟性

市场对某种商品的急需之日是成功经营者的收获季节,那么对这种需求的预测就是经营者的播种之时。在这里,关键是能够知道眼前发生的现象使人产生悟觉,引起对日后结果的准确预测。或者说,知道眼前的社会变化对日后的市场需求有什么连锁反应,在此基础上预见、捕捉未来的市场需求,并根据需求投资,提前研发、设计、生产市场所需要的产品,必然大有收获。聪明的经营者懂得运用智慧,抓住市场苗头,准确预测未来趋势。

什么是预测?在某种意义上讲,人们对社会现象的敏锐感悟就是预测。这种感悟和体验不是心醉迷狂,不是多愁善感,而是用心灵去听、去想,用纯粹的意识支配直觉去感受、体验、领悟,甚至肯定那些隐藏在抽象细微变化中的价值,把握其本质和规律。感悟出新,需要一定的组织能力和魄力;优柔寡断、瞻前顾后,只会贻误战机,丧失胜利的良机。商业经营切忌随大流,要善于发现市场机遇,独辟蹊径。

2. 机遇悟性

机遇就是财富。抓机遇,在经商中主要指善于洞察市场变化,感悟市场需求,顺应大环境,参与大机遇,及时捕捉机会,珍惜东风,借风行船。机遇并不单指幸运，它往往隐藏于平凡现象的背后，被表面现象所掩盖，因此，一般人难以觉察。只有聪明并做好准备的人才能透过现象捕捉本质，抓住被人们忽略的潜在机遇，借风行船。

机遇的一个明显的特征是瞬时性，一旦出现，千万不能延迟、观望或犹豫，必须当机立断。常言道："机不可失，时不再来。"说的就是这个道理。古语有云："月晕而风，础润而雨。"其意思是说当月亮周围出现光环时就预示要起风，当屋柱下面的石礎出现返潮现象时则预示可能下雨。任何事物的发生总是有征兆可循的，只有细心观察、及时感悟，才能抓住机遇。要成功地运用悟性，首先，必须掌握和获取大量的信息，谁掌握了信息，谁就获得了主动权；其次，要进行科学的推理与准确的判断，这是把握机遇的关键；再次，培养把握机遇的悟性，这是把握机遇的钥匙；最后，要迅速采取行动。

3.潜意识与悟性

何谓潜意识？"潜"是不露在表面的意思，"意识"是人们认识世界的心智活动，潜意识就是不明显、不露在表面的认识、思考等心智活动。对此，心理学家弗洛伊德曾用"海上冰山"来形容。浮在海平面可以看得见的一角是意识，而隐藏在海平面以下看不见的更大的冰山主体便是潜意识。潜意识是人们心中的大海，它汇集着一切思想感受的涓涓细流，容纳着各种观念心态的百川江河，是形成人们一切思想意识的源泉。

4.如何开发人的潜意识

对于一个成功人士来说，应该不断地学习新东西，给潜意识输入更多的基本常识、专业知识及相关信息。事事留心皆学问，若要让大脑更聪明、更有智慧、更富有创造性，就必须给潜意识输送更多的相关信息，同时让积极的心态占据统治地位，成为最具优势的潜意识，甚至成为支配人们行为的直觉习惯。有不少人苦思冥想某一问题，结果却在梦中，或是在早晨醒来，或在洗澡时，或在走路时突然从大脑里蹦出了答案或感悟。因此，要随时准备纸和笔，记下突如其来的感悟设想。

保险式剃须刀发明出来的时候，价格太高，再加上人们一时还不能认识它的诸多优点，因此长期销路不畅。剃须刀的发明者是金·吉列，最初吉列开办了一个小五金店，店里出售这种剃须刀。由于打不开销路，吉列很头疼。有一天晚上，吉列做了一个很奇怪的梦，他梦见刀片与刀架分开了。一觉醒来，他顾不上别的，就把这个梦记录下来。回想梦境，他突然产生了一个感悟：这项小发明由两个部件组合而成，一个是刀架，一个是刀片，使用刀架必须也使用刀片，但刀架寿命长，买一个几乎可以使用一辈子，刀片就不一样了，买一个刀架的人一生不知要买多少刀片，如果把刀架大幅度削价，用低于成本的价格卖出去，而从刀片上挣钱，剃须刀不就好推销了吗？接着，他又进一步大胆设想：如果把刀架作为赠品，无偿赠送，那样买刀片的人不就更多了吗？深思熟虑之后，吉列果断地决定只卖刀片，凡是初买刀片的人都可以得到一只赠送的刀架，这样经营一段时间后，刀片销量骤增。吉列在年老时曾对人说："我做的是小生意，却赚了大钱，你们知道这是为什么吗？因为我明白把小生意做大的诀窍。"吉列所说的诀窍就是从"梦中顿悟"得到的经营方法。

5. 每个人都有自己的灵性

所谓灵性，就是人们能够对社会事物做出超人的感悟或快速反应。思维人人都有，但感悟思维和想象思维并不是人人都具有。创业者的感悟思维是以形象的方式把握世界的认识过程，也是创造的深化和推进过程。创造就是感悟，创造是创业中不可或缺的又一基本特征。

如此，反常思维是人们进行创造、创意活动的心理支柱，其特点就是要打破常规而进行反常思维。世界上的许多重大发明创造及理论上的重大突破都是在反常思维状态下完成的。从一般意义上讲，保守停滞是常规思维造成的结果，而革新创造多是反常思维促成的。

6. 创业家应用心去悟、去发现

"预感""顿悟""洞察"，这些直觉在经营创造活动中确实是存在的，是实现顿悟的重要条件。创业者的直觉能力越强，发生顿悟的机会就越多，成功的概率就越高。

一般而言，顿悟、感觉、知觉、表象、概念等认识形式是人脑对客观事物本身的反映，情感则是人对客观事物与人的需要之间关系的反应。人在认识客观事物时，并非对每一对象或现象都能产生情感反应。人只对那些自己需要且有利害关系的事物产生相应的内心体验与外部表现。

在人类的社会实践中，客观事物不仅能暴露其自身的发展规律，还以直接或间接的方式与人们的需要发生利害关系。人们不仅通过思维反应活动形成理性意向或理性概念，而且通过情感反应活动引起相应的情感体验。经多次反复后，这两种心理反应通过大脑皮层的条件反射紧密结合在一起，进而使理性意向产生相应情感色彩，使情感体验受到理性意象的制约、控制，成为理性化的情感。

谈及悟性，人们总是把它与天才、灵感联系起来，和人的天资、天赋、聪明、智慧和卓越的才能联系起来。其实，任何感悟都是从做事中来的。发现新点子要动脑去想，用眼去观察，敢于冒风险；受到触动，顿悟觉醒，要及时捕捉。相反，顿悟迟缓，创意不灵敏，加上不会想问题，不善于观察事物，新点子产生不出来，自然与挣钱就没有什么缘分了。"发现"有两种含义：一种是发现从没有过的；一种是借鉴别人的成功经验。而对于一般人，更多的是借鉴别人的，简单易行，拿过来就可以用。

这里的问题不是承认不承认悟性，而是怎样看待悟性。谈悟性离不开人的记忆、想象、推理、判断、抽象思维、概念化等先天的基本思维能力，离开了这种能力，任何悟性思维都是不能进行的，因为它们是人的悟性存在与发展的心理基础。若人没有发达的想象和推理能力，试想那些浮想联翩的思想能够发生吗？

当然，仅有记忆、想象、推理、判断、抽象思维等先天的基本思维能力也是不能构成悟性思维活动的，它只有与文化的意义相结合才能发生。故悟性是一种有意义的思维活动，是一种价值思维、判断、领悟活动。离开文化意义、文化意识，纯粹的生物本能、纯粹的心理生物机制是不能进行任何有价值、有意义的联想、判断的，也是不可能进行任何有价值的感受、理解、领悟活动的。思维活动不能离开它的内容而存在,悟性不能离开它的文化意义或意识而发生。

综上，悟性是人们的先天基本思维能力获得文化意识所具有的一种特殊的价值思维活动能力或文化心理功能。正是有了文化的意义，人的悟性思维活动才能发生，或者说，只有人的先天基本思维能力获得了文化意识，它才能发挥悟性的心理功能。具体讲，文化意义或意识在人的悟性思维活动中的作用主要表现在以下几个方面：

首先，它使人们的记忆、想象等变成了能被意识到的价值思维活动，变成了有意义的价值感受、经验、理解、领悟等认识活动。

其次，文化意识还能为人的悟性思维提供特殊价值参考框架或心理基础。任何悟性或思维活动都是以自我的文化经验意识为前提的。不管人怎样想入非非，他的所思所想都是以其文化经验意识为局限的，甚至连梦境、幻境也是以他潜伏的文化经验意识为基础的。实业家从激烈的商战中感受到竞争的快感，哲学家从宇宙结构秩序和谐中建立和平、真理、正义的信念，音乐家则可以从风声、雨声及自然界种种变化中感受到音韵和旋律。概括之，悟性是他们的文化经验意识赋予的特殊感受、经验、体验和领悟能力。

最后，文化意识不仅使思维能力变为价值领悟活动，也决定着价值领悟的深浅及透彻与否。同样一件事情，有人看得深，有人看得浅；有人看得透，有人看不透；有人只看现象，看不到本质，有人透过现象看到了更深层的本质。为什么呢？关键是他们所处的文化环境和投资环境以及所获得的文化价值和经济价值是否提供了悟性能力。

（二）使人成功的悟性选择

成功者的经验就在于成功者选择了别人认为无法逾越的路，走过去就是成功，故成功永远属于有准备的人，永远属于善于把握机遇的人。一些人之所以不能成功，并不单纯是机遇问题，更多的是缺少悟性。

失败确实是成功之母，失败为最后的成功提供经验教训、开辟新路。从心理学角度讲，正是由于这样长期的多侧面探索，大脑皮层才会形成大区域优势的兴奋中心与强烈的、陷于逆境的"危机意识"，从而使创造者心理处于受激状态。人脑好比一颗核弹，只有在"高温"和"高压"下才会释放出巨大的能量。因而，危机意识并非坏事，它是一种极强的催化剂，激励人们在逆境中奋起，逼迫人们寻找办法、开创新路。悟性可以意会，也可以言传，而言传是升华,是精神升华和物质升华。对于一个人来说,没有悟性,就不能原天地之美,达万物之理;没有悟性,就不能感受、体验、领悟事物的内在联系、深层的本质和规律;没有悟性,就不能理解、认识、把握哲学、道德艺术的真理性及种种的文化意义;没有悟性,就不能超越凡俗,就不能走向真、善、美的自由精神境界;没有悟性,甚至永远不能跃上人生新台阶。

(三) *如何才能走进悟性之门*

1. 消除干扰,以平静之心捕捉悟点

人在思考问题时是最需要平静的,这时可以集中精力,敏锐地抓住闪光的悟点。据说歌德在诗兴袭来时,便急忙跑到书桌旁,稿纸也来不及摆正,就那么站着,急急忙忙写下来。创造性悟性的外发是客观与主观多种复杂要素在特定条件下相互契合的结果,打断之后很难再有意识地出现。因此,一旦出现就要保护它,不要让它受到中途插入的无关事件的干扰。

2. 紧紧抓住感悟,创出惊人的成绩

奇特的感悟心理出现后,不仅要注意保护它,还要及时把思想火花记下来,否则确实就会"作诗火急追亡逋,清景一失后难摹",令人后悔莫及。

人脑中储存着大量信息,如果这些信息与知识没有控制就展现在人的意识层次上,那么人们就无法思维和工作。事实上,大自然造就的人脑既有最佳信息存储功能,又有最佳的信息提取与控制功能。人既然有潜悟的天赋,为什么绝大部分人没有好好地将它真正地发挥出来呢?很多人根本不知道自己能够潜悟;还有很多人不相信自己可以成功,用自己比不上别人为借口推却奋斗;还有一些人存在一种放弃观念,认为自己没有天分,努力也白费。大部分人都被上述谬论所困扰,为自己挖了一个失败的陷阱。想要成功切勿相信上述谬论,不要和失败的人走在一起,切勿被失败的负能量牵绊住,因为他们是失败者,便将成功说得那么遥远,非凡人所及。

3. 认识悟性规律,善于把握机遇

西方哲学家认为,所谓规律就像把一堆砖码放整齐,这种解释显然过于简单。规律是指事物发展过程中的本质联系和必然趋势,任何事情都有自己的发展规律。就悟性来说，在它的形成、运用、激发、表现等方面都有其规律。如果不加以认识，坐等机遇，即便是"天才"，感悟也不会光顾他。

悟性认识方式一方面具有难能可贵的特殊创造功能，另一方面又带有创造者难以把握的突发性、偶然性和不可控性。悟性世界是最高级、最复杂的物质形态，是人脑最美妙的升华物，需要人们自觉地认识和诱发这种最高级、最复杂的精神活动。

悟性是对艰苦劳动和长期实践的奖赏，只能在实践中产生，只能靠实践去引爆，只能在通过长期积累而织成的大脑信息网络系统中捕捉。感悟之花是在客体与主体之间不断交流、互相激扬的信息反馈过程中开放的。人脑就像降落伞，只有敞开才能最大限度地发挥作用；只有向大千世界张大信息之网，做某项研究的有心人，才有可能经常捕捉到所需的感悟之花，捕捉创新机会，推动工作和事业前进，成就美好人生。

第十四章
创新——企业发展的原动力

当一个企业的核心业务趋向成熟，投资者就开始产生新的增长诉求。一个企业的增长率必须跟上市场的成长水平，否则股票就会下跌，企业将难以生存。企业的增长率必须超过社会舆论对其预测的数据，这样才能使股票大幅上涨。一旦企业增长停滞了，那么它将难以东山再起。为什么创造成长和保持成长这么难？真正的难题在于对未来的预测。明天的蓝色海洋可能在今天还是一片荒漠。这恰恰是创新的风险所在。

创新的方式概括说有两种，如果双管齐下，就能给竞争对手以沉重打击，创造极其有利的竞争优势。第一种是开发某种独特的、应用价值极高的东西，如某一软件、一项新技术、一种新产品、一项新服务。它们是锐意进取的企业依托创新的企业文化打造的强大的竞争优势。第二种是不断革新现在的产品或经营方式，尤其是围绕成本、质量和服务进行创新活动与实践，这样企业才能不断适应环境。

但企业创新并非一蹴而就，其发展同样面临困境，必须遵循几方面的创新要求，探索有效的发展路径。

一、企业发展的困境

（一）惯性思维是转型升级的最大障碍

经济发展不应该沉浸在泡沫和虚假繁荣之中，不应沉浸在过去的成功和辉煌之中，更不应该以资源浪费和环境污染为代价，因为最终决定企业前途的，并不是今天在股市上赚多少钱，而是比其他企业更快、更早地实现转型升级，实现高质量的可持续发展，实现人们生活水平的不断提高。

长期以来，我国企业的发展大多依靠单纯的规模扩张，而不是研发和创新。这在过去是成功的，但是过去的成功不代表未来的成功。如今，劳动力成本、资金成本、土地成本都在上升，尤其是由于环境成本的上升、资源的稀缺与匮乏，再加上消费需求的变化，过去的模式在今天显然是行不通的。另外，低成本有一个前提条件，即市场需求几乎是无限的，只要生产出来就不愁卖。但今天随着人们生活水平的提高和消费方式的转变，很多企业生产的东西难以找到市场，竞争日趋激烈。因此，传统的商业模式无法保证未来的成功。企业必须改变，必须转型升级，必须走质量提升、品牌发展之路。

（二）产品没有特性

企业要发展，必须进行差异化竞争，而不是同质化竞争。同质化竞争带来的结果只能是用降价去夺取对方的市场。这种恶性竞争只会降低质量、粗制滥造、降低利润率，最后无利可图。我国部分企业家关心的是能否赚钱，没有自己的主观成就感和使命感，更缺乏社会责任感。这就在很大程度上阻碍了企业的发展，其所生产的产品没有特性可言。

（三）管理者需要转型突围和自我提升

管理者转型和提升的关键在于重启思维、回归简单，找到并回归正确的定位。在为组织设计各种解决方案时，从客户的需求而非职能专业出发，从成果而非活动出发。正确的人承担正确的责任，是组织高效运转的关键。今天的管理者越来越喜欢用复杂的工具和方法来处理原本可以用常识解决的问题，这种做法是不可取的。管理者必须改正这种崇尚复杂的习惯，转变思维，不断改变自己、质疑自己、提升自己。

二、企业创新发展的几方面要求

创新不是某个人或某个行业所专有的，也不是只有天才才具备的，其所需要的是找出新的改进方法。人世间任何事情的成功都是因为找到了把事情进一步做得更好的办法。具体到企业创新而言,应从以下几方面着手。

(一) 创新思维

要想创新就要有创新思维。与常规思维相比较,创新思维的突出特点是它的独创性,其意义在于能获得对尚未认识的事物的认知,提出一个又一个新观念、新理论,得到一个又一个新发现、新发明,进而增加人类的知识总量,丰富人类的知识与资源宝库。

创新是一种开创性的思维活动,伴有想象、直觉、灵感等特征。创新是力量,是财富,是自由及幸福的源泉,是生活的一大快乐。创新也是经营者通向成功和富有的捷径,企业家的水平往往因此而决定并加以区分。茫茫商海,千帆竞渡,但只有那些具有开拓精神的水手才能迅速抵达彼岸。

(二) 正确对待失败

创新是一项十分艰难的事情,要创新必须勇于面对风险,正确对待失败。失败是正常的,颓废是可耻的,重复失败则是灾难。在创新的实践中,即使最有成就的科学家、最有才华的创新者,他们提出的能够实现的建议、希望及初步结论等也不足十分之一。失败与暂时挫折之间的联系是,那些经常被视为失败的事可能实际上只是暂时的挫折,暂时的挫折有时是一种机遇或幸运,它会使我们清醒并振作起来,不断调整努力方向,进而使我们朝着不同的但更加美好的方向前进。企业家必须正确对待失败,认真吸取教训,积极总结经验,如此才能促使企业的创新稳步推进。

(三) 专心致志

没有专注就不能很好地应对生活和工作,凡事专注就容易成功。专心就是把思想和意识集中到某个特定的欲望上,找到可以实现这一欲望的方法,并成功地付诸行动。自信和欲望是成功的主因,人类所创造的任何东西,最初都是通过欲望而在想象中创造出来的,然后经由专心和努力变为现实。学会专注,企业家就能够将身体和心智的能量锲而不舍地运用在同一个问题上而不会产生厌倦,并不断增强这种能力,进而带动企业的创新发展。

（四）有合作精神

合作是事业振兴的关键，而企业家的品德和威信又是合作的关键。联合起来就能繁荣，分裂下去就会衰败。合作是所有组合式服务的开始，一群人为了达到某一特定目标而主动联合起来，这是任何事业成功的开始。但是，仅把人组织起来，并不能足以保证获得成功。一个良好的组织所包含的人才中，每一个人都应该能够提供这个团体其他成员所未曾拥有的特殊才能。许多商业活动之所以失败，主要是因为这些组织里所拥有的是同质性人员。

世界上最大的悲剧是大多数人从来不曾从事过适合他们特长的工作。我们生活在一个努力合作的时代，几乎所有成功的企业都是在某种合作下经营的。企业家所要进行的最困难的工作就是激励与他一起工作的人在一种和谐的氛围下贡献他们的努力和才智。合作是领导才能的基础，一个人若能引导他人进行合作并从事有效的团队工作，或激励他人，使他们变得更加积极活跃，那么这个人的领导能力并不亚于以直接方式提供有效服务的人。所以，企业的创新发展离不开合作精神的加持。

（五）集思广益

集思广益能使人的潜能得以激发，即使面对再大的困难也不畏惧。管理者要善于激发并凝聚集体的智慧和力量，扩大和增加创造性的设想。因为一个好的创意的产生与实施，仅靠自身的力量和努力是不够的，必须集思广益，充分发挥每个人的创造性。

集思广益的基本心态是，如果一位具有聪明才智的人跟自己意见不同，那么对方的主张必定有自己尚未认识到的奥妙，值得交流与沟通。尊重差异，与人合作，最重要的是重视个体的不同心理特点与智能以及个人眼里的不同世界。只有这样，才能发现并产生新的更好的创意。体现在企业管理上，集思广益正是促进创新发展的一大关键所在。

但企业创新并非一蹴而就，其发展同样面临困境，必须遵循几方面的创新要求，探索有效的发展路径。

三、企业创新发展的有效路径

（一）两种创新模式：延续性创新与破坏性创新

在现实的社会经济环境中，大量存在着两种创新形式：一是延续性创新，二是破坏性创新。在延续性创新的环境中，当需要制造出更好的产品、找到更优质客户、卖到更高价格时，渐进式创新或者说延续性创新总能胜人一筹。而在破坏性创新环境中，当面临挑战，需要将一种更简单、更便利、更廉价的产品商业化，销售给新的客户或低端客户时，拥有破坏性创新的新兴企业往往更容易获胜。这就是人们常见的成功企业被打垮的现象。新兴公司打垮业界大鳄的最佳办法就是采取破坏性创新战略。一般而言，延续性创新适合管理良好的大企业，而破坏性创新多适合新兴企业。但是，所有企业都需要依据变化的趋势和环境，适时推出创新举措，以保持持续前进的态势。从这个意义讲，创新才是企业发展的不竭动力。

首先，必须认识到所有市场都具有一定的提升空间，并能够为客户所利用或承受。延续性创新定位于要求更高的高端客户，为其提供超越当前市场水平的更优秀的产品性能和服务，获胜的多为先入为主的竞争者和管理良好的企业。与此相反，破坏性创新者不会尝试为现有的市场客户提供更好的产品，而更倾向于通过引入稍逊一筹的产品或服务来破坏或重新定义当前的市场，从而满足低端客户的需要，这一点是显而易见的。破坏性创新产品一旦在新市场或低端市场站稳脚跟，就会启动其自身的改良周期，因为技术进步的步伐总是远远超过客户的实际使用能力。那些当前不成熟的技术通过改良、完善，最终恰好契合更高级客户的需要。

综上，业内领头羊往往通过延续性创新来赢得市场，但在破坏性创新的战斗中，胜者多是新手。比如，由于小钢厂能在小型装置上以较低成本生产钢液，以低于大钢厂20%甚至更低的成本生产同质产品，所以小钢厂同样可以在某些领域取得领先地位。

其次，需求是创新之母。研究创新必须先研究、探讨需求，具有需求思维。

第十四章　创新——企业发展的原动力

每个行业、每个企业总是存在着一种潜在的力量，驱使管理者不断完善企业并向高端市场发展。而破坏是一个相对术语，对一家企业来说是破坏性的，但对另一家企业可能是延续性的。在延续性创新的市场上，先入者有压倒性优势。而在破坏性创新中，新型的小企业常常后来者居上。一个能降低产品价格，同时能产生可观利润的破坏性业务模式，是在低端市场获胜的法宝。

如果一项技术的发展使广大缺乏技术和资本的人群能够在更方便的环境中拥有和使用某种产品，那么这项技术就具备了成为新市场的破坏性策略的潜力。在低端市场上是否有客户乐意以更低的价格购买那些性能不够完善的产品？是否能创造一种业务模式，在用低价格吸引那些被过度服务的低端客户时，还能有良好的盈利？通常来说，低端市场破坏性策略往往可以降低公司的管理成本，使公司在毛收入较低的情况下赚取可观利润，同时伴随着对业务流程和制造过程的改进，提升资金周转率。

最后，了解客户需要购买什么样的产品。当实施破坏性创新策略时，应该开发什么样的产品？应该关心哪一个级别的市场？如何确立此级别市场中客户到底关注哪些产品特性和功能呢？应该如何与客户沟通让其了解产品价值？什么样的品牌策略能够创造最高的最终价值呢？只有管理者按照客户的购买意向和购买条件进行正确的市场细分，才能准确预测出哪些产品可以打动客户。当管理者建立的理论与分析偏离市场环境时，市场细分就是他们的失败之源。

市场推广的艺术主要在于细分，进而寻找那些需求相似的客户，确保同种产品能满足他们的需要。当客户发现他们必须完成一些任务时，他们就会四处寻找能用的产品或服务来帮助他们完成工作，这是客户的生活体验。他们的思维方式是一旦发现自己要做一些事情，便开始寻找能够帮他们有效地、便捷地完成这一任务的东西。客户的任务功能、条件、情感因素及社会特性等参数决定了客户的购买条件。换句话说，客户想要做的事情，或者他们想要达成的结果，构成了以情境条件为基础的市场细分。当企业将产品定位于客户所在的情境中，而不是定位于客户本身时，企业就能成功降低产品推广过程中的不确定性。换个角度说，关键因素是客户的购买条件，而非客户本身。当创业者去寻找破坏性创新的立足之地时,就要评估目标客户到底需要完成什么任务。当管理者将破坏性产品直接定位在一个很多人需要完成,但过去一直没有得到妥善解决的任务时,他们就建立了一个起始平台,并为未来的延续性创新创造了一个初始条件。

(二)转型升级,人的因素最关键

1. 深刻认识转型升级的必要性

什么是"制"?"制"是指工业生产的标准、规范、流程。从中国制造转向中国创造,这是中国制造业发展的必然,但最先要做的是从加工型制造向独立自主的制造转变。我国的设计更多的是关注元素,而不是系统。然而,世界上从来没有纯粹的元素,元素都是在系统中产生的。一个杯子,在工厂里叫产品,在商场里叫商品,在家里叫用品,进了垃圾堆叫废品,要围绕着这"四品"进行设计,解决制造、流通、使用、回收等一系列问题,这是一个系统。

转型的另一个关键是设计。设计是一种创造行为,其根本目的是实现更为合理、健康的生活方式。过去的只讲速度而不注意生态环境和资源合理利用的发展模式必须改变,回到正确的轨道上来。

2. 组织转型

好组织不谈成功,只谈成长。创新很难,转型升级更难。其中最大的阻力来自整个组织的思维惯性是增长型思维还是非增长型思维。华为之所以有竞争力,是因为华为的逻辑里面只有成长而没有成功。可以说,任何组织的能力都是需要不断持续构建和打磨的。

过去的管理者关注的都是产品。如果没有站在顾客的角度,转型升级就不可能成功,只有真正地回归顾客才可以成功。因此,只有实现了组织转型,尤其是思维方式的转变,才可能适应市场,生产出更受顾客欢迎的产品。

3. 转型升级到底做什么

转型升级真正要做的就是提供解决方案。转型最核心的是效率。随着商业竞争的加剧与大竞争时代的到来,顾客将面临巨大的选择暴力。面对货架上成千上万的商品,他们只会选择能够占据自己心智的品牌。对于企业而言,只有

第十四章 创新——企业发展的原动力

建立了一个有效的定位，占据了一个独特的品类，品牌形象的塑造和传播才能发挥应有的作用，否则，大量的广告费只能打水漂。顾客通常以品类来思考，以品牌来表达，而定位的本质就是用品牌占据顾客心智中的某个品类。

很多人认为，好产品或者便宜的产品就会有口碑，其实不一定。产品最重要的是超越用户的预期，这样才会产生真正的口碑。产品均衡化是社会稳定时期的法则，产品极致化是时代变迁期的法则，这是一个往复交替的过程。

第十五章
破坏性创新

导致企业失败的因素很多,如官僚作风、傲慢自大、管理队伍老化、规划不妥、投资短视、技能和资源不足及单纯的时运不济等。但是,本章所要讨论的不是上述有问题的企业,而是那些锐意提高竞争力、认真听取消费者意见、积极投身新技术研究,却仍然丧失了市场主导地位的管理良好的企业。这些看上去无法解释的失败,就发生在那些发展迅速或发展缓慢的行业,发生在制造业和服务业。

有时,投资研发利润率较低、性能较差的产品,大举进军小型而不是主流市场反倒是正确之举。我们把这些称为破坏性创新原则。它表明,领先企业之所以遭遇失败,很可能是因为其管理者要么忽略了这些原则,要么选择抗拒这些原则。如果管理人员能够理解并利用这些破坏性创新原则,就有能力卓有成效地管理好哪怕是最困难的创新。

一、两种不同的创新模式:延续性技术与破坏性技术

研究发现,首先,延续性技术和破坏性技术之间存在着重大战略性差异;其次,技术进步的步伐可能会而且经常会超出市场的实际需求;最后,相比新兴企业,成熟企业的消费者和财务结构更加倾向于选择看上去对其具有吸引力的投资。

大多数技术都会推动产品性能的改善，这些技术被称为延续性技术。延续性技术的共同特点是，它们都从主要市场的主流消费者一直以来所看重的性能层面来提高成熟产品的性能。特定行业的大多数技术进步从本质上说都具有延续性。即使是最具突破性、最复杂的延续性技术也很少会导致领先企业的失败，而破坏性技术在短期内会导致产品性能的降低，导致领先企业的失败。首先，破坏性产品性能更简单，价格更低，利润通常很少；其次，破坏性技术通常在新兴市场或不太重要的市场首先投入商业化运行；最后，能给领先企业带来大利润的消费者一般并不需要，而且在开始阶段也无法使用基于破坏性技术的产品。

（一）破坏性技术给市场带来与以往截然不同的价值主张

一般来说，破坏性技术产品的性能低于主流市场的成熟产品，但它们拥有新消费者所看重的其他性能。它们往往价格更低，性能更简单，体积更小，而且更方便消费者使用。例如，晶体管相对于真空管、个人计算机硬件和软件供应商、互联网等是一种破坏性技术，给市场带来了不同的价值主张。

（二）企业的资源分布取决于消费者和投资者

历史表明，成熟企业总是能在一轮又一轮的延续性、创新性技术浪潮中保持领先地位，但往往在面临更为简单的破坏性技术时却遭遇失败。资源依赖理论认为，尽管管理者可能认为是他们在控制企业内部的资源流动，但最终真正决定资金如何使用的实际是消费者和投资者，因为投资模式无法达到消费者和投资者要求的企业将难以为继。

（三）小市场并不能满足大企业的增长需求

破坏性技术通常会推动新市场的产生，胜出的多为小企业。而那些大型企业之所以能够成功地在由破坏性技术创建的新市场中抢占有利的市场地位，是因为其将推进破坏性技术商业化进程的职责交给了与目标市场规模相匹配的机构。这些小型机构能够更好地利用小型市场上出现的发展机遇，顺势而为。这也从另一方面证明，小市场并不能满足大企业增长的需求。

（四）无法对并不存在的市场进行分析

翔实的市场研究、良好的规划以及有效的实施构成了良好管理的基本特征。在进行延续性技术创新时，这些方法将使企业受用无穷。由于绝大多数技术创新在本质上都属于延续性创新，所以管理者可以依据分析和规划来管理此类创新活动。但是在应对能催生新市场的破坏性技术时，市场则是难以预测和规划的，存在许多不确定性。企业会在面对破坏性技术时束手无策，或犯下严重错误。

（五）机构的能力决定了它的局限性

一个机构的能力主要取决于两点：一是流程，也就是人们将劳动力、资源、原材料、信息、现金和技术等投入转化为更高价值产出的方法和程序；二是价值观，即人员作出优先决策所遵循的原则。流程和价值观在某种环境下构成某个机构的能力，但在另一种环境下则可能决定了这个机构的局限性。这也可能是一些管理良好的企业不能适应破坏性创新的重要原因之一。

（六）技术供应可能并不等于市场需求

破坏性技术尽管最初只能应用于远离主流市场的小型市场，但其之所以具备破坏性，是因为日后将逐渐进入主流市场，并足以与主流市场的成熟产品一争高下。这种情况之所以发生，是因为技术进步的步伐超过了主流消费者要求或者能够消化的性能改善的幅度。许多企业为了保持领先地位，会努力开发具有更大竞争力的产品，但是这些企业没有意识到，随着竞相参与更高性能、更高利润率市场的竞争，其追逐高端市场、提高产品性能的速度已经超出了老顾客的实际需求。在此过程中，这些企业创造了一个低价产品的竞争真空，而破坏性技术正好可以乘虚而入。

（七）破坏性创新的威胁和机遇

以电动汽车为例，先要考虑电动汽车实际上是否是一项破坏性技术，然后管理这个项目，制定实施战略，并提出使项目获得成功的建议。电动汽车的确是一项破坏性技术，而且是未来汽车市场的一个潜在性威胁。创新者的使命是在不影响其能够带来的利润和消费者需求增长的情况下，确保这一创新在企业内部得到足够重视。只有认识到新市场的存在，按照新的价值定义、开发新市场，并将新业务交给规模和利益与目标市场消费者的独特需求基本一致的专门机构，这一问题才可能得到解决。

二、价值网与创新推动力

（一）价值网

价值网即一种大环境。企业正是在这种大环境下把握消费者的需求，并对此采取应对措施，解决问题，征求消费者的意见，应对竞争对手的竞争，争取利润最大化。在价值网内，每一家企业的竞争策略，特别是过去它对市场的选择，决定了它对新技术价值的理解。这种理解反映了不同企业希望通过进行延续性创新或破坏性创新所获得的回报。在成熟企业中，预期回报将推动资源分配向延续性创新而不是破坏性创新倾斜。这种资源分配模式也解释了为什么成熟企业在延续性创新中总能保持领先地位，而在破坏性创新中却总是表现不佳。

1. 价值网反映了产品结构

企业是价值网的一部分。虽然构成一个应用系统的产品和服务完全可以全部由一家大型综合企业生产，但是在社会分工日趋精细化的今天，其中大部分产品和服务都是通过贸易活动从有关生产商那里获得的，在成熟的市场中更是如此。通过这一网络，每个层次的组件在生产出来后，将成为系统中下一个更高层次的集成商。这就形成了一个价值网。

2. 价值的衡量标准

在不同的价值网中，衡量价值的方法也不尽相同。价值网的一个基本特征是消费者按照产品属性的价值，即提供产品和服务所需的特定成本结构，对其进行排序。每一个价值网成本结构的特点都会对企业认为有利可图的创新类型产生巨大的影响。从本质上看，在企业价值网内受到重视或毛利率较高的价值网内的创新将被视为有利可图的创新。

总之，技术机遇的吸引力和企业利用这一机遇的困难程度，是由企业在相关价值网中所处的位置以及其他诸多因素决定的。成熟企业在延续性创新中所表现出的强势和在破坏性创新中所表现出的弱势，以及新兴企业正好相反的表现，并不是由成熟企业和新兴企业之间技术或组织能力的差异导致的，真正的原因是它们处在行业不同的价值网中。

（二）价值观来源于环境

每个人的价值观都在不断改变，但很多改变都是在意识之外的，这就是被动的改变，有些则是主动的。价值观就是已经熟悉的观念，不用经过大脑，完全是本能的反应。主动的意识就是心态，心态最后变成习惯，就是价值观。心态是存在于意识的，是刻意的、主动的，是人们选择去改变环境的一种思维模式。

彼得·德鲁克曾说："中国发展的核心问题是要培养一批卓有成效的管理者，他们懂得如何管理，知道如何去领导企业并促进它的发展，也知道如何激励员工和让他们的工作卓有成效。管理不同技术和资本，不可能依赖进口。即使引进管理者，也是权宜之计，而且引进的人数也将寥寥无几。管理者应该是中国自己培养的，因为他们熟悉并了解自己的国家和人民，并深深植根于中国的文化、社会和环境当中，只有中国人才能建设中国。"

德鲁克的上述论述恰恰说明环境对价值观的影响。企业管理者是在一定环境中成长起来的，先要适应环境，然后才能能动地改变环境，进而创造出具有中国特色的管理模式和根植于中国文化的企业文化及企业家群体。

企业在所属价值网内的竞争在很多情况下决定了企业盈利的方式。价值网决定了消费者面对企业产品和服务需要解决的问题，以及企业可用于解决这些问题的资金量、成本结构，保持竞争力所需的规模，必需的基本增长率，等等。而且在整个价值网内，必须有合理的利益分配机制，从而保证网内的每个企业都有利可图。

（三）价值网体系对创新的意义

价值网详细说明并界定了价值网内企业可以做和不可以做的事情及其范围。企业参与竞争的环境或价值网对它利用和集中必要的资源的能力、克服创新技术和组织障碍的能力具有深远的影响。决定创新能否取得成功的一个关键因素是能在何种程度上满足价值网内参与者的已知需求。

三、管理破坏性技术变革

一定有什么原因导致优秀管理者对破坏性技术变革往往作出错误决策。认真倾听消费者的意见,全面追踪竞争对手的动态、投资资源,设计和生产能带来更大利润的高性能和高质量的产品,正是大企业摒弃破坏性技术,进而遭遇重挫或失败的原因。那么,成功企业是如何利用这些原则建立竞争优势的呢?

(一) 把开发破坏性技术的职责赋予存在客户需求的机构

一是在相关机构设立项目来开发和推广破坏性技术。当管理者为破坏性创新找到适宜的消费者时,消费者的需求就能提高企业的盈利能力,这样创新也能得到所需资源。

二是在小型机构设立项目来开发破坏性技术。这些机构规模足够小,很容易满足小机遇、小收益、小市场的需求。

三是它们的市场通常会经过不断尝试、学习,并在尝试的过程中得以形成。

四是在价值观与成本结构主要针对当前破坏性技术变革的机构中,建立一套不同的企业运作方式。

五是在开展破坏性技术的商业化运作时,发现或者发展破坏性产品属性的新市场,而不是寻求技术突破,使破坏性产品能够作为一种延续性技术产品参与主流市场的竞争。在实际操作中,对于哪些能做、哪些不能做,最有决定权的是客户。只要企业能够明确地知道客户需要的最终产品是什么,企业就愿意为技术上存在风险的项目投入研发资金。

资源依赖理论认为,企业的行动自由仅限于满足企业以外的实体的需求,主要是满足消费者和投资者的需求,因为这些实体为企业提供了赖以生存的资源。也就是说,只有在一个机构能够满足消费者和投资者的需要,为他们提供产品、服务和利益时,这个机构才能得以生存和发展。做不到这一点的机构将无法获得赖以生存的收入,最终将被淘汰。这就是物竞天择,适者生存的机制,那些脱颖而出的企业是那些最迎合消费者需要的企业。因而，真正决定企业未来发展方向的是消费者，而非管理者；真正主导企业发展进程的是企业以外的力量，而非企业的管理者。这是企业管理者必须认识并面对的事实，也必然是广大管理者的思维方式，即遵循由外向内的原则。

（二）在主体企业内建立与破坏性项目相适应的独立的小型机构，承担破坏性创新项目，是一项重要的创新原则

对于一个成熟企业，在主体企业内建立一个独立的小型机构，由规模足够小、足以满足小型市场发展机遇的机构来负责破坏性技术的商业推广项目，是一项重要的创新原则。向其投入必要的资源，并将其确立为一种常规机制，即便主体企业仍处于增长时期也应如此。

四、如何使机构与市场规模相匹配

在对破坏性技术进行商业化推广时，身处破坏性技术变革中的管理者必须成为领先者，而不是追随者，这是一项重要的原则。要做到这一点，就必须让与目标市场的规模相匹配的商业机构来负责开发破坏性技术项目。得出如上结论的依据是，相比延续性技术，在应用破坏性技术的过程中，领先地位尤为重要，而且小型新兴市场并不能满足大企业的短期增长和盈利要求。

（一）在应用破坏性技术过程中处于领先地位能创造巨大价值

好的企业管理者需要不断推动企业向前发展，因为增长率会对企业的成长和发展产生重大影响。追求增长和竞争优势的管理者不必在业务的各个方面都争当领先者。在延续性变革中，专注于扩展传统技术的性能，并选择在新的延续性技术出现时充当追随者，也能胜出。在破坏性技术变革中，情况则大不相同，首先进入者将赢得巨大回报，并建立明显的先发优势。无数创新的实践证明，将开发破坏性技术的职责交给小型机构，是这些小机构通往成功的必由之路，而不是企业主流业务之外一个可有可无的鸡肋。

（二）学习与发现计划

破坏性技术的应用领域不但是未知的，而且是难以预测的。因此，管理者为应对破坏性技术变革而采用的战略和计划应该是有关学习和发现的计划，而不是执行的计划，这是一项非常重要的原则。因为自认为通晓市场未来方向的管理者所采用的规划和投资策略，与那些承认发展中的市场充满不确定性的管理者所采用的策略存在很大不同。大多数管理者都是在延续性技术环境下形成自己的创新理念的，因为成熟企业开发的大多数技术都属于延续性技术。根据定义，延续性技术创新针对的是能基本掌握消费者需求的已知市场。在这种环境下，有计划地研究评估、开发和营销创新产品的方法不但是可行的，而且是成功的关键。

由于失败是探寻破坏性技术最初的必经之路，管理者必然采用一种截然不同的方法。总体而言，对于延续性技术，计划必须在采取行动之前制订，预测应该是比较准确的，消费者的意见应该是可靠的。认真规划、积极实施是通往成功的阳光大道。但在破坏性技术变革中，必须在制订详细计划前采取行动。计划必须服务于一个特定目的，因而必须是学习、探索计划，而不是实施计划。

（三）成熟企业面临的不可预测性和向下游市场移动的难度

众多实践证明，要准确预测破坏性产品的前途和市场规模是十分困难的。从中可以得出的一个重要推论是，由于破坏性市场具有不可预测性，企业最初进入这些市场所采用的战略有可能是错误的。因此，开拓新市场是一种真正的风险行为。成功企业与失败企业的主要差别通常并不在于它们最初的战略有多么完美，或者在初始阶段分析什么是正确的战略，这并不是取得成功的必要条件，重要的是保留足够的资源，这样在以后的尝试中才有可能找到正确的方向。那些在需要调转方向，转而采用可行的战略之前便用尽了资源或信用度的项目，是失败的项目。

大多数机构的管理者都自信地认为他们不会失败，如果他们负责的项目从一开始就步入歧途，这将成为他们职业发展道路上的一个污点，并阻碍其晋升。这就从另一方面妨碍了成熟企业进入这些技术创新的价值网。

第十六章
机构能力

一、组织是否有能力实现破坏性增长

选择谁来运营新成长业务？哪一个部门可以围绕特别创意，出色地打造出成长业务？哪些部门很可能把事情搞砸？哪种方式最合适？何种情况下创造自治组织可能提高成功概率，而何种情况下这样做很愚蠢？怎样才能准确预测一个组织的能力地图？如何才能创造新的能力？这些都需要科学的认知与决策。

在现实中，创新行动常常失败，不是因为一些致命的技术缺陷，也不是因为市场没有准备好，在很多情况下是因为负责创新业务的管理者或部门所具备的能力与所负责的业务不相匹配。企业高管犯这种错误的主要原因是，在延续性市场情境中带领企业取得成功的技能在破坏性成长中却往往会将最好的创意扼杀在摇篮中。

二、资源、流程和价值观

管理者安排人员开展重大创新项目时，总是出于本能将任务的要求和候选人的能力相匹配，根据不同的任务安排合适的人，并对其加以培训，使其能更好地完成所承担的工作。要想持续获得成功，优秀的管理者需要掌握足够的技巧。这些技巧不仅表现在挑选、培训、激励员工，使能者胜任，还表现在善于为需要完成的任务选择、创建并筹备适合的机构，使能者适得其所。其实，机

第十六章 机构能力

构也具有自己的核心能力，它是独立于机构内部人员和其他资源的能力。机构的能力往往受到三类因素的影响：资源、流程和价值观。

（一）资源

资源是影响机构能力最直观的一个因素，其中包括人员、设备、技术、产品设计、品牌、信息、现金、供应商、分销商和客户关系等。它们可以被使用或闲置、被购买或出售、升值或贬值。大多数资源是可见的，往往又是可以衡量的，因此可以对其进行评估。资源配置非常灵活，更易于在不同机构间转移。在所有资源中，人力资源是最具有活力并能够实现增值的资源。

那些在一个稳定的部门成功地步步攀升的人员很容易习得这个领域成功的必备技能，但是有时在启动新项目时往往力不从心，这是因为在启动新项目时遇到的往往是与管理运行良好的项目截然不同的环境、条件和问题。当一个成长缓慢的企业决定推出新业务以恢复企业活力时，应该用什么样的人来领导这个风险投资项目？在一般情况下，要看其过去应对各种问题的能力，更重要的是成功解决问题之后是否形成了成功迎接下一次挑战的技能和直觉。在这里，由过去的成功来预测未来所带来的一个问题是，管理人员的成功往往并非完全依赖自身能力，个人能力并不等同于团队能力，有时过高评估了个人的能力。同时应该看到，人们从失败中往往比从成功中学到更多东西，失败和对失败的反思往往是学习的关键，犯错和改错的经历更能提升管理者的直觉和意识。

总之，企业试图通过新业务来刺激增长时，面临的最棘手的难题是找到良好的管理人员，这是获得成功的关键一步。与此同时，也应该看到，两个机构可以配备相同的资源，但可能创造出不同的结果，这是因为在机构的能力转化为增值产品和服务的过程中，机构的流程和价值观发挥着决定性的作用。

（二）流程

在员工将资源投入转化为产品或更大价值服务的过程中，机构也随之创造了价值。在实现这些转化的过程中，人们所采用的互动、协调、沟通和决策的模式就是流程。流程不仅包括制造过程，还包括产品开发、采购、市场研究、预算、规划、员工发展和补偿以及资源分配等过程。优秀的管理者之所以要努力引起其他机构的关注，就是要使流程和相应的任务能够水到渠成地迅速匹配起来。流程的建立是为了让员工持续不断地重复完成任务。为了保持这种连续性，就不能随意改变流程，如果一定要改变，就必须在严格的程序下进行。这就意味着机构用以创造价值的机制从本质上是排斥变化的。

评估机构能力或缺陷的一些最关键的流程往往并不是那些显而易见的增值流程（如物流、制造和客服等），而是那些能够左右投资决策的辅助流程或后台流程，是那些涉及市场研究的常规操作方式、分析结果如何体现的财务预测计划和预算制定，以及数据的计算方式等。这些典型的固定流程正是许多机构在应对变革时最为欠缺的地方。

不同流程的差异不仅在于目的，还在于表现形式。有些流程是正式的，也就是说有明确的规定、清晰的记录并被人们自觉遵循；另一些流程是非正式的，是随着时间的推移形成的习惯性的工作程序，人们遵守只是因为"我们就是这么做的"，以至于构成了企业文化的一部分。操作程序无论是正式的还是非正式的，都是扎根于文化中的。流程决定着组织如何将投入转化为更有价值的东西。实质上流程的定义和演变都是为了完成特定任务。当管理者遵照为某些任务专门设计的操作流程时，流程就会有效运行。操作流程本质上是不可轻易改变的，或者说它具有唯一性，其形成的目的是帮助员工在执行任务中保持一致。组织运行良好的原因之一就是其操作流程永远向任务看齐，与任务保持一致。

创新的管理者在推动新成长业务时，往往尝试使用那些旨在使主流业务有效运行的流程。因为新的游戏开始之前，旧的游戏尚未结束，破坏性创新通常需要在低端市场或新竞争中扎根。而此时，核心业务仍如日中天。在这时遵照一个放之四海而皆准的流程做事看来更省心，但一个新投资业务失败的原因在很多情况下是创建过程中采用了错误的流程。

对于以提供服务为主要业务的企业，其流程实际上是将一个合适的人放在一个合适的环境中，寻求最好的做事方式的过程。服务是一个永无止境的创造性的追求过程。流程使构成服务的要素变得合理有序，提供服务的人可以集中精力做得更好，并加入更多情感因素，使服务变得生动起来。流程使衡量进步成为可能，并有助于保持公司服务水准的一贯与统一。所谓真诚的工作就是赋予足够的力量把幻想变成现实，而寻找最好的做事方式是永无止境的。

（三）价值观

企业的价值观是企业在确定决策优先级时所遵循的标准。影响一个组织能否完成某项任务的一个因素是价值观。有些企业的价值观是基于道德的，如强生公司的决策以确保患者健康为指导，而美国铝业公司则以安全作业为指导。一个组织的价值观是员工做决策的依据，可以此来判断一份订单是否有吸引力，某个客户是否比另外一个客户更重要，开发某个新产品的想法是否可行或不着边际，等等。各级员工在作出决策时都有一个优先级。在高管层面，决策往往表现为是否投资新产品、服务和操作流程；对销售人员来说，决策体现为每天临时决定将拜访哪些客户，将哪些产品推荐给客户；工程师的决策往往是选择哪种设计方案；生产调度员的决策往往是如何安排产品生产顺序。这些都是根据优先级作出的决策。

一个企业越大、越复杂，就越需要高级管理者培训各级员工，使员工学会遵照企业的战略方向和业务模式来自主决定决策的优先级。这就是为什么成功的高管会劳时费力、不厌其烦地建立起明晰且能够得到整个组织广泛理解的、一致的价值观。随着时间的推移，一个企业的价值观必须演变，以符合成本结构或损益表，因为该企业要想生存，员工必须按照企业的盈利模式优先考虑能为企业赚钱的业务。

综上所述，资源和操作流程往往能决定一个组织的能力范围，而价值观往往代表限制，它决定了组织不能参与的业务范围。

（四）流程与价值观的关系及机构能力转移

1. 流程与价值观的关系

成熟企业拥有开创延续性技术的能力，而且这种能力已经根植于企业的流程中。对延续性技术的投资也符合领先企业的价值观，因为为高端客户提供更好的产品本来就可以实现更高的利润。从另一个方面看，破坏性创新总是间歇性的，以至于没有哪家企业能专门为其制定一套程序化的流程。此外，破坏性创新产品往往单价较低，不受最优客户的青睐，相应利润也较低，因此与优先企业的价值观背道而驰。管理者必须仔细分析机构的流程和价值观与任务相匹配的程度,以便作出合适的决策。

2.机构能力转移

在企业初创时期,大多数工作的开展得益于它的员工资源,几个关键人员的加入或离开都可能对成功产生深远影响。随着时间的推移,企业能力的轨迹逐渐转向流程和价值观。在员工通力合作成功完成重复出现的任务的过程中,流程开始被确定下来。随着商业模式的形成,哪类产品将成为发展的重点逐渐明确,价值观得以确立。事实上,很多企业成立不久,最开始凭借热门产品成功上市,股价一路飙升,但最后却以惨败收场。一个重要原因是,它们最初的成功是建立在资源基础上的,而没有建立起能够助其不断推出热门产品的流程和价值观。

麦肯锡公司建立了强有力的流程和价值观,因此无论员工被分配到哪个项目团队,都能工作得井然有序。每年有上千名MBA毕业生加入这家公司,每年也有同等数量员工离职,但公司仍然能够高质量地完成工作,这是因为它的核心能力根植于流程和价值观中,而不是仅仅依赖资源。

在企业流程和价值观的形成阶段,创始人的行为和态度具有深远影响。创始人往往强烈要求员工按照既定的方式通力合作,制定决策并把工作做好,也会将机构优先发展的观点强加给员工。当然,如果创始人的方法有缺陷,企业有可能遭遇失败;如果方法行之有效,企业将会受益。这样,随着成功运用这些方法来共同完成常规任务,流程便被确定下来。同样,如果企业根据创始人的标准来决定资源的优先顺序,并成功实现了经济效益,那么该企业的价值观便已开始凝聚,并逐渐形成企业文化。

随着企业日趋成熟,员工逐渐接受企业指定的优先次序,以及用于开展工作的方式和制定决策的方法。一旦企业员工开始根据假设而不是主观判断来选择工作方式和决策标准,那么流程和价值观就构成了企业文化。企业文化就成为一种强大的管理工具,能够促使员工自主行动,并确保他们行动统一。当机构的能力主要体现在人员身上时,通过改革解决新问题会相对简单。当能力开始根植于流程和价值观,尤其是当能力成为企业文化的一部分时,改革可能会变得异常困难。其实，很多年轻的、生产热门新产品的企业一经上市就蓬勃发展，但很快就失去动力。原因之一是其最关键的资源——创业团队未能建立操作流程或价值观，而只有这两者才能帮助企业不断推出新的热门产品。如果企业的创新能力能够成功地从资源转移到流程和价值观中，成功就会更加容易。在这种情况下，文化是强大的管理工具。企业文化使员工自觉，并使他们的行为保持一致。因此，企业文化是决定一个企业能力强弱的最重要因素，并随着时间的推移不断变动。资源变成有形、有意识的操作流程和价值观，然后转化为企业文化。

每个组织的改变都意味着资源、流程和价值观以及这些因素组合的变化。运营新成长业务的高管不能仅仅指派有合适经验的管理人员来解决问题。他们必须确保的确把企业获得成功的责任赋予了特定组织，这些组织的流程有利于完成需要做的事情，其价值观能优先考虑这些活动。从理论上说，一个创新举措必须与组织的流程和价值观相符、相匹配，与其企业文化相容，否则无法成功。

（五）企业如何通过创造新能力应对变革

如果管理者确定机构的能力不适应新的任务，觉得与自制相比，收购从竞争力和财务角度都更具有可行性，那么收购方的管理者首先应该自问：是什么真正创造了让我们急于斥资购买的价值观？是因为它的资源才觉得这个价格合理吗？还是在于其流程和价值观？如果被收购公司的流程和价值观是其获得成功的真正驱动力，那么收购方的管理者千万不能试图将其合并到新的母公司中。合并会使被收购公司的流程和价值观化为乌有。保持被收购方的独立性，由母公司为它的流程和价值观提供资源，则是更好的策略。如果资源是收购的主要目的，那么将其并入母公司自然无可厚非，且可以此来提升母公司的能力。

1. 在内部创造新能力

那些尝试在成熟机构内部开发新能力的企业鲜有胜绩。用加大资源投入力度的方法来改变现有机构的能力是一种非常直接的做法，但是企业的流程和价值观才是企业最基本的能力。流程和价值观决定了企业将如何整合资源，以创造价值。资源是灵活的，可以应用到任何环境。流程和价值观从本质上来说是固定的，其存在价值就在于让人们以固定的方式反复完成同一任务。由于流程是针对具体任务的，所以不可能用同一流程来开展两种不同的工作。如果企业需要同时开展两类业务，就需要建立两套完全不同的流程。而在同一个机构内应用两套本质上完全不同且相互对立的流程，几乎是不可能完成的任务。这就是管理者需要创建不同团队的原因。在不同的团队里，管理者可以定义或重新定义应对各种新问题的不同流程。

2.通过分支机构创造新能力

在分支机构中培育新能力，是当下管理者不断寻找针对互联网的应对之策的比较常用的方式。需要采用什么样的方式来管理分支机构？当一家企业的主流机构的价值观使其无法将资源集中投入创新项目时，就需要成立一个独立的机构来完成这一使命。不能指望大型机构能够毫无顾忌地投入关键资源，只为了在小型新兴市场上建立巨大的领先优势。如果一家企业的成本结构是专为高端市场的竞争而量身打造的，那么这家企业很难在低端市场盈利。为应对破坏性技术威胁，企业需要采用不同的成本结构才能实现盈利时，成立与新任务相适应的分支机构应该成为解决方案中的重要举措。分支机构需要多大程度的独立性？最基本的要求是，分支机构的项目不能被迫去和主流机构的项目争夺资源，而与企业价值观不一致的项目不可能受到重视。独立机构是否在形式上独立其实并不重要，真正重要的是它是否独立于常规资源分配流程。

（六）首席执行官是推动变革的重要力量

从未有哪一家企业能够在没有首席执行官参与的情况下，成功应对颠覆其主流价值观的变革。因为只有首席执行官能保证新机构顺利得到所需资源，并不受干扰地创建适合且能应对新挑战的流程和价值观。

结论就是，当机构遭遇变革时，管理者必须先确定是否具备取得成功所需的资源。然后需要再问：机构是否具备成功所需的流程和价值观？机构惯用的流程和价值观是否适合解决这一新问题？在这个日新月异的时代，应对变革的能力已成为事关企业成败的关键，确保各种资源适得其所是企业肩负的一项重要任务。

三、产品性能、市场需求和生命周期

在任何一个行业，技术人员都有能力使性能改善的速度超过市场需求的速度。从历史上看，当发生性能过度供给时，破坏性技术的机遇也呼之欲出，然后开始从价值网的下方冲击成熟市场。同时，消费者选择产品或服务所遵循的标准排序将发生变化，这标志着产品生命周期从一个阶段过渡到另一个阶段。一般来说，一旦某项特定属性达到了所要求的性能水平，消费者就不再像以前那样愿意为该项属性的持续改善支付溢价，这表明这项属性的需求已经得到满足。因此，性能过度导致竞争基础发生转变，而消费者用来选择产品的标准转移到市场需求尚未得到满足的属性上。

根据消费者购买等级可将产品演变划分为四个阶段：功能、可靠性、便捷性和价格。起初，当没有产品能够满足市场对功能的要求时，竞争基础或选择的标准一般就是产品的功能，但产品一旦满足功能要求，消费者就有可能依据可靠性来选择产品了。

（一）判断某项技术是否具有破坏性

以电动汽车市场为例，电动汽车的市场到底在哪儿？首先，电动汽车在初始阶段并不能应用于主流市场，因为它不能满足市场对性能的基本要求。因此，首要任务就是找到一个使用电动汽车的市场。其次，市场唯一有价值的信息就是，通过真正进入市场，经过测试、探索和反复尝试，向真正愿意掏腰包的实际消费者销售实际的产品，从而发现企业能够从中得到什么。政府强制性指令和某些补贴措施可能会产生一定的影响，但是不能从根本上解决市场问题，企业必须凭自己的能力和智慧来求得生存，而不是依靠变化不定的补贴。企业的创业计划是一个学习的计划，而不是一个预先制订的战略计划，要在实践中发现并逐渐形成一个好的电动汽车往返学校业务发展计划。再次，对使用电动汽车往返学校这一经济现象进行分析和推测。在一些发达国家，中学生父母会成为电动汽车的一个潜在的消费群体，因为他们会为孩子往返学校购买电动汽车。电动汽车简单的结构、较慢的加速和有限的行驶里程都是理想的属性。加之青少年的审美习惯和正确的营销方法，他们可能会成为未来的消费者。城市的拥堵使得汽车的时速永远也超不过 50 千米，电动汽车被堵在路上并不消耗电池的电力等，这些都是电动汽车创新发展的潜在机遇和可能。最后，市场之所以能够获得发展，就是因为消费者希望拥有优质产品。没有哪一位销售人员在主流市场上推销边缘产品，并且抱有建立可持续消费基础的希望。销售人员不能强迫消费者购买他们不想要的产品。要想在市场上为电动汽车找到一个应用领域，就必须使电动汽车发展成为能与今天的汽油动力车相媲美的高品质产品。在破坏性技术发展的初期，主流消费者从来都不会选择使用破坏性产品。

（二）破坏性创新产品的研发

没有市场就无法获得足够的、可靠的消费者信息，不能完全满足消费者需求的产品就不会有市场。在这样一种真空状态下，怎样才能设计好产品呢？有时产品性能过度供给，可能为更简单、更便捷且具有破坏性的技术进入市场打开一扇门。因此，在电动汽车发展的第一阶段，成功的设计很可能是那些以简单性和便捷性为主要特征，并且能在新兴价值网中发展壮大的设计。首先，这种汽车必须具有简单、可靠和便捷的特性，如利用较为普遍的供电服务来寻找一种给电池快速充电的方法；其次，必须设计出一种能够以较低成本迅速对产品的特色、功能和外形进行变革的产品平台；再次，必须确定一个较低的价格点；最后，电池性能和技术的突破是电动汽车走向市场的前提条件。

（三）什么样的机构最适合进行破坏性创新

设立一个独立的分支机构来进行电动汽车的商业化开发，是一种合适的选择。在这个独立的机构中，最好的员工能集中精力开发电动汽车，较小的收益能够激发员工的能量和热情，而在主流机构，这样的小收益只会引发对是否开展这项业务的质疑。创新的过程总是充满各种困难和不确定性，在小型独立机构，可能更容易培养对待失败的正确态度。因为只是小范围的失败，所以可以在整体信誉不受损的情况下重新起步。

（四）创建新流程和新的价值观

当组织面临发展机遇时，管理人员必须首先确定有取得成功所需要的人员和其他资源。然后，他们需要再问两个问题：组织的传统工作流程是否适合新项目？组织的价值观是否能对这一创新项目给予必要的重视？成功创新似乎难以进行，而且难以预料。其中一个主要原因是企业通常聘用有才能的员工，他们的管理技能在磨炼后能解决企业的问题，但流程和价值观往往并非为新任务而设计。高管应该拒绝放之四海而皆准的策略，确保流程和价值观能与任务相匹配，这样才能成功创建新成长业务所需的商业模式。

（五）两种策略制定流程

每个企业在策略制定中都有两个同步进行的流程：谋划型流程和应急型流程。不管是谋划型还是应急型，都存在于每家企业中。谋划型策略的决策流程是有意识的、有分析的，它往往基于对市场的增长、细分，客户需求，竞争对手的优劣，技术轨迹等数据的认真分析。谋划型流程制定的策略通常有始有终。但是，在未来形势不明或不知如何选择正确策略时，应急型流程应占据主导地位，一个企业早期总是出现这种情况。只要情况有变，预示着过去工作中有效的方法可能在今后不再有效，就需要拟定应急策略。一旦取胜的策略已经明朗，谋划型策略就该占据主导地位，因为在这种情况下，策略执行有效与否往往是成败的关键。当人们发现应急型流程逐渐形成了高效策略时，便可使之正式化，并加以改进完善，从而将应急型策略转化为谋划型策略。

（六）创建一个能吸引目标客户的成本结构

成本结构是驱动资金分配决策的准则，其力量是巨大的，高管必须谨慎创建初始成本结构和经营模式。掌管新投资项目的管理者要想依靠初级产品在零消费市场赢得竞争，唯一的办法就是建立一个成本结构，使客户和产品具有财务上的吸引力。低成本投入驱使投资项目负责人积极追求小额订单，这些不起眼的订单是破坏型业务初级阶段的生命线。

结论就是，在一项业务的萌芽阶段，最好的投资应该是"对成长有耐心，对赚钱没耐心"的资金，而拒绝另一类"对赚钱有耐心，对成长却没耐心"的资金。为什么在投资新成长的业务时，需要对成长速度充满耐心？因为投资新成长战略的关键在于在零消费市场竞争并破坏性地趋向高端市场，这些破坏性市场在一段时期内无法迅速扩张,其盈利能力一般很低,所以必须对成长有足够的耐心。而一项业务要扩大规模,唯一的方法就是促使主流产品的现有客户大量转向使用新企业的产品,这需要一个足够长的过程。

四、高管在领导新成长业务中所扮演的角色

在一个不断重复同样任务的企业中,由于流程开始形成,加上企业管理得当,推动成功的引擎不再依赖个别人的能力,而是扎根于流程当中。迄今为止,还没有哪家企业建立了针对破坏性业务的流程,因为开展破坏性业务尚未成为一种重复性的任务。在目前看来,通过破坏性创新来创造成长业务的能力大小取决于企业的资源,在这些资源中,最关键的是 CEO 或具有同等影响力的另一些高层管理者。在破坏性创新的管理流程形成之前,高管亲自监管是破坏性业务取得成功的最重要资源之一。

高管需要知道在何种情况下需要亲自参与,在何种情况下应授权给他人。在破坏性创新的情况下,当权的高管必须亲自参与;在延续性创新的情况下,授权他人即可完成任务。这是因为只有最高层管理者有权批准在适合的情况下使用企业流程,而在不适合的情况下打破这些流程和规则的限制。

(一)高管在管理创新中扮演的角色

第一,在没有流程参照的情况下,他们必须在行动和决策过程中进行积极的协调;第二,当一个团队面临新的任务,需要新的沟通模式时,他们必须打破现有流程的束缚;第三,当一个组织出现循环行为和重复任务时,管理人员必须建立流程来正确指导和协调相关人员的工作;第四,由于企业内部会不断培养新的破坏性成长业务,需要在企业内部建立并维持多个同步流程和商业模式,高管就必须跨界管理多个组织,以确保新的业务不断成长。那些有益的学习经验将被反馈到主流组织,并确保根据具体情况为相关组织配置合适的资源,确立流程和价值观。

很少有管理者能够完全按照自己的意志去运用职权,他们的行为往往会被各种因素影响。这些因素包括为了保持利润而向高端转移的需要;货品化和反

货品化；不断追求以收入最大化为基础的成长所带来的压力；有利于企业现有商业模式，却会给其他业务带来不利影响的流程及价值观。如果企业被这些力量牵制，其成长定会遭遇挫折。但是，如果企业能够因势利导，正确驾驭这些力量，其前途必定一帆风顺。这些影响力量是可以预见的，因此人们能够捕捉它们，并将其转化为强大的动力，由此发现、利用进而维持成长的机遇。

在创新的初期，需要关心的是初创期的基本条件是否合适，只要起点正确，那么成功的道路就近在眼前。要想走上这条路，需要建立一个正确的业务模式，为之配备合适的资源、流程和价值观，驾驭通向成功的各种力量。

（二）企业成功成长的业务结构与初始条件

企业成功成长的业务结构与初始条件包括建立能够低价赢利的成本结构，并逐渐将其推向高端市场；选择破坏性定位，让竞争对手宁愿退避三舍，不愿背水一战；从零消费客户群起家，让其满足于最简单的产品；将目标放在客户需要完成的任务上；永远向未来的财富增长点而不是过去的财富增长点行进；安排正确的人选到合适的工作岗位，为其配备能够促进其成长的流程、组织架构和价值观；保持弹性，执行随时出现的可行策略。如果能在启动成长时期拥有以上条件，就无须担心未来，一切都会水到渠成。

高管如果了解这些力量是如何阻断成长的，就能够在风雨欲来之前先行绸缪，化威胁为机遇。这里要特别反对一个观点：无视情境理论的指导，盲目复制优秀企业的成功经验。这就好像一个人绑了两片羽毛翅膀使劲扑腾，以为自己可以飞行。重复别人的成功并不等于单纯复制别人的"特性"，而是要深入了解他们如何获得成功、成功的真谛是什么。

好的理论通常是基于情境的，能够指导管理者如何根据变化的环境而采取不同的策略，从而获得想要的结果。放之四海而皆准的流程和价值观从来都是成长路上的绊脚石。要想创造新的成长，最好密切关注环境变化，这样才能步步抢占先机，在他人还没有看清形势之前就采取行动。

总而言之，如果一个策略所定位的客户群和市场范围对知名竞争对手来说有吸引力，就一定要拒绝这个策略。要不断将团队赶回白板前，直到找到一个破坏性立足点,这个立足点必须是知名竞争对手不屑一顾、乐意放弃的。只要制造出"不对称动机",对手就会祝你成功。虽然以前可能没有经历过,但是这样做肯定比和对手在延续性创新领域来一场血战感觉好得多。

五、善于利用萧条期,使萧条期成为企业成长的最佳时期

面对萧条的困境,首先要以积极开朗的态度去突破困境,萧条越严重,越要咬紧牙关。在此基础上,最重要的是明白一点:萧条就是成长的最佳机会,企业就是要通过萧条这样一种逆境来谋取更大发展。如果用竹子的成长比喻企业的发展,那么克服萧条就好比造出一个像竹子那样的节。在经济繁荣时,企业只是一味地成长,没有节,成了单调脆弱的竹子。萧条时长出的节才是企业再次成长的支撑,并使企业结构变得坚韧。为此,在萧条之前,尽力打造高收益体质,这是预防萧条的最佳策略。因为高收益是一种抵抗力,使企业不至于陷入亏损;高收益是一种持久力,可使企业承受很长时间的萧条。还可以在萧条期进行投资,因为萧条期购买设备比平时便宜许多。

(一)萧条时的对策

1. 全员营销

一般来说,生产和销售往往是一种对立关系,如订单不多时生产会对销售发牢骚,埋怨销售卖得不好,销售反过来又怪生产没有生产出能畅销的产品。但是,如果让生产人员去卖东西,他们会明白销售不容易,这样就会促进两者的和谐。通过全员营销,大家都会有一种同感,即使最具尖端技术的企业,销售产品也可能是困难的,也是企业经营的根本:一个企业若让缺乏销售经历的人当管理者,必然很难经营得好。企业无论哪个部门的人,让他们都经历在别人面前低头讨订单的辛苦,是非常重要的。

2. 全力开发新产品

平时工作忙而无暇顾及产品开发、没空听取顾客意见的做法都是不利于企业发展的,需要积极行动、团结一致共同开发新产品。

3. 彻底消减成本

这种充分控制成本的做法一旦形成，当景气复原、销售额恢复时，就会使企业获得高收益。

4. 保持高的生产率

不仅要维持高的生产率，还要把平时无暇顾及的环境、培训等基础工作做好做细，这将成为企业再次腾飞的推动力。

5. 构建良好的人际关系

为再次腾飞做好准备，创造良好的氛围和人文环境是十分有必要的。

（二）什么才是真正的经营

一个企业没有 10% 的销售利润率，就算不上真正的经营。如果维持 10% 的利润率，即使销售额下降 10%，企业照样盈利。利润率高意味着固定费用低，销售额多少降一些，利润只是减少而已。企业不景气，员工就会动摇。经营者应该思考萧条之前的准备工作，实现平日里的高收益。稳定比什么都重要，企业应该有足够的储备，才能承受任何萧条的冲击。

第十七章
影响企业创新的力量

市场竞争的巨大压力永远迫使企业在不断成长的同时，保持强劲的发展势头，发挥创新的力量。任何一家企业都要靠利润的增长为股东和社会创造价值，都要维持正常运营，同时履行企业的社会责任。但是，大量证据表明，一旦一家企业的核心业务成熟，必将追求新平台，也会带来极大的风险。而为数相当多的企业付出了努力，反而拖垮了企业。市场竞争和社会的需求要求企业成长，却没有告诉它们该如何成长。有时，盲目追求进步的结果甚至比原地踏步更糟糕。企业在追求成长的过程中，最令人望而却步的风险可能在于，一旦稍有失利，再获成功的机会将会很渺茫。对于那些陷入停顿的企业来说，市场是十分残酷的。

一、创新是只黑匣子

企业要创新和保持成长是相当困难的，大约有90%的企业无法维持多年的持续增长，也无法一直创造高于市场平均水平的价值。什么因素能帮助企业预测创新过程？企业需要了解哪些力量在影响着创新，哪些力量左右着管理者的决策，关键是创新这只黑匣子。创新路上存在许多未知领域，需要企业在众多不确定性中探索前进，这也是创新的困难和风险所在。

（一）BIGW 公司创新模式

在追求创新的过程中，BIGW 公司的做法是，邀请所有有玩具创意的人来公司参加在全国各地举办的"创意集市"；由公司信任的咨询机构派出专家组成评审小组，客人把自己的创意展示给评审小组；一旦发现优秀的创意，公司就会从发明者那里购买版权，经过雕琢，将这个创意改造成可行计划，制造出可供销售的玩具雏形，再将之授权给一家玩具公司，利用自己的渠道进行生产和销售。这样就会成功地运作出一系列真正激动人心的高成长产品。这是一条具有实践意义的创新之路，值得那些具有创新意愿的企业借鉴和效仿。

（二）预知能力的来源：扎实的理论基础

虽然创新前途莫测、过程复杂，但要对其作出预测，也并非空想。弄清楚什么样的因可能产生什么样的果，以及为什么会有这样的因果关系，就能把预想变为现实。有些管理者往往低估理论的价值，事实上理论是可以指导实践的。

二、关于破坏性创新模型的探讨

（一）破坏是一个相对术语

同样一个创新或理念，对一家企业来说是破坏性的，但对另一家企业却可能是延续性的。因此，这里推荐一个严格的原则：如果一个产品或理念对某些先入者来说是破坏性策略，但对其他人来说可能只是一个延续性的改良时，就应该退回计划阶段。企业需要找到一个能在目标市场上对所有先入对手给予破坏性打击的机会，否则连试都不要试。如果企业的尝试对一个重要的先入者来说不过是延续性创新而已，那么企业就是在打一场必输之仗。

以互联网为例，20 世纪 90 年代，众多投资者因为相信它的"破坏"潜力，而把大量资金砸到网络公司。很多公司惨遭失败的一个重要原因是，对很多公司来说，互联网只是针对业务模式的一个延续性创新。例如，在互联网发明之前，戴尔公司就已经通过电话和邮购方式向用户销售电脑了。戴尔公司已经是低端市场的破坏者，并且一直处于上升通道中，因此对戴尔公司来说，互联网是一项延续性技术，它使戴尔公司的核心业务流程运行得更为顺畅。但对康柏公司来说，通过互联网向客户直接销售产品的做法又成为破坏性策略，因为康柏公司原来的成本结构和业务流程都是面向店内零售的分销模式。

（二）破坏性业务模式是企业的宝贵财富

一个能降低价格，还能产生可观利润的破坏性业务模式是在低端市场获胜的法宝，这样的业务模式绝对是企业赖以生存和发展的宝贵财富。当这个业务模式被引入更高端的市场后，以低成本生产出的高质量、高价值的产品就会导致这一块市场的产品价格大跌。只要破坏者还在继续挺进并和高成本的被破坏者争夺利润，价格就会不断探底。而如果一家企业尝试把高成本的业务模式带到低端市场进行微利销售，即使收入增加了，也仅是达到企业的收入底线，因为这些增加的收入都消耗到管理成本上了。这就是为什么先入者想要创造破坏性成长，就必须有一个独立的业务体系。这个业务体系的成本结构能给未来上行的市场趋势留出足够的利润空间。

（三）破坏性创新是企业成长的基本源泉

要检验一个构想是否具备破坏性潜力，管理者必须回答如下问题。第一组问题：在过去是否有这样一群人，他们没有足够的资金、设备和技术来做这件事，因此只能放弃，或花钱让更专业的人来做？客户是否需要克服种种不便，到一个集中的地点去使用该产品或服务？如果一项技术的发展使得广大缺乏技术和资金的一群人能够在更方便的环境中拥有和使用某种产品，而这种产品在过去只能由技术更高、资金更充裕的人在一个不太方便的集中地点才能使用到，那么这项技术就具备了成为新市场破坏性策略的潜力。第二组问题：在低端市场上是否有客户乐意以更低的价格购买性能不那么完美的产品？是否能创建一种业务模式，使企业在以低价格吸引这些被"过度服务"的低端客户时，还能保持良好的盈利？

施乐公司能打败惠普公司吗？要确定这一策略的可行性，施乐公司的管理者就应该考虑低端市场客户是否愿意购买一个刚好够用的低价产品。但高端市场客户更倾向于购买价格更贵、速度更快、打印质量更好的产品。施乐公司能否发展出一套低价高利的业务模式来赢得低端市场？看上去可能性不大。

第十七章 影响企业创新的力量

　　破坏是一种理论,是一种因果关系的概念模型,能够更好地预测在不同的竞争条件下可能产生的结果。而人们常说的"不对称动机"是一种自然的经济影响力,不断地影响着商务人士。历史的经验表明,一旦进攻者驾驭了这种动力,行业巨头就会被打落马,因为采用了破坏性策略的企业能够预测竞争对手所采取的利益最大化的措施,迎合重要客户,投资利润最丰厚的领域。在一个利益至上的世界里,破坏性创新是最有胜算的一副牌。破坏性创新并不能确保一定成功,它只是一个重要因素。在新成长业务的创造过程中,还需要克服很多其他方面的困难。

三、客户希望购买什么样的产品是实施破坏性策略的首要问题

　　企业实施破坏性策略的时候,需要考虑如下问题:应该开发什么样的产品?应该关注哪一级别的市场?如何确定此级别市场中的客户,他们到底关注哪些产品特性和功能?应该如何与客户沟通,让他们了解产品的价值?什么样的品牌策略能够创造最高的最终价值?人们发现,投入新产品研发的资金有很多会因为产品的失败而血本无归。但是,失败真的不是随机事件,是可以预测的,也是可以避免的,只要管理者能够正确认识自己在理论上所处的阶段。在业务创建过程的众多参数中,如何生产出广受用户喜爱、价位有利可图的产品?实践是对精确预测理论的最大挑战。

　　市场开拓者称之为市场细分的流程,也就是理论建立过程的分类阶段。管理者只有按照客户购买意向和购买条件进行正确的市场细分,才能准确预测出哪一种产品能够打动客户。当管理者建立的理论偏离了市场环境时,市场细分就是失败之源,从本质来说是因为它使得产品定位趋向虚无化。市场细分的思路是建立在客户购买产品去完成某项特定任务这一理念基础之上的。

(一) 市场细分中的虚无目标与实际情境

　　市场推广的艺术性在于细分,寻找那些需求相似的客户,确保同种产品就能满足他们的要求。市场开拓者经常按照产品类型、产品价格进行市场细分,也有的按照客户规模或消费者心态进行市场细分。而为什么在市场细分上付出

巨大努力之后，还会惨遭失败？原因主要在于其都是根据产品属性和用户属性分类，凡是基于属性分类理论分类的，揭示的都是属性和结果的联系。只有当市场推广理论建立在基于情境条件分类的基础上，并能够合理地反映因果关系时，管理者才能够知道到底哪些特性、功能和定位能够让客户决定购买产品。

想要提高市场推广的可预测性，就需要了解在什么情况下，什么样的客户会购买和使用商品，尤其是客户需要定期完成哪些任务。当客户发现自己必须完成一些任务时，他们就会四处寻找能用的产品或服务来帮助他们完成任务，这是客户的生活体验。他们的思考程序是，发现自己需要做些事情，然后就开始购买能够帮助他们有效地、便捷地完成这一任务的东西。客户任务的功能特点、情感因素及社会特性等参数决定了自身的购买条件。换句话说，客户想要做的事情或者想要达成的结果构成了以情境条件为基础的市场分类。当企业将产品定位于客户所在的情境而不是定位于客户本身时，其就能成功确定产品推广过程中的不确定性。换言之，关键因素是客户的购买条件，而非客户本身。

为什么会这样？以一家想提高奶昔销量和利润的快餐店为例，该店的市场部按照客户的特点进行细分，想找出哪些客户最有可能购买奶昔，这是基于属性的分类计划，收效甚微。另一批研究人员也参与了这一计划，他们开始想要了解顾客到底想用奶昔来做什么事情。这个方案让连锁店管理者看到了传统市场研究中缺乏的一面。

他们记录了购买者第一次购奶昔的时间，顾客同时购买了哪些其他食品，顾客独自来还是成群结队，是在店内吃还是打包带走等，从而得出了吃惊的结果：将近一半的奶昔是在清晨被卖掉的，并且顾客经常购买一杯奶昔，而且多半打包带走。研究人员开始采访那些只在清晨购买一杯奶昔的顾客，想了解其在购买奶昔时想完成什么任务，同时他们还询问这些顾客，在不购买奶昔时会选择什么替代品来完成同样的任务。大多数在清晨购买奶昔的人的答案是相同的，他们面对一段漫长无聊的行车过程，需要吃些东西来打发时光。这些东西需要完成"多重任务"，他们现在并不饿，但是如果现在不吃东西，就会在10点左右感到饥肠辘辘。这些顾客选择目标时，有时选择百吉饼，但是百吉饼总是弄得他们的衣服和车里到处都是碎屑,如果百吉饼上涂了奶油或果酱,他们的手指和方向盘会变得黏黏糊糊。有时他们还会使用香蕉来完成这个任务,但香蕉吃得太快,无法长时间解闷。最后,他们发现奶昔是所有选项中最适合完成这项任务的。如果控制得当,一杯稠稠的奶昔加上一根细细的吸管,就能吃20分钟,足以打发在车内等待的无聊时间。奶昔并不是靠"健康食品"之类的特性来取悦顾客的,因为健康并不是他们使用这些产品的目的。当清楚了一个产品被用于完成什么任务之后,创新者对如何改良产品就有了一个清晰的思路,他们知道如何满足顾客的期望,从而打败真正的竞争对手。

(二)根据不同条件细分市场,为破坏性创新赢得立足之地

在新成长性业务创立的过程中,创业者寻找破坏性创新的立足地,也就是寻找一种能够作为新市场破坏策略的切入点的产品或服务时,必须评估目标客户到底需要完成什么任务。当管理者将破坏性产品直接定位在一个很多人需要完成,但过去一直没有得到妥善解决的任务上时,他们就建立了一个起始平台,并为未来的延续性成长创造了一个初始条件。得到立足之地是战争的开始,只有当创新产品不断改进,直至取得现有产品的地位后,才会启动振奋人心的增长浪潮。相对于前期的创新过程来说,现阶段属于延续性创新,也就是不断改良产品,使之更适应客户的需求,并赢得更大的利润。

四、为什么管理者会错误地细分市场

为什么有许多管理者轻率地走向另一个方向,将产品改良的基础建立在基于属性的市场细分方案上,最后生产出无差别的"全能型"产品呢?至少有四个原因:前两个原因是惧怕专一和要求量化,这两种力量贯穿了企业的整个资源分配过程;第三个原因是很多零售渠道都是以产品属性为中心建立的;第四个原因是广告经济影响了企业的决策,使其将产品定位于客户本身,而忽视客户所处的环境。

产品定位越清晰、越专一,就越能做好一项特别工作,但在其他工作方面就不那么出色了,这就是企业备受困扰的根源。专一是把双刃剑,既能带来好

处，又能带来坏处，而坏处比好处更容易量化。专一是一种挑战，除非企业能意识到唯有专一才能让自己放弃不属于自己的市场。如果能够将全部注意力倾入客户想要完成的工作上，会大大提高新产品研发的胜算率。在产品开发的过程中，我们一定要保持专一，要坚持所知，承认无知，求助专家，向他人学习。

五、渠道结构

市场上大多数零售渠道都是按照产品类别组建的，而不是按照客户任务组建的。这样的渠道结构限制了创新者的灵活性，妨碍了企业开发符合客户任务要求的产品。因为新产品必须归入相应的产品类别，和同类产品摆在相同的货架上。

（一）市场高管倾向于靠产品属性或客户属性来细分市场

市场高管倾向于靠产品属性或客户属性来细分市场的一个重要原因是为了促进客户的交流。从表面上看，如果按照年龄、性别、生活方式或产品类别来切割消费市场，似乎更容易制定沟通策略。对于市场推广者来说，按照地区、行业或业务规模来划分市场似乎更为容易，但目标客户的属性可能会扰乱产品研发的过程，导致企业生产出一物多用但并不适用的产品。因此，需要根据消费情境来开发产品，而不是根据消费者本身。连锁店需要去沟通的对象是消费环境，消费者本人反而无关紧要。如果一个品牌的内涵被定位在某种任务上，那么当顾客在实际生活中遇到这个任务时，他们就会想到这个品牌，然后去使用这种产品。对于那些能够出色完成任务的品牌，顾客花起钱来总是毫不吝惜的。

（二）让客户改变任务是件很危险的事

一般来说，人们不愿意轻易做出改变。想要让客户优先完成过去并不关心的任务，胜算率是极低的。客户不会因为有一件新产品出来就改变任务。新产品只有致力于更好地帮助客户完成现有任务，才有可能获得成功。

现在来考量一项新产品的创意。该创意试图利用数码影像技术在传统胶卷的市场上获得破坏性成长。在数码照相技术问世之前，大多数人是如何使用胶卷照相机的呢？为了获得高质量的照片，人们会以同一个姿势多拍几张，以防有人眨眼。当取下胶卷时，多数人要求冲印两份，如果其中一张效果不错，还要多冲印一些备份，用来赠送亲朋好友。鉴于此，一些数码影像公司顺势而生，取代了传统胶卷照相机，给用户带来了非常有趣的建议：只要你愿意花时间来学习如何使用我们的软件，就能删掉所有不太满意的照片。创新产品如果致力于帮助用户去做其本来没打算做的事情，胜算率实在太低。

为破坏性创新选择立足点，其实就意味着产品与人们需要完成的特定任务紧密相关。只有围绕任务进行改良，同时创立具有针对性的品牌，才能让客户知道什么情况下该选择谁的产品，才能让破坏性产品稳稳走在成长的道路上。

(三) 产品最适合哪些客户

进行创新时，以下问题是企业管理者首先要考虑的：应该瞄准哪些客户？什么样的客户群才是未来成长的坚实基础？进军最大的市场是否有助于最大限度地发挥潜能？如何预知竞争对手的目标客户群？什么样的销售和分销渠道能够让客户对产品保持最大的忠诚度，能够投入足够的资源以确保市场快速成长？从低端市场破坏性创新中赢得理想客户，是一条比较直接的途径。他们是目前主流产品的现有客户，但是对进一步的产品改进缺乏兴趣。其有时也可能愿意接受改进的产品，但是不愿意为产品的改进买单。企业占领低端市场的关键就在于创造一种能在低端市场以低价格赚取高利润的业务模式。要想找到破坏性创新模式中新的市场客户，也就是零消费者，就不是那么简单了。如何辨别出当前的零消费者会被打动并开始消费产品？如果只有少数人使用一个产品，就代表那些零消费者根本没有相应的任务要去完成，这就是任务问题了，也是评估新市场破坏性创新的可行性的重要性所在。如果一个产品定位于帮助零消费者完成他们并不急于完成的任务，那么这个产品是不太可能取得成功的。

然而，另外一种零消费情况则完全不同：人们想完成某项任务，但是因为现在的产品太贵或者太复杂，他们无法自己去完成任务，所以勉强使用不便的、昂贵的或满意度低的产品来完成这项任务。这类零消费市场就是绝好的成长机会。新市场的破坏性创新就是帮助大部分缺乏资金或技术的人开始购买或使用破坏性创新产品来完成他们现在要做的工作。

六、想要获得新市场客户，需要经由破坏性创新渠道

"渠道"这个术语在商业模式中指的是配送和销售产品的批发和零售企业。然而，其更广泛的含义是，一个企业的渠道不仅包括批发商和零售商，也包括一切能帮助企业把产品推到客户手中，从中创造价值的实体企业。这里为"渠道"下一个更广泛的定义，是因为在将产品送到终端客户手中的这条渠道上，要确保其中的各环节都能获得利益，并产生动力。如果一件产品不能保证渠道上的实体企业更顺利地完成任务，也就是沿着它们自己的延续性发展轨迹向高端市场转移，开发利润率更高的业务，就难以成功。如果一件产品能为这些企业提供足够的利益，帮助这些企业赢得更高利润，那么这些企业也会投入全部的精力，帮助产品赢得新的冒险并获得更大的成功。但是，如果破坏性产品不能引起包括整个下游渠道的兴趣，那就是一场灾难了。渠道团队也是客户，也有需要完成的任务，那就是成长并赢利。

（一）零售商和分销商也需要通过破坏性创新获得成长

创新管理者应该选择那些视新产品为助推燃料的渠道商，帮助其向高端的渠道市场挺进。当破坏性产品帮助渠道商打败了竞争对手，渠道商就能成为构建破坏性业务的可靠力量。

（二）客户也是渠道

终端客户也是重要渠道。服务提供商也是他们所生产的产品销往终端用户的渠道。哪一类客户会成为未来成长的最坚实的基础？是长期想使用产品，但一直没得到满足的客户。产品要能轻易取悦这些客户，使其产生依赖感。客户必须忠于产品，不受竞争对手的影响。产品应该是富有吸引力的，这样客户所在的价值网络中的每一个环节才能被有效地调动起来，从而让我们把握住机会。想寻找这样的客户并非难于上青天，只要按照零消费市场成功模式中的有关要素来制订创新计划，就能找到这种客户。

七、选择正确的业务范围

新成长企业应该做哪些事情,才可能尽快获得最大成功?哪些任务应该外包给供应商或合作伙伴,或内部完成?这些决策对新成长企业的成功与否有着至关重要的影响。人们比较常用的决策依据是核心竞争理念。如果某个产品属于企业的核心竞争力范畴,就应该内部解决;如果产品是非核心竞争力的产品,其他企业做得更好,就让别的企业帮自己完成这项任务。真是这样的吗?其实在某些时候,采用核心竞争力和非核心竞争力来进行分类会带来这样的问题:有些在当前看起来不是核心产品的在未来有可能成为绝对关键的核心产品,反之亦然。过去的经验可能会误导未来的方向。在这种情况下,需要建立基于情境的理论,通过这个理论看清因果机制,以确定哪些业务可以成为核心业务,而哪些业务只能被边缘化。

(一)合并还是外包

核心与非核心的分类可能导致严重的甚至致命的失误。管理者不能只看到公司目前最擅长从事什么业务,他们应该问的是,当前应该掌握哪些业务,未来应该掌握哪些业务,怎样才能够一直沿着客户关注的轨迹上升。答案就在要完成的任务里。客户购买行为取决于产品是否能够帮助他们解决重大问题。对于市面上不够好的产品,内部开发更有优势,而外包则适用于那些好过了头的产品。

(二)产品架构和产品接口

产品架构决定了它的组件和子系统的构成和互动方式,不同的组件和子系统互相适配,从而实现既定功能。两种组件相互适配的位置被称为接口,接口既存于一件产品的内部,又存于两个不同增值环节之间。例如,在设计和生产环节存在接口,在生产和分销环节也存在接口。如果产品中的某一部分无法独立于其他部分,某一环节的设计和制造方法要依赖其他环节的设计和制造方法,那么这个产品的架构就必须依赖接口进行联系。

(三) 过度服务和模块化产品

当销售人员回到办公室开始抱怨客户"为什么他们就是看不到我们产品好在哪里""他们把我们的东西看成大路货"时,就预示着产品的功能和可靠性开始发生转变,市场上的产品开始"好得过头了",这就是过度服务的证明,预示产品性能已经超过了市场需求。一般而言,客户都乐于接受更高级的产品,但没人愿意为此买单。过度服务并不是指客户不愿意为产品的改良花钱,而是指客户花钱购买的已经不是在原来类型上改良的产品了。一旦产品满足了他们对某些功能和可靠性的要求,他们就会开始重新定义哪些方面是不够完善的,新的不够完善的地方就是当前无法立刻达到客户要求标准的那些特性。因此,客户愿意在新的创新轨迹线上为产品的速度、方便性和个性化程度支付额外的费用。当发生这种情况时,可以说这个级别的市场竞争基础发生了变化。

模块化生产给行业结构带来了深远影响,催生了一系列独立的、分散式的组织部门来完成销售、采购和装配子系统的组建任务。在共生式产业界中,企业必须亲自生产全部的重要组件;而在模块化产品世界中,只需要外包者承包某一种组件的生产任务就可以搞活一家企业。模块化接口的规格最终都将形成行业标准。当一个行业走到这一步,那么业内都可以将最佳供应商生产的组件进行混搭,从而很容易满足客户的个性化需求。企业努力为每个客户迅速提供他们想要的东西。同时,因为采用了分散式组织结构,其管理成本大大降低,所以拥有了在低端市场以折扣价竞争的盈利能力。

(四) 从共生式设计到模块式设计——回到原点

随着产品性能不断超越客户需要,产品设计也一次一次地从共生式向模块化演进。当一波又一波的破坏性浪潮席卷一个行业时,这个演进过程就在每一次浪潮中不断重现。

技术的改良步伐超越了客户的需求,于是过去功能和可靠性都不太完善的产品在后来变成了过度服务的产品,进而造成客户对产品的使用程度较低。

企业竞争环境发生了变化,竞争的基础改变了,客户越来越不愿意为功能和可靠性的改进支付更高的价格,从而使那些能够更好、更方便地满足客户需求的供应商也能赢得可观利润。

当竞争压力使企业必须响应市场需求时，企业不得不放弃过去的专利性架构和共生式设计的产品，开始采用模块化的解决方案。

模块化制造促进了整个行业的分散生产，分散式的小企业能够在竞争中战胜集成式的行业大鳄。集中整合在一个时期是竞争优势，而在以后又变成了竞争劣势。性能缺失和性能过剩这两种驱动力在影响产品架构和企业整合的过程中也面临着不同的情境。

（五）正确的时间选择正确的定位

一家企业在发展过程中，会在不同时期选择不同的模块化发展模式。当竞争环境偏向于功能性和可靠性时，提前采用模块化架构策略的公司并不一定会失败；当产品的功能和可靠性都不是太好，没有达到客户要求时，那些拥有专利性架构的生产商往往能够垂直整合价值链上所有的性能接口，从而具备更大的竞争优势；当产品已经具备充足的功能和可靠性之后，竞争的重点就放在了产品推广速度和需求的适应程度上，这时候一大批分包式的专业企业应运而生，用模块化的产品结构和行业标准来占领市场成为成功的助力。

在新市场的破坏性浪潮的初始阶段，由于产品不够完善，那些专利整合型企业往往会取得最好成绩。经过多年的锻造后，产品性能得到提升，那些破坏性市场的先锋往往容易被成长速度更快、策略实施更灵活的分包式企业超越，因为这些企业的专精模式使其大大节约了管理成本。

对于一个要应对多级市场客户的企业而言，管理变革是一项颇具技巧性的工作。符合高端市场客户需要的运营策略和业务模式不见得能够满足低端市场的客户需要。如果一个企业需要抓住两头业务，就应该设置多元化的业务部门。

八、如何避免货品化

所谓货品化，即在产品的生命周期中，高利率的新产品逐渐由于竞争加剧以及成本趋低，而变成大众化且利润微薄的产品。是什么导致了货品化？是不是所有企业在市场竞争中都将不可避免地走向这个终极的阶段？企业在发展过程中能否采取措施规避货品化竞争？一旦某个行业被货品化潮流席卷，它还有机会重回专利化、差异化、高利率的状态吗？企业该如何应对？

（一）货品化和反货品化进程

使高利润、差异化、专利化的产品变成大路货的转变过程就是这种产品的功能向过度服务和模块化转型的过程。

在新市场形成的初期，一家企业开发出一种专利型产品，性能当然不是太完善，但比其他任何竞争对手的产品都更加接近客户需求，这家企业就能依赖这种专利性产品架构获得诱人的利润。

这家企业在市场的角逐中，为了独占鳌头，不断提升产品功能和可靠性，最终超过了低端市场客户的使用标准。这时低端市场竞争基础发生了渐变，市场逐渐向模块化产品结构演进，整个行业被推向分包型运营模式。

竞争者能够取得相同的组件，按照同样的标准进行组装，产品性能和成本都开始丧失差异化优势。这种情形首先出现在低端市场，然后毫不留情地向高端市场转移。

需要注意的是，将破坏性和货品化现象联系在一起的是过度服务，也就是"好得过了头"的市场情境。破坏性和货品化可以看作一枚硬币的两面。如果一家企业发现自己正处于"好得过了头"的市场情境中，那么它就一点胜算都没有，有可能被破坏者乘虚而入，又有可能被货品化竞争者偷走利润。大部分市场霸主都会同时成为这两股力量的牺牲品。

然而在价值链的某一处依靠不同阶段和不同层次的增值服务，企业依然有利可图。这是因为货品化进程往往会引发一个与之产生相互作用的反货品化进程。这个反货品化进程通常伴随着强大的盈利能力，往往会发生在价值链上已经无利可图的环节中，隐藏在原来的模块化、无差别的生产程序、组件和子系统中。

（二）品牌价值

高管往往想通过品牌的力量来规避货品化进程，维持盈利能力，但是品牌也会被货品化和反货品化。在整个增值链上最能占领品牌价值的区间是不完善的产品市场区间。当客户还不能确定产品的性能是否达标时，一个运作良好的品牌能够跨越鸿沟走向客户，让他们不再为无名厂商的产品质量而发愁。好品牌的力量就体现在品牌产品的高价值上。如果多家供应商的产品性能明显超过了市场需求，品牌的溢价能力就随之萎缩。

总之，经济发展的历史充分说明，创新是推动经济发展和社会进步的不竭动力。例如，英国凭借蒸汽机、纺织机、车床、铁路的发明而成为18世纪晚期和19世纪早期的经济霸主，德国因为在化学、电子、光学仪器等方面的创新而成为资本主义的新秀，美国得益于钢铁、通信、汽车、航空的技术创新，日本主要靠的是管理创新。我国已进入全面创新的时期，只有通过创新提升质量，才能解决我国经济面临的问题，才能促进经济持续增长，才能建设经济强国。

第十八章
精益创业

精益创业不仅关系创建成功企业，还告诉人们如何改善工作、提升效率。社会实践证明，魅力和天才并非成功创业所必需的，运用可学习和可复制的科学创业理念和程序才是最重要的。爱和速度缔造了新一代企业。企业唯有快速顺应时代，才能赢得未来。产品生产方式必须因时代而变。当前，我国面临着社会和经济发展的两大主题：互联网化和全球化。同时，这个时代又有如下几个新的特征：从市场结构来看，产品供给方的数量和质量远远超过了传统的商业时代，大多数市场是典型的买方市场，竞争激烈，企业唯有更好地满足客户需要才能生存；从消费趋势看，用户需求日趋多元化，满足他们的需求的难度正在不断增大，需求的升级速度正在加快；从技术发展看，以互联网、云计算和大数据为代表的信息技术可以帮助企业深入理解客户和消费者，按需驱动，使产品快速灵活地适应市场，同时去除无谓的损耗，企业效益得以最大化。这些都为精益创业提供了前所未有的机遇和挑战。

一、精益创业的主要阶段

精益创业的第一个阶段是把想法变成产品。这时开发的产品是精简的原型，投入最少的金钱和精力开发出体现核心价值的产品。此时，创业者率领精干的成员，用类似特种部队的组织方式，在有限的资源和时间内，快速生产出产品，并快速投放市场，通过不断进行小规模实验，获得顾客反馈，进而不断迭代，让产品得到市场验证和消费者认可。

精益创业的第二个阶段是新创企业要对正确的产品形态进行重点投入，做好做细，做到极致，满足客户的需要，做最了解用户需求的企业。这个阶段必须用最小的成本，在最短的时间内找到最有价值的认知。

精益创业的第三个阶段是成功者往往伴随着爆炸式增长以及全面扩张，企业开始与传统的、陈旧的市场势力展开阵地战。在这一过程中，创业企业的力量之源正是此前积累的对用户的深入理解和对市场的快速反应，即爱和速度。能到达第三个阶段的创业企业大都把对用户的爱、对产品的爱作为一种信仰。它们不能容忍产品有缺点，不能容忍用户体验不好，然后用极快的速度实现爆炸式增长，迅速占领市场。

二、有关创业的认知

所谓的新创企业就是在充满不确定性的情况下，以开发新产品和新服务为目的而设立的企业机构。精益创业是开发新产品、新服务的有效途径，可以应用到任何企业和任何规模的公司。

创业即管理。新创企业不仅代表了一种产品，更是一种机构制度，因此需要一种新的管理方式，特别是要应对极不稳定的情况。创业企业家是在所有企业都适用的头衔，因为任何企业的发展都需要不断创新和创业。

新创企业的存在不仅仅是为了制造产品、赚取金钱、服务顾客，更是为了建立一个可持续的业务，获得一种经过证实的认知。

新创企业的基本活动是把点子和思维转化为产品，进而衡量顾客的反馈，然后认识到应该改弦更张还是坚守不移。所有成功的新创企业的流程都应该以加速这个反馈循环为宗旨。

为了扩大创业成果，并让创业者负起相应的责任，需要关心那些乏味的细枝末节：如何衡量进度？如何确定阶段性目标？如何优先分配工作？这需要一套新的管理制度和核算制度，让每个人都肩负职责，为创新承担责任。

三、新创企业失败的原因

为什么新创企业屡屡遭受失败？原因之一是新创企业的运营包含太多不确定性，企业还不知道谁是自己的顾客、自身的产品应该是什么，老的管理方式一般都无法胜任。计划和预测只能基于长期的、稳定的运营历程和相对静止的环境，而这些恰恰是新创企业所不具备的。第二个原因在于，当目睹传统管理不能摆脱困境时，一些创业者和投资者干脆不管，回到跟着感觉走、无为而治的状态，这是根本走不通的。其实，新创企业是必须加以管理的，而且应该管理得更好，以逐步形成适应创新需要的管理模式。

四、精益创业的愿景

我们正处于一个空前的全球创业兴盛时代，但机遇中暗伏风险，因为针对新创企业，我们缺乏清晰的管理方式。虽然缺乏严格的规范，但还是可以找到一些成功之道，只是每一次成功的实践都隐藏着更多的失败和不确定性：产品推出几周后被迫下架；媒体追捧、备受瞩目的新创企业几个月后就被人遗忘；新产品乏人问津而草草收场。这些失败是最令人痛心的，不仅造成了员工、企业和投资人的经济损失，还会造成许多宝贵资源的巨大浪费。而精益创业的目的就是要减少甚至避免这些浪费。

（一）精益创业的根基

精益创业的名称来源于精益生产，精益生产是由丰田公司发展出来的。精益的思考方式大大改变了供应链和生产系统的运作方式。它的一系列原则中包含吸取每一位员工的知识和创造力、把每批次的规模缩小、实时生产和库存管理、加快循环周期。精益生产让全世界懂得创造活动和浪费之间的差异。传统制造业的发展是用高质量的实体产品来衡量的，而精益创业则采用不同的发展单元，这些发展单元又被称为"经证实的认知"，即用科学的认知作为衡量标准。

（二）创业管理

创业管理理论应该说明一个处于初级阶段的企业的所有功能：愿景和概

第十八章　精益创业

念、产品设计开发、市场开拓与营销、扩大规模、合作与价值网、架构与组织的设计。它必须提供在不确定的情况下衡量进展的方法。它可以为创业者提供明确的指引，使其知道面对众多取舍如何作出决策；在这一过程中何时进行投资；明确地阐述计划并创建基础设施；何时单飞，何时结盟；何时回馈意见，何时应该坚持宗旨；何时投资扩展业务。最重要的是能让创业者做出可验证的预测。

精益创业要求人们用不同的方法衡量生产力，因为新创企业总会时不时弄出一些没人要的东西。新创企业的目标在于弄明白到底要开发什么东西，其不仅是顾客想要的，还应该是顾客愿意尽快付钱购买的。换言之，精益创业是研究产品开发的一种新方式，强调要兼顾快速循环运作和对顾客的清晰认知。

每一款新产品、每一项新特性及每一个市场案例，都可能是改善增长引擎的一次尝试。但是，并不是每次改动都能成为一次进步的尝试。新产品的开发是时断时续的渐进过程，新创企业生命周期中的大部分时间都用于提升产品、营销或运营，也都是为了获得必要的认知。

精益创业的方式是教你如何驾驭一家新创企业。你需要的不是基于众多假设制订复杂计划，而是可以通过转动方向盘进行不断调整，可以把这个过程称为"开发—测量—认知"的反馈循环。通过这样一个驾驭过程，人们可以知道何时以及是否到了急转弯时刻，即转型时刻，或者是否坚持走在当前的路上。

新创企业要有一个清晰的方向、一个脑海中的目的地。创新的幻想的目的是能成功创造改变世界的业务，这就是新创企业的愿景。为了实现这个愿景，企业需要制定战略，包括商业模式、产品方案、合作方和竞争对手以及谁是顾客的设想，而产品是这个战略的最终结果。

产品在优化的过程中不断改变，可称其为"调整引擎"。有时候可能需要改变战略，即转型。但是，总的愿景却很少改变。创业者都有志看到企业达成目标，每次挫折都是一个了解如何到达既定彼岸的机会。实际情况是，新创企业运营是一系列活动的组合，很多事件会同时发生，如引擎正在运转，同时吸纳新顾客并服务于已有顾客，不断改善产品、市场营销和运营方式，考虑企业在运营过程中是否需要及时转型。而对创业者的挑战在于平衡这些活动，改变的只是一系列工作中各种活动的不同组合。

通过管理，如果企业仍无法实现目标，要么是计划不足，要么是执行不力，或者两者都有重大失误。但是在新产品开发中常常需要直面这种失败，只有战胜这些失败，才能渐臻佳境。

五、谁才是创业企业家

创业的必备条件：合适的团队架构、优秀的员工、对未来的强烈愿望以及甘冒风险的勇气。而经常缺乏的是一种流程，是一个把创新的原始材料转变为真实事物的突破性流程。一旦团队建立起来，这个团队该做些什么？采用什么流程？如何对各阶段绩效目标负责？这些问题都是精益创业方法论所要回答的问题。

（一）新创企业

精益创业是通过一系列实践，帮助创业企业家提高新创企业成功的概率。新创企业是一个由人组成的机构，在不确定的情况下，开发新产品或新服务。成功的新创企业包含与建立机构相关的各类活动：招聘有创造力的员工、协调他们之间的工作、建立以结果为导向的企业文化。创业并不仅仅代表一种产品、一种技术突破或一个天才的设想，新创企业的意义远比以上所有的总和还要多，创业实质上是一个充满人类活动的企业创业过程。

（二）广义的产品

广义的产品包含把普通人转变为顾客的所有价值来源。顾客在和企业的互动中体验到的任何事和物都应该被认定为企业的产品。这是一种深刻的认知，告诉人们在任何情况下，组织架构都要为顾客提供一种新的价值来源，并关注其对顾客的影响。新创企业运用了各种各样的创新——崭新的科学发现、开发现有技术的新用途、发展新的业务模式、释放潜在价值，把产品和服务带到新的市场，或带给以往服务力度不够的顾客。凡此种种，都是创新，也都是新创企业成功的核心所在。还有创新的大环境，新创企业注定要在不确定的状态下打拼，如果照搬现有企业的商业模式，就不算一家新创公司。

（三）学习

对于一名创业者来说，最烦恼的是公司是否朝着建立成功业务的方向迈进。其中，工作是否按计划进行、质量是否达到较高标准以及成本是否在预算范围之内等都是学习和探索的过程，都是预测未来的实践。

学习不能成为创业失败的借口。在众多创业企业里，学习是用以掩饰失败的惯用借口，也是经理人无法兑现承诺的救命稻草。很多创业者处于只许成功而不许失败的压力之下，一旦需要说明学到了哪些东西，就会变得超级有创造力。但是，对于那些跟随创业者跨入未知世界的员工，向创业团队投入宝贵金钱、时间和精力的投资者或依赖创业革新生存的组织来说，学习是苍白无力的说辞。创业者无法把学习拿去银行，没法用它投资和消费，也不能把它给予顾客或回报合伙人。

学习是创业的必由之路，是经证实的认知。但从另一种意义上看，如果创业的根本目的是在极不确定的情况下建立组织机构，那么它重要的功能就是学习。为了实现愿景，创业者必须明确哪些策略是可行的，哪些是过激的；必须了解顾客真正需要的是什么，而不是自己说要什么；必须认清自己是否朝着可持续企业之路在发展、成长。

在精益创业模式中，要重建学习的概念，也就是经证实的认知。经证实的认知不是"事后诸葛亮"，也不是用于掩饰失败的好听说法。经证实的认知是说明新创企业进展情况的一种严格方式，而通常这些进展情况被极端不确定性的企业成长环境掩盖。它也是一个实证的展示过程，让团队发现新创企业当下和未来商业前景的真相。它更加切实、精确，而且比市场预测或传统的商业计划更快速。成功地执行一项无意义的计划是导致失败的致命原因，而经证实的认知则是解决这个问题的首要方法。

对于任何一个行业和任何一家企业而言，培训都是至关重要的，都是提高团队素质的重要途径。对于一个服务型企业来说，它意味着一切，因为只有一次机会。提供服务的员工可能无法做到尽善尽美，但他们需要知道哪一个是最正确的方向。要把培训视为企业的一个至关重要的组成部分，对于服务型企业来说，这决定了是成功还是失败。还有更多的制造企业发现，竞争的市场已经转向服务方面。记住幼儿园法则：要让学习变得生动有趣。当信息被以一种创造性的、互动的、生动有趣的方式提供时，人们记住得会更多。

（四）经证实的认知

新创企业应该考虑的问题：应该开发什么东西？针对谁？进入并称雄哪些市场？能创造出怎样的市场价值，且不至于随着竞争而销蚀？

麦特卡夫定律是指一个通信网络的整体价值约和这个系统用户数量的平方成正比。换言之，网络中的人越多，该网络的价值越高。对每个参与者来说，可以和多少人交流决定了网络的价值。可以想象一下：在一个网络环境中，只有一个人有一部电话，它根本没有价值，只有当其他人也拥有电话时，这个网络环境才有价值，而且网络中拥有电话的人越多，网络的价值越大。

开发产品同样如此，开发的产品没人要，比推出差劲的产品更糟糕。付出的努力有多少创造了价值，有多少浪费了，这个问题是精益生产的核心所在。精益创业的思维方式把价值定义为"向顾客提供利益"，除此以外的任何东西都是成本或浪费。在新创企业中，谁是顾客、顾客认为什么东西有价值都是未知数。这种极端不确定性是定义新创企业最重要的认知。

学习是新创企业进步的重要部分，了解顾客所需之外的任何努力都可以不要，这种学习被称为经证实的认知。在新创企业的核心衡量标准中，它总是显示为积极的改善结果。经证实的认知必须以从真实顾客中收集到的实证数据为基础。任何在新创企业创新过程中失败的人都会认为自己在这种经历中学到很多东西，都有令人信服的故事可说。在那些创业成功者创业的过程中，各种经验教训让他们走向成功。只有总结经验教训，把某些理论付诸实践，取得出色的成绩后，才会取得有利的证据。只有探索顾客真实需要，以及调整产品和战略去迎合这些需要的种种艰苦工作，才是需要创业者去做的工作，即让企业愿景与顾客的接受度相匹配。更好地了解顾客后，创业者就能改进产品，业务的基本衡量指标也随之变化。这也是看待新创企业生产力的方式，并不在乎开发了多少东西，而在乎付出的努力换来了多少经证实的认知。在精益创业的模式中，新创企业要做的每件事，包括设计和制造产品、完善产品功能、营销等，都被视为一次实验，进而用来获取经证实的认知。

（五）实验

很多新创企业都在费劲地寻找如下诸多问题的答案：如果得到了顾客意见，应该如何取舍？在有待开发的诸多功能中，应该如何确定优先顺序？哪些功能对产品开发至关重要，哪些是次要的？产品的哪些改变不会有问题，哪些会惹恼客户？哪些做法虽然能取悦眼前的顾客，但从长远来说得不偿失？

如果惧怕失败，就学不到东西。精益创业方法论重新构建了新创企业的工作，用实验测试战略，观察哪些方面是高明的、哪些是疯狂的。一项真正的实验运用的是科学的方法：在一个清晰的假设前提下，预测将要发生的事件，接着再用实证法进行验证。正如科学实验以理论为基础，新创企业的实验以其愿景为指引，每个实验的目标都是要建立一项围绕愿景的可持续业务。

（六）成功是学会如何解决客户的问题

在精益创业模式中，实验不只是理论上的探寻，也是一项产品。如果实验是成功的，经理人就可以继续开展他们的活动：招募早期使用者，从事深入重复的实验，着手开发产品。当产品大范围推广时，客户群也就建立起来了。实验可以解决真实的问题。在产品开发时应提出如下问题：顾客认同企业正在解决的问题就是他们面对的问题吗？如果有解决问题的方法，顾客会为之买单吗？他们会购买产品吗？企业能够想出解决问题的方法吗？实践证明，创业成功不仅仅是实现一项产品的功能，更重要的是学会如何解决顾客的问题，创造顾客价值。

六、驾驭

究其本质，创新过程是把理论转变为产品的催化剂。顾客和产品互动时提供了反馈和数据，这些反馈既有定性的，也有定量的。新创企业开发的产品是实验性的，而这些实验的结果是学到如何创建一种可持续的商业模式。对企业来说，这些信息比金钱、奖励更重要，因为其可以影响并重塑下一轮的想法和概念。"开发—测量—认知"的反馈循环是新创企业模式的核心内容。

以上用学习衡量新创企业进展情况是十分必要的。把精力集中在经证实的认知上，可以避免许多无谓的浪费；知道在何时何地投入精力，可以节省时间和金钱。与此同时，要把科学的方法运用到新创企业中，必须找到哪些假设是需要测试的，这也是新创企业计划中风险最大的部分。其中，最重要的两个假设是价值假设和增长假设，它们对调控新创企业增长引擎的各种可变因素起到重要的影响作用。新创企业的每次试车都是为了加速引擎，促使其发动。一旦运作开始，这个过程会不断重复，并逐步推进到更高的档位上。

一旦明确了这些大胆的假设，首先要做的就是使一个最小化的可行产品尽快进入开发阶段，经历一个完整的"开发—测量—认知"循环。企业必须把它推向潜在客户，评估其反应，还需要把原型产品销售给客户。而测试阶段最大的挑战在于，产品开发上的努力是否带给企业真正的发展。如果开发的产品没人需要，那么一切都等于零。这就是"虚荣指标"的危险与"可执行指标"的必要性。后者有助于分析顾客的行为，从而支持创新预算。最后，最重要的就是转型，是变动最初的策略，还是坚持下去。如果发现有一个假设是错误的，就需要做重大改变，就到了需要设置新战略假设的时候了。

七、飞越

（一）战略基于假设

每个商业计划都是从一系列假设开始的，在默认这些假设的基础上，提出一项战略，并阐述如何实现企业愿景。但假设终究是假设，它们未经证实，而且在现实中有时还是错的。因此，新创企业早期努力的目标应该是尽可能迅速地验证这些假设。成功案例和失败案例之间的差别在于，成功的创业者高瞻远瞩，有能力去发现他们计划中哪些部分运作顺利，哪些部分误入歧途，然后相应调整策略。

(二) 价值和增长

了解新产品或服务的第一步是从根本上确定它是价值的创建、价值的增长还是价值破坏。在这里使用的是经济学语言，说的是价值，而不是利润。

八、测试

一个最小化可行产品有助于创业者尽早开启学习、认知的历程。它不一定是想象中的最小型产品，而是用最快的方式、最少的精力完成"开发—测量—认知"的反馈循环的产品。传统的产品开发通常要消耗很长的筹划时间，反复推敲，尽量把产品做到完美。与之相反，最小化产品的目的则是开启学习、认知的流程。最小化产品并非用于回答产品设计或技术方面的问题，而是以验证基本商业假设为目标。

最小化可行产品最费心费力的地方之一是对传统质量观念的挑战。最好的专业人员和制作人员都致力于开发高质量的产品，因为这关乎成功与骄傲。现代生产流程以高质量作为一种提升效率的方式，遵从质量管理大师爱德华兹·戴明的格言——顾客是生产流程重要的部分，这意味着，我们必须全神贯注于顾客认为有价值的生产结果上。如果在工作流程中容忍粗枝大叶，将不可避免地形成多余的差别化产品。这种差别化在顾客的眼中就是质量参差的产品，好一点的需要重新返工，糟一些的会导致顾客流失。要为顾客创造高品质的体验，这也是六西格玛绩效模式、精益生产等存在的基础。如果不知道谁是顾客，不知道顾客需要什么、顾客需要完成的任务是什么，也就不可能知道什么是质量。

最小化可行产品需要企业有勇气验证自己的假设。如果顾客的反应和企业期待的一致，就可以确定假设是对的；如果发布了糟糕的产品，让顾客甚至早期使用者无法弄明白如何使用，就需要进一步改进，需要不断自省。企业以赢得顾客为目的，必须把传统的专业标准搁置在一边，尽快进入经证实的认知环节。对于失败只有两种解释，要么执行不力，要么没有好的计划。

九、衡量与评价

创新核算使新创企业能客观地证明，它们正在学习开发一项可持续的业务。创新核算始于把信念及飞跃式的假设转化为定量的财务模型。一个成熟公司的商业计划会显示公司的利润随其销售量等比增长。当把产品销售所获利润投入营销和推广时，公司就会得到新客户。

如果公司正朝着理想目标稳步前进，就意味着公司的认知得当，并且有效地运用了那些经证实的认知，应继续前进。若非如此，则说明目前的产品战略是有问题的，需要做重大改变。当企业转型时，整个流程会重新开始，再次确定新的基准线，并从某一点上调整引擎。如果这些引擎调整活动比先前更具成效，就是成功转型的好迹象。

（一）确定基准线

确定基准线有两种方式。一种方式是，新创企业开发了一个完整的原型产品，通过主要营销渠道销售给真实的顾客。这一单一的最小化可行产品可以测试企业多数假设，并同时为每个假设建立基准线指标。另一种方式是，新创企业可能会开发几种不同的最小化可行产品，每次分别针对一个假设获取反馈，通过实验测试顾客是否有兴趣试用产品。实验本身并不足以证实整个增长模式，但是下决心向该产品投入更多资金和其他资源之前，得到这个假设的反馈意见是非常有用的。这些反馈意见包括转化率、注册和试用率、顾客生命周期等。其提供了顾客情况、顾客反映的基础信息，即使开始都是坏消息，也是很有价值的。当在商业计划内众多的假设中挑选时，只有先选最冒险的假设来测试才有意义。如果找不到降低这些风险的方法，何谈向理想进发，创建可持续业务？

（二）调整引擎

一旦基准线确立，新创企业就可以向第二个认知目标前进了，即调整引擎。每次进行产品开发、营销和新创企业的其他活动，都应该以提升增长模式中的某个驱动因素为目标。比如，一家公司可以花时间改进产品设计，让新顾客更容易使用。这种做法的前提假设是，新顾客的刺激率是增长的驱动因素，而且它的基准线目前低于公司期望。如果这个假设要成为经证实的认知，产品设计的改进就必须能提高新顾客的激活率；反之，就是失败。好的设计是能改善顾客行为的设计，这是一条重要的规则。

（三）三个"可"的价值

1. 可执行

一个产品的成绩报告要可执行，就必须清楚地显示因果关系，否则就是虚荣指标。虚荣指标对准了人的思想弱点，因而造成了混乱。每当数字上升，人们就会认为是由自己的行动或自己正在进行的工作促成的；而当数字下跌时，则会产生截然不同的反应，认为都是别人的错。可执行的衡量指标是这些问题的解决之道。只要清楚地理解了因果关系，人们就可能从自己的行动中更好地进行学习。人们得到清晰客观的评估时，就会看到他们生来就是天才的学习者。

2. 可使用

产品成绩报告本应是员工和经理人用来作出决策的指南，但大多数报告都让人难以理解。每个同期分析都会说，在这段时间内使用了我们产品的顾客中，有多少人表现出了我们期望的各种行为。但事实真的如此吗？一定要坚持循证管理的原则。

3. 可审查

必须确保数据对所有员工都是可信的，要记住人也是衡量指标。企业管理者需要亲自测试这些数据，在繁杂的现实世界中和顾客交谈。这是查验数据的最好办法，数据必须经得起历史的审查和考验。

十、转型还是坚持

每个创业者在开发一款成功产品的过程中，迟早会面临一项重大挑战：决定何时转型、何时坚持，衡量最初的战略假设是正确的，还是需要做出重大改变。这种改变被称为转型，即有条理的方向性改变。企业如果不能根据市场反馈的信息转投新的方向，就会陷入进退两难的尴尬境地，既无法增长，又不至于垮台，这就会消耗员工和其他利益相关群体的资源与支持信任，只能原地踏步,致使创业陷入停顿状态。

新创企业的生产效率并不意味着开发更多的产品或功能,而是把付出的努力投入创造价值并促进增长的业务和产品中。换言之,成功的转型让企业走上一条发展可持续业务的康庄大道。转型需要立足目前的所知所识,同时在战略上做出重大调整,从而寻求更多经证实的认知。企业在这个过程中和顾客直接接触,认真听取其意见至关重要。

(一)能否实现转型决定新创公司的跑道

创业老手常常谈论他们的企业还剩下多少跑道,其实指的是新创企业要么起飞,要么失败的剩余时间。这通常是用银行里的剩余现金除以每个月烧钱的规模,或以账户余额的净消耗速度来决定的。当新创企业开始出现资金短缺的时候,有两种方式加长跑道:缩减成本或筹措额外资金。当创业者不能选择压缩开支时,有可能把企业用于"开发—测量—认知"反馈循环的成本连同其他方面的浪费一起砍掉。如果降低成本导致反馈循环减慢,那么其效果只是让企业慢点关门而已。新创企业必须设法以较小成本或者在较短的时间里完成同等数量的经证实的认知。这是精益创业模式的总目标。

很多创业者心存恐惧,一旦承认失败,往往引发士气挫败。大多数创业者最大的担忧并非愿景最后被证明是错的,而是担心这些愿景在还没有得到真正自我证实的机会之前,就被证实是错的。这种恐惧让他们相当抵制最小化可行产品、对比测试和其他验证假设的技巧。

(二)转型是一个战略假设

大家都知道,西南航空公司或沃尔玛百货有限公司在各自的市场中都是以低成本著称的破坏者,微软公司是平台垄断的典型,星巴克咖啡公司充分利用了高级品牌的影响力。在转型的过程中,要注意复制的是基本特性还是表面特性,在某些行业有用的东西是否在新创企业也行得通。要更好地理解一种转型,就要把它作为一种新的战略假设,需要用新的最小化可行产品来验证。

转型在任何成长性企业发展过程中都是一个永恒的课题。即使企业取得了最初的成功,也必须不断转型升级。转型并非一种简单的改变,而是一种有组织、有条理的改变,用以测试一个关于产品、商业模式和增长引擎的基础假设是精益创业的核心所在。创业的过程从最初的信念飞跃开始,运用最小化可行产品来验证,使用创新核算和可执行衡量指标评估其结果,并作出转型或坚持的决定。

(三) 加速

精益创业的首要问题是,哪些活动创造价值,哪些活动造成浪费。一旦明白了这些,就开始运用精益技巧去除掉浪费,提高价值创造活动的效率。新创企业的价值不在于开发产品,而在于对创建可持续业务的认知。

(四) 批量

1. 小批量生产

丰田发现小批量让效率更高。相比之下,精益生产的目的并非高效开发更多产品,而是尽可能迅速地学会如何创建一项可持续业务。小批量生产方式可以让新创企业把那些最终可能被浪费的时间、金钱和精力减到最少。从众多实践看,软件行业快速更迭使小批量生产方式成为可能,也能加速设计流程。

2. 硬件变软件

最新的手机或平板电脑其实就是一块接入互联网的屏幕,其价值完全取决于软件。即使像汽车这样的传统产品,大部分的价值也是由其装载的软件带来的,而软件的开发或修改比硬件快得多。

3. 快速生产

由于精益生产的成功,很多组装流水线的设置能在不牺牲质量或成本效益的前提下,利用三维印刷和迅速建模的工具,让每个下线的新产品完全定制化。例如,大部分塑料制品使用一种注射成型的技术进行大批量生产。设置这个过程非常昂贵、耗时,但一经到位运作,则可以以极低的成本制作大批量的产品或零件,这是一个典型的大批量生产的流程。新技术(如三维打印)可以让创业者制造出小批量的产品,而质量可与注塑媲美,且成本更低、速度更快。

(五) 要拉动,不要推动

精益生产使用拉动策略解决缺货问题。如把车送到经销商处修理的时候,就会消耗一个保险杠。经销商的存货中出现一个缺口，因此自动向当地补充存货的中心发出一个信号。存货中心给经销商一件新的保险杠后，同样出现一个缺口，以此类推，直至工厂再多生产一个保险杠。这就是著名的丰田准时生产法。

在制造业中，拉动方式主要用来确保把生产流程调整至顾客需求水平。但是在新创企业，顾客通常不知道到底要什么。企业制造产品的目的是进行实验，从而学到如何建立一项可持续的业务。因此，不是顾客，而是企业对顾客的假设拉动了产品及其他功能特性的开发工作。除此以外的工作都是浪费。

（六）三种增长引擎

增长引擎为新创企业提供了一套相对小范围的衡量指标，使企业可以集中精力。有人曾说过："新企业不会饿死，而会饱死。"总会有无数让产品变得更好的想法飘荡在半空，但现实却是残酷的，大多数想法带来的改变微乎其微，只能算是优化而已。增长引擎的架构帮助企业把注意力集中在紧要的衡量指标上。

1. 黏着式增长引擎

黏着式增长引擎的这些企业需要有高的顾客保有率，顾客一旦开始使用其产品，就会接着用下去。因此，黏着式增长引擎的公司要非常仔细地追踪顾客损耗率，即流失率。黏着式增长引擎的规则很简单：如果获得新顾客的比率超过流失率，产品销售将会增长。

2. 病毒式增长引擎

病毒式增长引擎和其他增长引擎一样，由量化的反馈循环提供动力。这种循环称作病毒式循环，其速度取决于病毒系数，这个系数越高，产品的传播越快。病毒系数测算每个注册顾客将带来多少使用产品的新顾客。依靠病毒式增长引擎的公司必须关心如何提高病毒系数，这比其他任何事情都重要。

3. 付费式增长引擎

付费式增长引擎的公司有两种方式提高增长率：一是提高来自每一位顾客的收入，二是降低获取新顾客的成本。付费式增长引擎和其他引擎一样，由反馈循环提供动力。每位顾客在其生命周期内为产品支付一定的费用，扣除可变成本之后，剩下的部分通常被称为顾客的生命周期价值。这项收入可用于购买广告，作为成长的投资。

增长引擎决定产品是否和市场契合。看到一家新创企业找到了适合的大市场，是一件非常振奋人心的事。事实上，每架增长引擎最终都会用尽燃料。每架引擎都要依靠特定的一群顾客及他们的习惯、偏好、广告渠道和相互间的关系，这些都取决于产品和市场的契合度。

十一、适应

（一）建立自适应组织

新创企业应该为新员工制订培训计划吗？实际上，培训计划是在自身流程演化过程中自然而然地产生的。整个培训流程会经过不断地使用和调整，变得更有效，长期而言也不会带来过重负担。它也被称为建立一个自适应组织，其会根据形势自动调整流程和表现。

（二）善于学习和提问

新创企业学会如何在弹尽粮绝之前建立一项可持续的业务，是生死攸关的头等大事。这些看似是技术的问题，其根本是人的问题。

"五个为什么"提供了探讨究竟是什么问题的机会。以下是丰田的创始人大野耐一列举的案例：当遇到问题时，你有没有问五次"为什么"？这听起来容易，做起来很难。比如，一架机器运转停止了：为什么会停机？因为超负荷，保险丝熔断。为什么会超负荷？因为轴承不够润滑。为什么不够润滑？因为润滑油泵不能有效抽压。为什么不能有效抽压？因为油泵的旋转轴磨损作响。为什么旋转轴会磨损？因为上面没有过滤器，以致金属碎屑掉进去造成磨损。像这样反复询问五次"为什么"，可以帮助创业者找到问题的根源并加以解决。如果这个过程进展得不彻底，可能简单地换一根保险丝或一根油泵轴了事。这样的话，一段时间后问题又会再次发生。丰田生产方式是基于科学方法和长期实践而形成的，问题的真相常常被明显的表象掩盖，而通过提出和回答五次"为什么"，可以直达问题的根源。

第十九章
谷歌是如何运营的——创新的典范

作为一个创新的先锋企业，谷歌公司（简称"谷歌"）是如何运营的？它有哪些做法值得学习和借鉴呢？

一、赋能：创意时代的组织原则

未来企业的成功之道是聚集一群聪明的创意精英，营造合适的氛围和支持环境，充分发挥他们的创造力，快速感知客户的需求，愉快地创造相应的产品和服务。未来组织的最重要的功能就是赋能，而不再仅仅是管理或激励。

工业时代最深刻的观察者彼得·德鲁克把过去200年的组织创新总结为三次革命。第一次是工业革命，核心是机器取代体力、技术超越技能。第二次是生产力大革命，核心是以泰勒制为代表的科学管理的普及，工作被知识化，强调的是标准化、可度量的概念。公司这种组织正是随着科学管理思想的发展而兴起的。第三次是管理革命，知识成为超越资本和劳动力的最重要的生产要素。和体力劳动相比，知识工作者是否努力工作很难被直接观察和测量，相应地，管理重心转向激励，特别强调要与动机相匹配。期权激励是企业大发展最主要的组织创新。

目前正面临的时代大变革被称为第四次革命。从互联网到移动互联网，再到物联网，从云计算到大数据，基于机器学习的人工智能将成为未来商业的基础。相应地，未来社会最有价值的人以创造力、洞察力、对客户的感知力为核心特征，也就是创意精英。而在创意时代，创意者最主要的驱动力是创造带来的成就感和社会价值，自制力是他们的主要特征。这一时期他们最需要的不再仅仅是激励，重要的是赋能，也就是提供给他们能高效创造的环境和机会。而以科层制为特征、以管理为核心职能的公司将面临巨大考验，也必将产生巨大的变革。

二、赋能的原则

第一，激励侧重的是事成之后的利益分配，而赋能强调的是激发创意人的兴趣和动力，使人们勇于挑战。唯有发自内心的兴趣才能激发持续的创造。组织的职能不再是分配任务和监工，而更多的是让员工的专长、兴趣与客户的问题更好地匹配。这就要求员工有更高的自主性、流动性和灵活性。

第二，赋能比激励更依赖文化，文化才能让志同道合的人走在一起。同他们价值观、使命感吻合的文化才能让他们慕名而来、奋发进取、勇于创新，因而组织的核心职能应该是文化与价值观的塑造与培育。

第三，激励聚焦在个人，而赋能特别强调组织本身的设计、人与人的互动，它对组织的有效性远大于对个体的激励，能将自主思维方式推行到企业的方方面面。因为有了合适的人才和足够远大的梦想，目标往往就可以实现。就算是跌倒了，也能从失败中总结出宝贵的教训，进而继续前进。

三、谷歌的运营之道

当今时代，三股强大的科技狂潮汇集在一起，让多数行业的大环境发生了乾坤挪移。第一，互联网让信息无处不在，也就是说，几乎所有信息都可以在网络上找到；第二，移动设备和网络让全球范围内的资讯共享及持续通信成为可能；第三，云计算让人人都能以低价现付现购地使用强大的计算功能、无限的内存空间、精密的工具和各种应用程序。从消费者的视角来看，这三股科技狂潮的汇合已经将许多不可能变为可能。例如，想坐飞机旅行，在出发当天，手机就会提醒你离家去机场的时间、航班航站楼和登机口；想要什么信息，只需输入一两个词,答案就会从茫茫信息之海中被筛选出来;想听音乐时,拿起手机就可以听。这些神奇的事情早已变得稀松平常。

(一)产品或服务决定成败

科技进步给社会和消费者带来了不可小觑的影响,科技对商业的影响更是翻天覆地。用经济术语来说,如果某行业产品主要要素的成本曲线下降,那么该行业必将出现巨变。而今,信息、连接及计算能力三大要素都变得便宜了,这样破坏性巨变就不可避免了。以前,许多企业的创建是为了解决信息稀缺、配送资源稀缺、市场覆盖不足、选择有限和货品匮乏。而今,这些资源都变得丰沛起来,降低甚至消除了行业进入的门槛,各行业的转变时机已经来临并不断走向成熟。这种巨变的结果将证明,提供出类拔萃的产品是企业成功的关键,产品甚至比掌控信息、垄断渠道和强力营销更重要。这主要是基于以下两个原因:第一,消费者从没有像现在这样拥有这么多信息和选择,因此如果产品或服务欠佳,那么企业的处境就危险了。产品的卓越性能之所以至关重要,是因为它是解决用户问题之必需。第二,实验和失败的成本显著下降,进而为创新提供了更多的方便与可能,创新成为时代的总趋势。

(二)创造精英

简单说,以信息为基础进行工作的人是靠头脑、靠思维吃饭的,而加快产品研发速度和提高产品质量已成为企业最重要的目标,这就必须吸引创意精英加盟,并创造出让他们自由发挥才能的环境和良好氛围,进而创造出优良的产品,提供优质的服务。所谓创意精英,不仅拥有过硬的专业知识,懂得如何使用专业工具,还需要有丰富的实践经验。创意精英有分析头脑,对数据运用自如,可以利用数据作出决策,也懂得数据的误导性,因此不会沉迷其中。创意精英有商业头脑,他们掌握专业技术;创意精英有竞争头脑,既创新又实干,既追求卓越又干劲十足;创业精英有用户头脑,这是新颖原创构想的源泉,用与众不同的崭新视角看问题。创意精英充满好奇心,善于提问,不惧怕失败。他们喜欢冒险,总是自动自发,不会坐等别人指出方向。他们心态开放,可以自由地与他人合作。在评判构思和结论时,他们看重的是价值和优点,而非出处。他们一丝不苟，对细节掌握精确。他们善于沟通，风趣幽默，气场十足，魅力四射。

总之，所有创意精英都必须具备商业头脑、专业知识、创造力及实践经验，这是基本特质。同时，他们还应该认真努力，乐于挑战现状，善于从不同角度切入问题，有强大的思维能力、创新能力和影响力。

（三）管理之道

企业文化与企业的成败息息相关，如果连自己都不相信自己的企业文化，那么企业又能走多远？而后才是战略，因为最吸引创意精英的莫过于那些有着强大战略基础的构想。最后是人才招聘，延揽足够的才俊，让他们碰撞融合，激发出创意与成果。一个企业吸引顶级的创意精英，组成团队，进行沟通、创新与高质量工作，打造让人们深切感受到创意熏陶的环境，是实现创新发展的基本条件。

首先，团队建设需要不断招募人才；其次是决策，在制定决策的时候，需要先达成共识，进而沟通就变得更加重要；再次是创新，要想取得长久成功，保持产品的高质量是不二法则；最后，要想在产品质量上获胜，拥有善于创新的精英团队并打造让人感受到创意熏陶的环境是至关重要的。

四、文化：相信自己的理念和价值观

对于多数企业而言，企业文化是自然生发的，不是人工植入的。企业文化一旦形成，想要改变绝非易事，因为企业在成立之初容易受自我选择倾向的影响。也就是说，与企业秉持相似理念的人会被吸引而来。在企业成立之初，创业者就应该认真考虑并且确立自己希望的企业文化，择其所爱是明智之举，最好的办法就是询问构成企业核心队伍的创意精英，因为他们了解企业秉持的信念。创始人是企业文化的源头，其为实现企业大计而物色信赖的团队才是企业文化的最佳体现。重视什么？信念是什么？要成为什么样的企业？希望企业在实际行动和制定决策时采用什么样的方式？无疑，其中必然包含创始人的价值观和理念，也会吸收和掺入不同的经验，为创始人的价值观锦上添花。

但是，在社会现实中，很多企业都没有重视这一点，往往在成功之后才意识到记录企业文化的必要性。在许多企业的企业文化中，往往堆砌着顾客满意、股东利益最大化及富有创新精神的员工等陈词滥调，这是毫无价值的。而一家企业是否成功，更重要的要看员工是否信服并践行企业文化、价值观和使命。企业之所以存在，就是为了做有意义的事情，为社会作贡献。放眼四周，仍能看到那些只盯着钱的人。但是大多数人之所以有动力前进，是因为想做一番事业、制作一款产品、提供一种服务，也就是想做些有意义的事情。如果不能时常传达自己的目标，不能通过赋能和激励巩固自己的目标，不能通过执着的努力实现自己的目标，那么企业的目标和愿景还不如打印纸有价值。

（一）注重沟通交流

在互联网时代，产品经理的任务是与设计、策划以及研发人员一起通力合作，共同打造高质量的产品。他们不仅要学会解读和分析数据，还要看清科技潮流，预见这些潮流对所在行业的影响等。办公室的设计应本着激发活力、鼓励交流的理念，而不是一味地制造阻隔、强调地位。交流方便可以为创意精英提供灵感，把创意精英聚集在一起，引爆他们的思想。因此，应该为他们提供一个良好和谐的环境，以方便沟通交流并产生更多有益的创意。

（二）组织机构设置法则

对于组织机构的设置，要保持组织扁平，减少管理层的监督职能并赋予员工更多的自由。头衔可以让一个人成为管理者，但真正让人成为领导者的是员工。那些无论管理者是否批准都按自己的想法做事的人才值得投资，这样的人往往会成为企业最为宝贵的创意精英。但这并不意味着应该打造一个明星体系。实际上，最好的管理体系都是以某个群体为中心建立的。这个群体并不是一组超级明星，而更像是一个舞蹈团。这样的组织有助于建立长期稳定的人才储备体系，使大量表现出众的板凳队员在机遇来临时能担当领袖。

在管理层的顶端，最有影响力的人应该是产品负责人，这样可以让领导层将注意力放在卓越的产品质量上。对于一家企业而言，财务、销售及法规等当然不可或缺，但产品质量更为重要。要把事情办好，就把任务交给那些注意产

第十九章　谷歌是如何运营的——创新的典范

品质量和品牌创建的人吧!

(三) 驱逐恶棍，保护明星

自高自大是成功最常见的一种副产品，自负会让人产生盲点，因此非常危险。你会对同事的成功产生嫉妒之心吗？如果回答是肯定的，那么你就是恶棍。你会抢占属于同事的功劳吗？你会向消费者推荐他们不需要且对他们无益的产品吗？如果你的午餐加热时把公司的微波炉弄脏了，你会不会不收拾就扬长而去？如果答案是肯定的，那么你就是恶棍了。一家企业的品格是所有成员品格的综合，一家企业的成长是员工成长的总和。因此，如果想打造一家高品质的企业，就必须要求员工也有高品格，不能给恶棍留任何钻空子的机会。人们在社会约束下最注意自己的言行，而拥挤的办公室里处处都存在着社会约束。

工作与生活平衡是检验某种管理方式是否合理的试金石，但对于精明能干的员工，这一标准缺乏合理性。这是因为工作是生活的一部分，最理想的企业文化会让员工无论在家还是在办公室都有许多有趣的事情去做。因此，一位管理者有责任将职场打造得生机勃勃、多姿多彩，但强迫员工每周工作40小时以上大可不必。疲惫往往不是因为工作过度，而是因为不得已放弃重要的事。把控制权交到创意精英的手上，他们通常会自己找到工作与生活的平衡点。

(四) 营造好的企业文化

营造一种让人们乐于说"好"的企业文化也十分重要。成长中的企业往往会出现混乱，而管理者大多会通过设置更多流程和制度来加以管理控制，其中一些流程有利于企业前进。即便如此，不到万不得已时不要尝试。添加流程或增设门槛的条件一定要严格控制，如果不是出于让人信服的企业业务上的考量，就不要增设这些障碍。

1. 说"好"是第一忠告

"好"这个字说得越多越好。"好"能帮人打开大门；"好"能促进事物发展，还能带来新的体验，而新的体验能让人获取新的知识与智慧。说"好"的积极态度可以使人披荆斩棘，从而获得成功的快乐，这样的快乐是伪装不来的。信赖员工，不要因惧怕出纰漏而杞人忧天，真正的快乐只有在这样自由的环境中才能绽放。这样的快乐多多益善，员工越快乐就越能干。对于企业来说，停滞不前、空话大话、喊口号这些流于形式的企业文化都是大敌。

2. 跟我来

如果一个人决心开创一番新事业，或者对现有的事业做彻底改造，实现转型升级，就要面对冗长的工作日、无眠的夜晚。另外，还要聘请那些志同道合的、甘愿做出牺牲的人。要做到这一切，必须拥有坚信自己定会成功的激情，也要有为梦想而实干的理性。这不仅需要创业者全心投入、坚韧不拔，更重要的是心无旁骛。任何有志于做创意精英领导者的人，都需要有"跟我来"的态度。领导者要通过一些平凡的小事，践行平等理念，与员工同舟共济、责任共担。实际上，领导者这样做主要还是出于对公司的热爱。热情是不可或缺的领导力。如果创业者缺少热情，就不会成就任何事业。

3. 不作恶

这句话真诚地表达了员工的企业价值观与目标，也是给员工授权的一种方式。在决策时，员工经常会以自己的道德指针作为衡量标准。每家企业都应使"不作恶"如同北极星一样，为管理方式、产品计划及办公室政治指明方向。营造根基扎实、深入人心的企业文化，最根本的价值就在于此。这要成为企业行事的基础，以防止企业偏离正确轨道。因为企业文化本身就是正确轨道，它让公司的每个成员都能不断进步，也会让整个企业变得更加强大、更加充满活力。

五、战略：你的计划正确吗

风险投资家永远遵守"投队伍，不投计划"的准则。风险投资具有很多不确定性，也就是说既然计划会错，那么人就得对。优秀的团队懂得如何发现计划中的瑕疵，并及时做出调整。那么，新创企业在没有计划的情况下如何吸引优秀人才和其他重要资源呢？实际上，制订计划无可厚非，但是要明白，随着对产品和市场了解的加深及事业的发展，计划也要随时调整。计划的调整必须以合乎现今社会运作方式的基本原理为前提，并在转型升级时以这些原理为指导。计划可变，基础则应岿然不动。

创意精英适应性强，能够在令人目眩的环境中保持随机应变的灵活。实际上，一个宣称能解决一切问题的计划得不到创意精英的信赖。有时，他们宁愿为不完美的计划投入热情和精力，只要计划建立在正确实施的基础上。

谷歌的战略是用基于技术洞见的创新方式解决重大难题，提高产品质量而非收入，让能影响每个人的优秀产品带动市场增长。时至今日，这些原则仍是互联网时代企业成功的基本指南。

(一) 信赖技术洞见，而非市场调查

人们发现，通过调查某个网页与其他网页的链接，即网页的内容与用户搜索请求的关联性，可以判断此网页的质量。一家与其他许多网站建立链接的网站，一般而言内容质量更高。归根结底，用网站的链接结构作为路径来寻找最佳匹配结果的技术洞见才是整个搜索引擎优越性的源泉。

创造新功能、新产品或新平台，背后依据的技术洞见是什么？所谓的技术洞见，是指以创新方式，运用科技或设计，以达到生产成本的显著降低或产品功能和可用性的大幅提升。不断改进及使用巧妙的商业手段无可厚非，但如果把市场调查看得比技术创新还重要，就本末倒置了。将技术洞见作为产品的基础，是谷歌一直秉持的一条重要原则。最优秀的产品是靠技术因素而非商业因素赢得成功的，而那些稍逊一筹的产品的技术优势就不那么突出了。那些昙花一现的产品背后都缺少技术洞见的支撑。谷歌最赚钱的广告引擎背后的技术洞见是在为广告排序时，应以广告信息对用户的价值作为标准，而不是看广告商愿意出多少广告费。

(二) 组合创新时代的到来

人类正迈入一个组合创新的新时代。当环境中充溢着丰富多彩的素材，可供人们通过组合进行新的创造时，就表示组合创新时代已经到来。

举例来说，19世纪，齿轮、滑轮、链条等机械装置的设计标准化，奠定了生产制造业繁荣的基础；20世纪，汽油发动机带动了汽车、摩托车及飞机更新换代；20世纪50年代前，集成电路的普及带动了诸多电器的发展。在以上例子中，科技发明的浪潮都是由各种要素共同引发的。当今，这些要素指的是信息、连接及计算能力。丰富的信息、强大的计算能力都为未来的发明者所用。他们能够开发软件及应用程序编程接口，让人们轻而易举地以别人的工作成果为基础进行开拓。寻找技术洞见的途径之一就是将这些科技及数据集中起来，为某个行业中存在的问题寻找新的解决办法。找到一个具体问题的解决方案，然后想办法对这个解决方案加以完善拓展，是寻求技术洞见的重要方法。

（三）别去找快马

以技术洞见来支撑产品研发，就能避免被消费者的需求牵着鼻子走，从而避免生产出步人后尘的产品。福特曾说过："如果我最初问消费者他们想要什么，我就会去找更快的马。"如果创办的是一家墨守成规、对市场占有率的数字斤斤计较的企业，那么渐进式的创新方法已经绰绰有余了。如果想从事一番新事业，或对既有企业实施变革，那么渐进式创新的力量就不够了，而破坏性创新则可能更适应这样的企业，也具有更旺盛的生命力。

（四）为成长而优化，顺应时代的发展趋势

从前公司的扩展一般都是有条不紊、循序渐进的。先造一款产品，在当地或区域内获得成功；然后通过建立销售、配送、服务渠道一步步扩张；接下来将生产能力提高到与公司发展速度相符的水平，一切按部就班。这个过程被称为增长。但是，如果想做一番大事业，只靠增长是不够的，还需要扩张。对一个公司来说，商业生态系统至关重要。互联网时代最成功的领导者是那些懂得如何创造平台并快速发展平台的人。所谓平台，本质上就是能够吸引供应商及用户群，从而形成多边市场的产品或服务。随着社会的发展，平台对科技的依赖性越来越强。平台还有一个重要优势：随着平台的不断扩张和升值，越来越多的投资会涌进来，有助于平台支持的产品和服务升级。从一定意义上讲，科技行业中的企业"只看平台，不看产品"。

（五）网站与平台

一般而言，企业在运营的过程中，都会建立网站，但以往的企业网站往往建在内部，旨在加强内部管理和降低成本。因为寻找买主、商榷合同及确保工作按要求完成的交易成本很高，所以企业往往会选择在内部而非外部合作来完

成工作。但是，如果在企业内部组织一笔额外交易，与通过市场完成同一笔交易或在另一个企业完成同一笔交易的成本相同或更低，企业将倾向于扩张。一般来讲，内部管理经费的确比外部交易成本低，因此企业尽量将工作放在企业内部完成，在不得不走出办公室时，也会选择与那些可以严密控制的小规模团队合作。因此，20世纪的企业大多是等级制度严明的集团，多是封闭式的企业网络。

时至今日，企业不再对封闭式的体系进行最大限度的扩展，而是越来越多地将业务外包，与更多的合作伙伴建立网络。这是因为互联网的出现使交易成本急剧下滑，企业倾向于缩小规模，通过将工作外包给劳动力较为便宜的市场，达到降低成本的目的。但是，有些企业忽视了重要的一点：在互联网时代，创建网络不仅仅是为了降低成本和方便运营，更是为了从根本上提高产品质量。许多企业建立网络是为了削减成本，很少有企业是为了改变产品模式或商业模式。这样有可能错失一个巨大良机，也为竞争者提供了参与竞争的绝好机会。这就是20世纪与21世纪经济的不同之处。20世纪，单一而封闭的网络是主流，而21世纪的企业要靠全球开放网络制胜。我们身边有许多建立平台的机会，成功的领导者就是那些善于发现平台的人。除开放网络外，寻找专业化的途径，通过专注聚焦取胜也是一个好办法。有时，创建平台的最好办法是寻找一个具有发展潜质的领域，发挥专注的力量，做深做精，做到极致。

（六）开放为王

世界上最精明的人才大多是为别人效力的。开放可以刺激更大的创意，因为人们不必再去重复已有的成果，转而全身心地用新的创意推动整个行业发展。另外，开放也让人们看到，竞争环境是公平的，没有谁占有特殊的优势，排除对不公平竞争的质疑，对发展是有利的。开放模式的另一个优势是让用户享受自由，在公平的环境中竞争，靠自己的优势来赢得用户的忠诚与信赖。开放无关道德，往往是激发创意和降低成本的最好方式。因此，没有什么比全球平台更能改变世界。开放的平台更容易实现快速扩张。不同的企业会出于不同的目的，对"开放"这个词做出不同的定义。而开放平台的基本含义是推进软件编码或搜索结果等知识产权信息的共享，遵守通用标准而非自己制定的标准，让消费者享有随时退出平台的自由。开放平台选择了开放，虽然放松了控制权，但换来了规模和创新。

（七）莫被竞争对手牵着鼻子走

企业往往喜欢扎堆，这样一来，谁也没有好机会。如果你的工作只是击败那些和你套路基本相同的公司，那么何谈乐趣呢？如果把注意力仅仅放在竞争对手身上，绝不会实现真正的创新。创业者的任务是去思考那些一般人尚未想到却非常需要想的事，但一般人都倾向于思考已存在的事物。就像尼采在《查拉图斯特拉如是说》中所写的那样："必须以自己的敌人为傲，这样，敌人的成功就能变成你自己的成功。"为自己的竞争对手骄傲吧，但不要追随他们。正确的战略是，众人为了成功而集思广益。先想想看5年以后是什么情形，然后以此为基点，往前推算。对于那些预测必定会发生变化的因素要多加留心，尤其是受科技驱使而非成本下降的生产要素，或是很可能出现的新兴平台。现在市场信息触手可及，资金来源非常广泛，因此需要靠产品和平台制胜。

当某一市场遭到破坏时，会出现两种情形。如果创业者已在这个市场中站稳脚跟，可以并购或创建一个破坏性挑战者，也可以采取无视的态度，无视挑战者的做法只在短期内有效。如果选择的是并购或创建一个破坏性挑战者，则必须对挑战者的技术洞见和进攻套路了如指掌。如果自己本身是挑战者，需要发明新产品，并围绕产品打造企业，还需要清楚既有企业用来遏制自己的工具，如业务关系、商业规范、法律诉讼以及设置的障碍。增长是重中之重，在互联网时代，所有成功的企业都有自己的平台，随着企业的发展，这些平台也会更加健全和强大。

许多大企业的成功都遵循以下几点：第一，使用创新的方式解决问题；第二，利用这个解决方式快速成长与扩张；第三，成功在很大程度上是以产品为基础的。为此，请务必慎重选择一起制定战略的人，不应只看与谁共事时间长，也不要看谁头衔高，而应选择能力强的创意精英，即那些对未来的改变有非凡见解的人。

六、人才招聘和管理是最重要的工作

人才是企业最重要的资产。重视人才必须探索人才招聘和管理的有效方式。

（一）羊群效应、马太效应和鲇鱼效应

1. 羊群效应

优质人才组成的员工团队不仅能做出令人满意的业绩，还能吸引更多的人才。顶尖的员工团队就像一个羊群，也就是说，人与人之间互相效仿。一个企业只要招几个优秀人才，就会有一大群优秀人才跟过来，因为他们都想与顶尖的创意精英共事。因此，企业应该从一开始就设置较高的招聘标准，这样才能不断吸引高水平的人才，即羊群效应。

2. 马太效应

人力资源在实践中的应用主要表现在两个方面：一是人才流动中的马太效应，即越是经济发展迅猛、态势良好的地方，越能吸引人才、留住人才，通过人才积聚的合力作用推动经济向更快、更好的方向发展，反之则相反；二是人才管理中的马太效应，具体说就是人才管理中的激励机制。激励机制中最重要的一个原则就是"差距分配"。分配制度是影响人们精神面貌和工作绩效的有力杠杆。在一个宽松、灵活的用人环境里，人才所创造的价值可以用其获得的待遇来衡量。创造的价值高，作出的贡献大，就应获得奖励。奖优罚劣，能者多得，庸者少得，这样就会更大程度地激发人才的激情和创造力。

3. 鲇鱼效应

在员工管理中，鲇鱼效应是一种重要的激励方式，也是一种保持企业活力的创新效应。鲇鱼效应为企业引入激励机制和竞争机制，增强企业活力。如果企业适时引入新的人才，就像把鲇鱼置于沙丁鱼中一样，能为企业带来激情和活力，形成一种动的环境，使企业在动中发展，在动中增强活力。

激情是创意精英的一个明显的标志，因为他们都是用心之人。只要停止学习，就说明人老了，坚持学习的人最年轻。人生最大的快乐莫过于保持青春永驻。这些学习型人才不仅有处变不惊的智慧，也有乐于享受变化的心态。偏重

专业而忽视智慧的做法是本末倒置，在高科技行业更是如此。优秀的人才会待人和善，有上进心和抱负，有团队精神、服务精神、倾听及沟通能力，有行动力、高效率、人际关系技巧、创造力及良好的品行等。

（二）客观评价人才

管理人才，关键是要打造任人唯贤的环境。对业绩的管理以数据为基础，用以事实为准的客观方式来评价人才。这样，最优秀的人才只要作出了优异贡献，就能在企业中大显身手、迅速成长。

（三）加大光圈甄才

理想的人选是什么样的？他们拥有激情和智慧，正派，思维独特。那么，如何找到他们并将他们吸引到自己的团队中来？以下四个环节不可或缺：物色、面试、录用、待遇。

物色需要先勾勒出心目中的人选类型。一般招聘人员光圈非常小，他们往往只会考虑那些在某一领域拥有一定头衔的人，也就是能出色完成当前工作的人。然而，有洞见的管理者会把光圈放大，将那些被一般标准排除在外的人也纳入考虑范围。将应聘者的职业发展趋势作为评判标准，不失为加大光圈的有效方法。最优秀的人才通常是那些职业生涯处于上升阶段的人。

面试是最重要的环节。对招聘的要求越高，面试的过程就越重要，也越富有挑战性。要想成功组织面试，就必须做好准备。要成为一名合格的面试官，对职位的理解和对应聘者的简历的阅读自不必说，最重要的是，要细心斟酌面试问题，首先要对应聘者的身份和业绩加以了解。各类创意精英无论在哪个领域，无论级别高低，都应该在以下四个方面表现不俗。

一是领导力，即应聘者在不同情形下是如何运用能力、智慧和技巧调动和激励团队的。

二是职务相关知识。企业要寻找那种爱好广泛、激情四射，而不仅在单一领域富有造诣的人。

三是一般认知能力。比起成绩单，企业最感兴趣的是应聘者的思维方式。

面试官常常提出一些与具体职务有关的问题,看看应聘者是如何运用思维方式解决问题的。

四是感知应聘者的独特之处,如不斤斤计较、敢于行动、善于合作的天性等。

招聘中的一条法则就是宁缺毋滥。如果质量和速度不可兼得,那么质量一定放到首位。要想留住创意精英,最好的办法就是避免让他们太安逸,用新的想法增强工作的趣味性。

(四) 谷歌招聘人员行为准则

聘用那些比你更聪明、更有见识的人,不要雇用那些不能让你有所收获,也不能对你构成挑战的人。

聘用那些能为产品和文化带来价值的人,不要雇用那些无法为产品和文化带来积极影响的人。

聘用那些做实事的人,不要雇用那些只想不做的人。

聘用那些满腔热忱、自动自发的人,不要雇用那些只想混口饭吃的人。

聘用那些能启发别人且善于与人相处的人,不要雇用那些偏爱单干的人。

聘用那些能随着团队和企业一同成长、发展的人,不要雇用那些枯燥乏味、不具备全面技能的人。

聘用那些多才多艺、兼有独特兴趣和天赋的人,不要雇用那些只为工作而活的人。

聘用那些道德高尚、坦诚沟通的人,不要雇用那些趋炎附势、工于心计的人。

总之,务必聘用优秀的人,宁缺毋滥。

(五) 职业选择犹如冲浪

在商场上,尤其是在高科技领域,仅仅有高超的技能是不够的,还必须至少抓住一轮大浪,借力一路到达彼岸。应届毕业生最看重的往往是公司,然后才考虑职位和行业。但是,在职业生涯的起点,这样的排序恰恰是本末倒置。选择行业才是重中之重。把行业作为冲浪的地点,把公司当成赶上的浪潮。选择海浪最大、最棒的地点，才是明智的选择。选好想进入的行业之后，就该挑选公司了。在挑选公司的时候，听听那些真正懂行的科技达人的意见。职业规划不仅需要付出努力，还要事先认真考虑，必须做好计划。

七、决策：共识的真正含义

对于领导者而言，做决策是很艰难的。做决策是每个企业和企业领导者的基本工作，而执行策略、聘请合适的人、创建独特的企业文化都是影响决策的重要因素。在互联网时代，企业发展变化的速度决定了决策必须迅速、及时。

（一）用数据做决策

如今，企业的方方面面几乎都可以量化，这是互联网时代最具革命性的一项进步。以前人们大多以主观想法和传闻作为决策基础，而如今必须把数据作为决策的主要依据。把问题解释清楚，问题就解决了一半。最了解数据的人是那些工作在第一线的员工，而不是管理层，更不是那些高层管理者。在决策时，如果会议上所有人一致点头，并不意味着大家意见一致，而是说明下面坐着一群"摇头娃娃"。其实，"共识"这个词并没有一致同意的意思，并不是指人人都必须同意，而是指共同达成对公司最有利的决策，并围绕决策共同努力。要想达成有利于公司的决策，就需要有异议存在。人们必须在开放的环境中阐述自己的观点并相互辩驳。要取得共识，意见分歧不可少。巴顿将军有一句名言："如果人人想得都一样，那就是有人没有思考。"最好的决策应该是正确的决策，而不是竭力争取大家一致同意而找出的最低标准，也未必是领导人自己的决策。决策者应积极寻找最佳途径，而不要一味坚持自己的意愿。

（二）该响铃时就响铃

决策者的职责就是准确地把握时机，把果断的行动拿出来，终止没有意义的讨论和分析，即该响铃时就响铃。少做决策是首席执行官或企业高管必须磨炼的一项重要技能，也就是判断何时该自己出马，何时该把决策权交给别人，避免自己做过多的决策，尤其是那些越级的决策。

科技人员常会犯一个错误：如果我们的论点言之有理、考虑周全，且有真实数据和分析作为基础，就自然能够改变别人的想法。但是，这并不完全正确。如果想改变他人，不仅要晓之以理，还要学会动之以情，只有这样才能作出聪明的决策。

要经常说"你们说得都对"！因为每个人的观点往往都有可取之处。一般情况下，一个正常人的观点不可能错得一无是处。肯定了辩论败方，阐明了接下来的任务之后，决策者必须让相关人员要么保留意见，服从决定，要么保留意见，向上级汇报。一场安排得当的会议很有益处，是展示数据和观点、讨论问题、制定决策的最有效方式，而一场混乱的会议既浪费时间，又打击士气。

八、接班人计划

热爱一项工作，就应该为离开它做好准备。很少会有领导者考虑接班人问题。正确的做法是，集中注意力寻找那些已经崭露头角、升职速度快的杰出创意精英，问问自己其中有人具备10年后运营公司的能力吗？如果答案是肯定的，就应该着力培养，要避免他们的职业发展陷入停滞。他们的离职会给公司带来巨大损失。培养接班人必须视野广阔，正确处理学生与教练的关系，学生必须愿意倾听和学习。管理是一项实践活动，也是一项完全可以习得的技能。

九、沟通

要当最牛的"路由器"。路由器是非常基础的网络设备，主要用来在不同的点之间进行信息包传输。乔纳森曾说："金钱是一切企业的命脉。"这句话其实并不全对。在互联网时代，金钱的确重要，但对企业而言，信息才是真正的生命之源。要想在21世纪建立一家企业，吸引创意精英并引导他们大展宏图才是成功的关键。但若创意精英不能接触大量的信息，这一切只是空谈。现在最有能力的管理者不但不独霸信息，而且会分享信息。比尔·盖茨说过："力量并不来自掌握的知识，而是来自分享的知识。"这一点应在企业的价值观及奖励机制中体现出来。领导者的目标就是要时刻促进信息在整个企业中的流动与交流。

（一）心态开放

信息共享是开放心态的基础。这需要从高层做起，这样即便企业飞速扩张，各个团队之间也能保持沟通与协作。

（二）掌握细节

其关键在于提出问题，而非回答问题。管理者必须掌握细节，但也不能只见树木而不见森林。

（三）为讲真话营造安全的环境

员工不敢向领导抛出难题，因而往往会提出简单的问题，而且人们都愿意传递好消息，毕竟没有人想当坏消息的信使，向自己的上司报喜不报忧是人类的天性。但是领导者最需要注意的恰恰是坏消息。好消息放到明天一样好，坏消息留到明天则会变得更坏。正因为如此，领导者就必须营造一个让大家敢于提出难题和发表忠言的环境。

（四）为避免信息轰炸，应正确传播信息

沟通能否强化领导者希望深入人心的核心理念？首先应明白什么是核心理念，它是每个员工都应该理解的理念，数量不多，但每一条理念都必须与企业的使命、价值观、战略及所在行业有关。企业员工应努力做到沟通有效、有趣、鼓舞人心，要考虑到沟通是否发自肺腑，沟通对象是否合适，使用的沟通媒介是否合适。沟通者应该诚实、谦虚、积攒人品，尤其应传播正能量并正确地传播信息。

十、创新

作为改变世界的创意精英，乔布斯无人可及。他集深厚的专业知识、艺术创意秉性和经济头脑于一身，创造出让人欲罢不能的电脑产品。在满是书呆子而商人艺术家却稀缺的科技行业中融入美与科学的人也是乔布斯。乔布斯的工作经验让人们对创意精英有了很多认识，是他让人们看到了个人魅力对企业文化的影响，也让人们看到了文化与成功之间的直接关系。乔布斯是当今世界当之无愧的杰出的创意精英。

第十九章 谷歌是如何运营的——创新的典范

创新是什么？创新不只是创造新奇实用的想法，还包括实践。创新的东西不仅需要新的功能，还需要出人意料。如果产品只是满足了消费者提出的需求，就不是创新，而只是做出回应。回应是好的，但毕竟不是创新。

在决定是否要实践某个想法的时候，思维方式如下：一是这个想法必须是一个影响巨大的挑战或机遇；二是这个想法必须提供一种与市场上现存的解决方案截然不同的方法，不仅要在已有做事方法上做改进，更要另辟蹊径；三是将突破性解决方案变为现实的科技，至少必须具备可行性，即在不久的将来可以实现。适宜创新的环境是创新的先决条件，这样的环境一般会出现在飞速发展且竞争激烈的市场中。

（一）首席执行官必须兼任首席创新官

创新不能靠传统的管理方式。与常规业务不同，创新难以把握、无法强制，也不能事先安排。有创意的人不需要别人来布置任务，而需要有人提供空间并创造环境。换句话说，创意的开发应该是一个有机过程。一个想法冒出来，好像一片原始混沌之中产生的基因突变一般，经过漫长而曲折的过程后，终于实现蜕变，而创意就是这个过程的最终目的地。这条路上，比较强大的构想不断吸引支持者，势能越来越大，而欠佳的构想则会被半路淘汰。实现这场进化不能靠特定路径，无路可寻才是其基本特点。

没有哪家企业不想创新，也就是说，所有的企业不仅要先营造一个让各种创意因素以新奇的方式自由碰撞的环境，还要提供时间及自由，让小部分创意进化和生存，并让余下的大部分创意凋零和消亡。单独设立首席创新官的做法行不通，因为这个职位的权力无法营造出原始的混沌，而只有在原始混沌之中，才能诞生惊喜。换句话来说，首席创新官需要由首席执行官兼任。

首席创新官需要将创新引入企业，让每个部门和每个领域都受到感染。乐观是创新的第一个必要条件，否则，人们怎能放弃安逸而追求改变，离开舒适的环境而选择冒险呢？企业所雇用的人不仅要有能够产生新构想的头脑，也应足够疯狂地相信这些构想有机会实现。企业需要挖掘和吸引这些乐观的人，并提供平台，让他们创造改变、大胆冒险、勇于实践。

（二）聚焦用户

在互联网时代，用户的信赖十分重要。要让企业获得持续成功，除了依靠产品质量以外别无他法。因此，企业的产品战略就是聚焦用户。为终端客户服务是谷歌业务的核心，是其第一要务，要始终为客户做对的事。谷歌的用户就是使用其产品的人，而其客户也可能是花钱投放广告以及购买其技术使用权的公司。在两者发生矛盾时，谷歌会以用户利益为重。这是所有行业都必须遵守的做法，现在的用户比以往更加强大，更不会买劣质产品了。

1. 70/20/10 原则

谷歌的资源配置原则是 70/20/10：将 70% 的资源配置给核心业务，20% 配给新兴产品，剩下的 10% 投在全新产品上。谷歌为新创意留下了充足的资源，堵住了不通情理的管理者的嘴巴，给予创意精英自由做事的权利，使他们保持开放心态，集思广益，从而促进创意不断涌现。虽然其中绝大多数不等见天日便惨遭淘汰，但总有极少数佼佼者能够到达应许的沃土。完美是优秀的敌人，能交付才是真正的艺术家。新想法不可能一出炉就完美无缺。

2. 交付、迭代

搭载一款产品，投放市场，看看反响，设计并加以改进，重新再投放市场，这就是交付和迭代。在这方面最为迅捷的公司才能成为赢家。要学会创新，就要学会把败仗打漂亮，学会从失误中吸取教训。所有失败的项目都会衍生出有关技术、用户及营销方面的宝贵经验，为下一次出征做准备。放弃一个项目，要仔细审视其组成部分，看看有无投放在其他领域的可能。如果领导者的眼光足够长远，就不会全盘皆输，失败中往往蕴藏着经验和教训。另外，不要对失败的团队问罪，而要确保他们在公司找到合适的位置。因为下一批创新者正在静观其变，他们的失败虽然不值得称颂，但至少他们努力了。

管理者的任务不是规避风险和防止失败，而是打造一个不会因风险和无可避免的失误而垮台的环境。企业要建立一种反脆弱体制：这种体制不仅能经受失败和外界冲击，还会变得越来越强大。可以将失败看作一条道路，而非一堵墙。正如良好的判断力来源于经验，经验来自对错误的判断。要在愿景上固执己见，在细节上灵活变通。因此，失败要尽快，要快速地迭代，制定检验标准，看看每次迭代有没有把自己一步步推向成功。小的失误往往可以照亮前进的路，因此应该经常预测并总结改进。但如果一直失败却仍看不清成功的路，就应该考虑就此打住了。

21世纪，作为经济活动枢纽的企业受到了平台的挑战。与企业相比，平台是一种截然不同的枢纽。企业与消费者的关系是单向的，比如对于一款新产品的设计、生产以及面向消费者的营销方式，企业都是单方面做出决定，然后再通过代理商的网络进行销售。相比之下，平台与消费者和供应商之间是你来我往的双向关系。亚马逊公司虽然是企业，但也是一个撮合买卖双方的市场。它并不会单方决定售卖哪些商品种类，消费者会告诉亚马逊公司他们的需求，由其为他们寻找卖家。在创新的过程中，消费者的需求得到了倾听，他们还有为商品和服务评分的权利。

（三）平台世界，谁胜谁负

电视扼杀了电台明星，亚马逊公司重创了既有企业。现在看来，既有企业必须做出选择，可以继续延续老路，仅仅把科技当成提高经济效率和扩大收益的工具，而不是借助科技的力量脱胎换骨。在许多这样的既有企业中，科技只是主办公楼之外那群有些古怪的人玩弄的新奇玩意儿，而不是首席执行官每周的工作重心，这种做法意在维持现状。创新意味着改变。对于既有企业而言，现状才是他们的安乐窝。

既有企业维持现状的几个原因：一是多数创意在大企业看来都是看似前途未卜且微不足道的小机遇，不值得投入时间和精力；二是从个人视角看，大企业的成员不但不会因敢于冒险而得到奖励，反而会因为失败而遭到惩罚，所以理性的人会选择安稳自保。

首席执行官不仅要考虑企业的核心业务，还要放眼未来。多数企业失败的原因就在于安于现状，只做渐进改变。尤其在今天，科技发展的势头强劲，这种渐进改变是致命的。因此，关键的问题是"不是未来一定会怎样，而是未来可能会怎样"。"一定会怎样"的问题要求对未来做出预测，这无异于自欺欺人;"可能会怎样"的问题需要展开想象,设想一下,有哪些依照传统思维不可想象的东西如今却已成为现实。因此,抛弃传统思维,放飞想象,问问自己,在接下来的5年里,所在的行业可能发生什么样的变化,哪些因素的变化最迅速。对未来有了大致的认识,接下来就可以考虑难度最大的问题了:表现突出且资金充足的竞争企业会以什么样的方式危及核心业务?竞争对手会如何利用数字平台乘虚而入,或把最赚钱的顾客挖走?是否有机会打造一个平台,随着使用量的增长,得到相应的利润和价值?企业领导者是否经常使用公司的产品?他们对产品是否满意?是否把产品作为礼物送给自己的爱人?高管层是否将人员招聘视为重中之重?创新奇才能否不受层级限制,有按自己的想法行动的自由?

创新始于教育,政府应鼓励破坏性创新,而不是安于现状,但最重要的是赋予人们创新的自由。法规是为了防止问题出现而制定的,但如果建立的体制对一切都做了规定,人们哪里还有空间创新?如果实际数据表明新的方法优于旧的方法,就不应该阻碍变化,而要给破坏开绿灯。

1. 社会应鼓励破坏性创新

创新始于教育,不仅指从幼儿园到中学再到大学的教育,还指全社会、全民参与的终身教育。教育是会改变人们的思维甚至命运的。社会应提供创新的环境和氛围,教育应培育创新人才,促进创新人才的成长。

2. 大问题都是信息问题

随着各行业的变革和重组,既有企业或顺应潮流,或落伍消亡,而新兴企业则逐渐强大,在具有远见的领导者及雄心勃勃而精明能干的员工的共同努力下,前景更加美好。我们是科技的乐观主义者,相信科技的力量能让世界变得更好。几乎所有大的难题都可归结为信息问题,也就是说,只要有足够的数据,具备足够的数据处理能力,人类所面临的几乎所有问题都会有解决方法。

一方面是信息爆炸以及信息自由流动的趋势。无论是地理感应器、气象感应器,还是记录每一笔交易信息的计算机,都能将见所未见的各类信息收集起来,还能迅速地加以传播和应用;另一方面是现在有无限的计算能力可以分析数据。无限的信息以及无限的计算能力为创意精英打造了一个解决问题的大乐园。信息的造价很高，但复制成本却很低。因此，如果你能制造出可以解决问题的信息，并把信息放在一个可以进行资源共享的平台上，就可以让许多人免费或用很低的成本获取你的信息。

另外，速度也是一个极其重要的要素。随着科技的发展，发出指令与机器反应之间的延时大幅缩短。放眼历史，通用技术（如蒸汽机和电力）从发明到应用再到改变人们的生活结构和市场运营模式的过程历时很长，而现代化的通信科技很快就为通信、交流、购物、订餐及叫车的方式等带来了翻天覆地的改变。然而，科技的速度之美似乎只有用户才能领略，对于被更替的企业来说，这种迅雷不及掩耳的巨变会让其应接不暇。但是，如果能尝试开拓新业务，这种加速就会成为企业成功的助力。一个由计算机助力的智能良性循环正在形成，计算机帮助人类磨炼技艺，人类则为计算机编写更高级的程序。

（四）未来一片光明

放眼任何一个行业或领域，都能看到一个光明的未来。在医疗行业，实时个人传感器可以对复杂的人体系统进行准确的跟踪和评估，将数据与深度遗传基因分析得出的危险发病图谱结合在一起，这样人们就能以前所未有的精确度尽早查出和治疗危害健康的疾病。

交通行业也是一个破坏性和机会并存的行业。当所有汽车都具备了无人驾驶功能的时候，个人汽车服务的成本会下降，服务会更好。科技的力量会为农业、制药、能源、教育等各行业带来一派新气象。激动人心的新产品将会问世，闻所未闻的新产业将会出现。每一个变化都是由少数坚定不移、自动自发的创意精英促成的。在这个没有常胜将军的商场上，失败是不可避免的。有人会不寒而栗，而我们却应该热血沸腾地迎接挑战。

德鲁克认为，企业存在的目的只有一个——赢得客户。客户是企业的基础，是企业生存的前提。

德鲁克预言，主动权已从供应商转到分销商手中，在接下来的30年内，主动权定会转到消费者手中。原因很简单：现在，消费者已经能够毫无障碍地接触到全球信息了。

　　德鲁克还指出，现在，10年时间算是一个较短的时间跨度，意指重大管理决策需要经过数年时间才能真正发挥作用。人们对所谓长期计划的认识往往存在误解，长期与短期并不是依照任何时间跨度来衡量的。我们不能因为某个决策的实施时间仅为几个月，就判定这个决策是短期决策。真正重要的标准其实是看这个决策的有效时间是长还是短。

　　心理学的一个重要发现是，恶比善的力量大。在一桶苹果中，只需几个坏苹果就能让一桶苹果腐烂变质，在一个企业同样如此。因此，企业应营造出更加人性化的工作环境，给员工更多的自由空间，激发创新思维，通过不断创新，迎接更加光明的未来。